I0820654

Ο ΑΘΗΝΑΪΚΟΣ ΠΕΡΙΠΑΤΟΣ

ΚΑΙ ΤΟ ΙΣΤΟΡΙΚΟ ΤΟΠΙΟ ΤΩΝ ΑΘΗΝΩΝ

Α' Έκδοση 2004
Β' Έκδοση 2010

ISBN 978-960-6878-22-0

Μακρυγιάννη 23-27, Αθήνα 117 42,
Τηλ./Fax: 210.9235 098, 210.9214 089
www.kaponeditions.gr e-mail: kapon_ed@otenet.gr

ΑΛΕΞΑΝΔΡΟΣ ΠΑΠΑΓΕΩΡΓΙΟΥ - ΒΕΝΕΤΑΣ

Ο ΑΘΗΝΑΪΚΟΣ ΠΕΡΙΠΑΤΟΣ

ΚΑΙ ΤΟ ΙΣΤΟΡΙΚΟ ΤΟΠΙΟ ΤΩΝ ΑΘΗΝΩΝ

ΕΠΙΜΕΛΕΙΑ ΚΕΙΜΕΝΟΥ

Ειρήνη Φατσέα, *αρχιτέκτων PHD*

Δώρα Κομίνη, *φιλόλογος*

ΕΚΔΟΣΕΙΣ ΚΑΠΟΝ

ΠΕΡΙΕΧΟΜΕΝΑ

ΕΙΣΑΓΩΓΗ

Σαρκικοί, υλόφρονες και νωθροί άνθρωποι,
δεν δύνανται ν' ανέλθωσιν εις τον ιερόν Βράχον
της Ακροπόλεως.

Αλέξανδρος Παπαδιαμάντης
Αι Αθήναι ως ανατολική Πόλις, 1896

Ιδέες που διαπνέονται από υψηλό φρόνημα και προτάσεις εύστοχες και ορθές χρειάζονται συχνά χρόνο πολύ για να φέρουν καρπούς.

Με σαφήνεια και προνοητικότητα διατυπώνουν οι αρχιτέκτονες του σχεδίου για τη νέα Αθήνα, ο έλληνας Σταμάτιος Κλεάνθης και ο γερμανός συνάδελφός του Εδουάρδος Σάουμπερτ, ήδη κατά το έτος 1833, έτος απελευθέρωσης της πόλης των Αθηνών, το όραμά τους για τη διαμόρφωση των προσβάσεων της Ακροπόλεως: *η νότια περιοχή της πόλης θα πρέπει να φυτευθεί μετά την ολοκλήρωση των ανασκαφών* [του αρχαίου Άστεως] *και να διασυνδεθεί με δενδροστοιχίες στις κλιτύς της Ακροπόλεως που θα χρησιμεύσουν ως περίπατοι.*

Έξι γενιές, εκατόν εβδομήντα χρόνια αργότερα, αρχίζει επί τέλους στις μέρες μας το όραμα να γίνεται πραγματικότητα. Το πρώτο βήμα έχει ήδη συντελεσθεί, πρόσφατα, με την ολοκλήρωση του νέου μνημειακού πεζοδρόμου, του Αθηναϊκού Περιπάτου που μας οδηγεί στην Ακρόπολη.

Μετά από σαράντα χρόνια μελέτης και συγγραφής που αφιερώθηκαν στα πεπρωμένα της νεώτερης Αθήνας και στην εξέλιξη των αρχαιολογικών της χώρων, βιώνω τις εξελίξεις αυτές με βαθιά χαρά και ικανοποίηση. Απαύγασμα αυτής της χαράς, η προκείμενη εργασία μου, στην οποία παρουσιάζεται η προϊστορία της διαμόρφωσης των προσβάσεων της Ακροπόλεως, αλλά και η δημιουργία του Αθηναϊκού Περιπάτου. Είναι η ταπεινή προσφορά μου προς τους συμπολίτες μου, στους οποίους εύχομαι να τιμήσουν, να χαρούν και να οικειοποιηθούν το νέο έξοχο δημόσιο χώρο που τους προσφέρεται.

Η παρούσα έκδοση οφείλει πολλά στη συνεργασία και συνδρομή πιστών φίλων της Αθήνας. Θερμές ευχαριστίες απευθύνω στη ΒΙΟΧΑΛΚΟ Α.Ε. που υποστήριξε με γενναιοδωρία την έκδοση· στους συναδέλφους μου αρχιτέκτονες μελετητές του έργου του Αθηναϊκού Περιπάτου Ορέστη Βιγκόπουλο, Κατερίνα Γκιουλέκα, Δημήτρη Διαμαντόπουλο, Αναστάσιο Ζέρβα, Μαρία Καλτσά και Καλλιρρόη Παλυβού, που με προθυμία χορήγησαν στοιχεία της μελέτης τους και διατύπωσαν τις απόψεις τους για το έργο τους στο οποίο συνέβαλα και εγώ ως σύμβουλος της ομάδος μελέτης· στους συναδέλφους της Εταιρείας Ενοποιήσεως των Αρχαιολογικών Χώρων της Αθήνας, για την εποικοδομητική συνεργασία τους· στις «Εκδόσεις Καπόν» που με ιδιαίτερη φροντίδα επιμελήθηκαν την καλαίσθητη αυτή έκδοση· και, τέλος, σε όλους όσοι μου παραχώρησαν φωτογραφικό υλικό από τα αρχεία ή τις συλλογές τους.

Την ονομασία «Αθηναϊκός Περίπατος» προτείνω ως χαρακτηρισμό του νέου άξονα πρόσβασης της Ακροπόλεως με την πεποίθηση ότι είναι ο «κατ' εξοχήν» ιστορικός περίπατος της πόλης. Το εάν η ονομασία αυτή γίνει ευρύτερα αποδεκτή, θα το δείξει το μέλλον.

Στην εργασία μου αυτήν παρέβλεψα τις ανάγκες των ειδικών μελετητών και δεν ακολούθησα τη συνήθειά μου να εμπλουτίζω τις μελέτες μου με αναλυτική βιβλιογραφία, σχόλια και παραπομπές. Το βιβλίο αυτό απευθύνεται σε όλους όσοι αγαπούν την Αθήνα και τα μνημεία της. Σκοπός του δεν είναι η λεπτομερειακή επιστημονική τεκμηρίωση αλλά η γενική ενημέρωση. Αυτό δεν σημαίνει βεβαίως ότι οι παρεχόμενες πληροφορίες δεν είναι ελεγμένες και ακριβείς· ο τρόπος διατύπωσής τους είναι ωστόσο απλουστευμένος και αυτό αποτελεί ηθελημένη επιλογή μου.

Στην παρούσα δεύτερη έκδοση του «Αθηναΐκού Περιπάτου» γίνεται και μνεία του Νέου Μουσείου Ακροπόλεως (το οποίο εν τω μεταξύ ολοκληρώθηκε και άνοιξε τις πύλες του στο κοινό), που αποτελεί ένα νέο σημαντικό πολιτιστικό πόλο σε άμεση σχέση με το ιστορικό τοπίο και τα αρχαία μνημεία.

Ως πρόθεμα προέταξα στο κείμενό μου ένα σπάνιο σε αισθαντικότητα και ευθυκρισία τεκμήριο, αποσπάσματα από το έργο του μεγάλου γερμανού αρχαιολόγου και ελληνολάτρη Ernst Buschor *Νύξεις για τους προσκυνητές της Ακροπόλεως*, που αναφέρονται στον τρόπο της ψυχικής και διανοητικής μας προσέγγισης προς τα μνημεία. Τις σκέψεις του τις μεταφέρω ασχολίαστες. Πιστεύω πως διατηρούν αναλλοίωτη την ισχύ τους και σήμερα.

Δεν μου μένει παρά να ευχηθώ για την Αθήνα την ολοκλήρωση του σχεδιασμού των προσβάσεων προς την Ακρόπολη με τη μελλοντική αποκατάσταση της διαδρομής της Οδού των Παναθηναίων και του αρχαίου κυκλοτερούς «Περιπάτου» περί τον ιερό Βράχο· και στους Αθηναίους να φανούν σεμνοί και άξιοι διαχειριστές αλλά και συνεχιστές της αρχαίας κληρονομιάς.

Μόναχο, Οκτώβριος 2009

ΑΛΕΞΑΝΔΡΟΣ ΠΑΠΑΓΕΩΡΓΙΟΥ-ΒΕΝΕΤΑΣ

ΠΡΟΘΕΜΑ

ΝΥΞΕΙΣ ΓΙΑ ΤΟΥΣ ΠΡΟΣΚΥΝΗΤΕΣ ΤΗΣ ΑΚΡΟΠΟΛΕΩΣ

Αποφασίζοντας να δώσω συμβουλές και υποδείξεις στους επισκέπτες της Ελλάδας και ιδιαίτερα της Ακροπόλεως των Αθηνών, δεν έχω βέβαια τη διάθεση να είμαι, ως ειδικός επιστήμων, διδακτικός· ούτε θέλω να καλύψω με τη σκόνη της λογιότητας το θαλερό τους ενθουσιασμό. Το εναντίον: θα ήθελα να δώσω ορισμένες απαντήσεις στους φίλους μου –το ευρύτερο κοινό– σε ερωτήματα που θέτουμε όλοι μας και ιδιαίτερα στο ερώτημα: τι μας αποσιωπεί σήμερα ο ιστορικός αυτός χώρος, κατά πόσο μας παραπλανεί, αλλά και τι μας μεταδίδει με το μοναχικό, ακτινοβόλο του μεγαλείο;

Μεταχειρίζομαι στον τίτλο αυτών μου των θεωρήσεων πολύ συνειδητά τον όρο «προσκυνητής». Οι επισκέπτες της Ακροπόλεως που συνάντησα κατά τις πολυάριθμες περιδιαβάσεις μου στον ιερό Βράχο κατανέμονται εύκολα σε δύο ομάδες: τους προσκυνητές και τους μη προσκυνητές.

Έχουμε λοιπόν από τη μια μεριά τον κακόμοιρο κοσμάκη που διακατέχεται από τη μανία του ταξιδιού, παραδίδεται στα γραφεία ταξιδιών και προσθέτει έτσι στην ούτως ή άλλως ανήσυχη ζωή του και άλλη μια δόση πολυπραγμοσύνης. Οι επισκέπτες αυτοί φεύγουν με την αίσθηση ότι ήταν εκεί, ότι είδαν την Ακρόπολη και μπορούν ακόμη και να το αποδείξουν με ιδιόχειρα τεκμήρια, έγχρωμα ή όχι, τα οποία φαίνεται να τους προσφέρει τόσο αυθεντικά ο φωτογραφικός φακός.

Στην ομάδα αυτήν εμπεριέχονται και ορισμένοι αληθινοί προσκυνητές· αλλά αυτοί είναι βέβαια εμποδισμένοι προσκυνητές. Προσκυνητές που, απομακρυνόμενοι από την Ακρόπολη, έχουν τη διακαή επιθυμία, μόλις τους δοθεί η ευκαιρία, να επανέλθουν για να προσεγγίσουν κάτι που τους διέφυγε. Γνωρίζουν ότι στην ουσία δεν επισκέφθηκαν την Ακρόπολη.

Στον αριθμό αυτών των εμποδισμένων προσκυνητών προστίθεται και το πλήθος των αποστατών. Αυτοί είχαν την τύχη με επαναλαμβανόμενες προσπάθειες και με πολλές επισκέψεις της Ακροπόλεως να γίνουν δεκτικοί για ό,τι ο ιστορικός αυτός χώρος – και αυτός μόνο– έχει να τους πει. Φεύγουν ωστόσο απογοητευμένοι, τα όνειρά τους δεν γίνονται αλήθεια. Οι ελληνικές αξίες, οι ιστορικές αξίες, αλλά και οι αξίες γενικότερα, έχουν χαθεί πια για αυτούς. Οι στοχαστικοί αυτοί ταξιδιώτες έχουν βγει από την ομάδα των προσκυνητών. Έχουν ξεκινήσει για ένα άλλο προσκύνημα, ένα προσκύνημα που δεν οδηγεί πουθενά.

Άλλοι επισκέπτες εκδηλώνουν με επανειλημμένες περιδιαβάσεις του ιστορικού χώρου τον ενθουσιασμό και την αφοσίωσή τους· και όμως, αυτός ο ενθουσιασμός και αυτή η αφοσίωση δεν αφορούν ουσιαστικά την Ακρόπολη. Αυτό που ψάχνουν και βρίσκουν αυτοί οι οδοιπόροι μπορεί να το συναντήσουν σε πολλά μέρη της γης, στο βορρά, στο νότο αλλά και στον ευρύτερο ελληνικό χώρο: ένα τοπίο που χαρίζει ευτυχία, με τη γοητεία της διαύγειας του φωτός ή των συννεφιασμένων ουρανών και προσφέρει θαυμάσιες μακρινές και άμεσες θέες· την ένταξη στη φύση ευγενών ερειπίων, που προσομοιάζονται προς αυτή με την επίδραση της χλωρίδας, του ανέμου και της βροχής· ή ακόμα ιστορικά κτίσματα που ως ερείπια προσφέρουν ενδιαφέρουσες προοπτικές θέες σε ένα πλαίσιο οπτικών συγκυριών και μας μεταφέρουν σε έναν κόσμο ωραίων ερεθισμάτων. Τους γοητεύει ακόμα και το σπάνιο θέαμα: ο γυμνός ιερός Βράχος στην αντίθεσή του προς την πολύβοη και θορυβώδη μεγαλούπολη.

Όλες αυτές αλλά και άλλες αξίες είναι αυθεντικές, ποιος μπορεί να αγνοήσει την έλξη τους; Δεν έχουν ωστόσο να κάνουν τίποτε με την αληθινή, τη μοναδική Ακρόπολη· αποτελούν μάλλον τη μεταστροφή της Ακροπόλεως σε μια αντίθεσή της. Οι θαυμαστές αυτής της αρνητικής Ακροπόλεως, αυτής της ψευδο-Ακροπόλεως, δεν μπορεί να χαρακτηρισθούν στην ουσία προσκυνητές της.

Οι αληθινοί προσκυνητές της Ακροπόλεως είναι θεωροί [με την αρχαία σημασία της λέξης] σε μια επίσκεψη ενός ιερού περιβόλου, στον οποίο κάποτε οι θεοί μίλησαν άμεσα σε ορισμένους θνητούς και όπου άφησαν ίχνη των έργων και της «επιφανείας» τους. [...]

Αν και τα αγάλματά τους ανατράπηκαν, οι μύθοι τους έσβησαν και η λατρεία τους χάθηκε, κατέχουν οι θεοί ακόμη –αν και σε αλλοιωμένη μορφή– τις αρχαίες τους έδρες. Θα ήταν άσκοπο λοιπόν να επισκεφθεί κανείς την Ελλάδα και τα σημαντικά της ερείπια χωρίς να στραφεί προς αυτά τα αγάλματα, τους μύθους και την αρχαία λατρεία. Το τοπίο και τα αρχαία κτίσματα χάνουν το νόημά τους, αν προσπεράσουμε με αδιαφορία τα μεγάλα αρχαία πνεύματα. Οι παιάνες αντηχούν μάταια, η ύπαρξη μετατρέπεται σε ψυχρή σκιά, αν τα ερείπια απογυμνωθούν από τη μνήμη. [...]

Κάθε προσκυνητής γνωρίζει ότι χωρίς δέος δεν προσεγγίζεται ο στόχος του· και δέος σημαίνει στον ελληνικό χώρο πνευματική διαύγεια, ήρεμη αυτοσυγκέντρωση, έσω ελευθερία. Μόνο όποιος διαπνέεται από το δέος αυτό και νιώθει, σέβεται, προσεγγίζει τις ιδιότητες αυτές, μπορεί να σταθεί εμπρός από τα έργα της Ακροπόλεως που εκπηγάζουν από αυτές και να ξεκινήσει για το προσκύνημα με ελπίδα να αποκομίσει κέρδος.

Οι πέτρες αυτές δεν μιλούν σε πνεύματα ταραγμένα, αγχώδη, διεσπαρμένα, στεγνά, προκατειλημμένα, υποταγμένα στο μηχανικό πολιτισμό, έστω και εάν οι προσερχόμενοι διαπνέονται από ένα είδος ενθουσιασμού. Κάθε προσπάθεια να προκληθεί με τη βία ο λόγος που εκπέμπουν αυτές οι πέτρες οδηγεί στο κενό, αποτελεί άσκοπη διασπάθιση χρόνου και χρήματος. Με αυτές τις προϋποθέσεις γίνεται αντιληπτό ότι το ουσιαστικό προσκύνημα της Ακροπόλεως δεν σχετίζεται με την επιστημονική γνώση ή με ολιγότερο ή περισσότερο λόγιες ξεναγήσεις. Πόσες φορές δεν με οδήγησε εδώ, γεμίζοντάς με ευγνωμοσύνη, το πλήθος, το πνεύμα του λαού!

Σημαντικότερη από την ξενάγηση και τις υποδείξεις είναι η πλαισίωση, η συνοδεία του επισκέπτη. Και αυτή δεν είναι πάντα της επιλογής μας. Οι καλλίτεροι συνομιλητές μας είναι η μοναχικότητα, άνθρωποι ομόφρονές μας, οι λόγοι αρχαίων ελλήνων στοχαστών και ποιητών, οι λόγοι των επιφανών ανθρώπων της νεώτερης εποχής, για τους οποίους η Ελλάδα και το αρχαίο μεγαλείο σημαίνουν έναν κόσμο «κατ' εξοχήν».

Και τώρα η ανάβαση! Κάθε προσκυνητής γνωρίζει πόσο σημαντική είναι η δυσχέρεια στην προσέγγιση. Όταν πρωτογνώρισα την Ακρόπολη, την πλησίαζες από απόκρημνα μονοπάτια· σήμερα εκβράζουν αμαξιτοί οδοί και αυτοκίνητα τους υποτιθέμενους «προσκυνητές» χωρίς καμία μετάβαση μπροστά στην Πύλη του ιερού περιβόλου.

Όποιος δεν μπορεί να αποφύγει αυτήν τη διαδικασία, ας γνωρίζει τουλάχιστον πόσο καταστρεπτική είναι και ας μην έχει ψευδαισθήσεις! Κάθε αυτοκινητιστής γνωρίζει ότι με το σβήσιμο της μηχανής δεν επέρχεται αυτομάτως και η γαλήνια σιωπή στην ψυχή του επισκέπτη. [...]

Χωρία από το έργο του Ernst Buschor *Winke fuer Akropolispilger*, Μόναχο 1960
(απόδοση στα ελληνικά: Αλέξανδρος Παπαγεωργίου-Βενετάς)

1

1 ΤΟ ΙΣΤΟΡΙΚΟ ΤΟΠΙΟ ΤΩΝ ΑΘΗΝΩΝ

2

ΧΩΡΟΙ ΑΝΑΣΚΑΦΩΝ, ΜΕ ΚΗΠΟΤΕΧΝΙΚΗ ΔΙΑΜΟΡΦΩΣΗ Ha 17,90 5
ΧΩΡΟΙ ΑΝΑΣΚΑΦΩΝ, ΧΩΡΙΣ ΚΗΠΟΤΕΧΝΙΚΗ ΔΙΑΜΟΡΦΩΣΗ Ha 28,10 7
ΑΛΛΕΣ ΕΚΤΑΣΕΙΣ ΑΝΑΔΑΣΩΜΕΝΕΣ ΚΑΙ ΜΕ ΚΗΠΟΤΕΧΝΙΚΗ ΔΙΑΜΟΡΦΩΣΗ Ha 69,20 19,
ΑΛΛΕΣ ΕΚΤΑΣΕΙΣ ΑΝΑΔΑΣΩΜΕΝΕΣ ΧΩΡΙΣ ΚΗΠΟΤΕΧΝΙΚΗ ΔΙΑΜΟΡΦΩΣΗ Ha 31,55 8
ΧΕΡΣΕΣ ΕΚΤΑΣΕΙΣ ΠΡΟΣ ΑΝΑΔΑΣΩΣΗ Ha 18,55 5,
ΔΗΜΟΣΙΑ ΠΑΡΚΑ, ΙΔΙΩΤΙΚΟΙ ΚΗΠΟΙ, ΝΕΚΡΟΤΑΦΕΙΟ
ΠΕΡΙΟΧΗ ΠΛΑΚΑΣ Ha 31,60 8
ΕΚΤΑΣΕΙΣ ΠΡΟΣ ΑΠΑΛΛΟΤΡΙΩΣΗ ΓΙΑ ΜΕΛΛΟΝΤΙΚΕΣ ΑΝΑΣΚΑΦΕΣ Ha 42,10 11,
ΠΕΡΙΦΕΡΕΙΑΚΟΙ ΟΔΙΚΟΙ ΑΞΟΝΕΣ Ha 28,85 8
ΣΥΝΟΛΙΚΗ ΕΚΤΑΣΗ ΠΟΛΙΤΙΣΤΙΚΗΣ-ΑΡΧΑΙΟΛΟΓΙΚΗΣ ΖΩΝΗΣ Ha 357,20 100

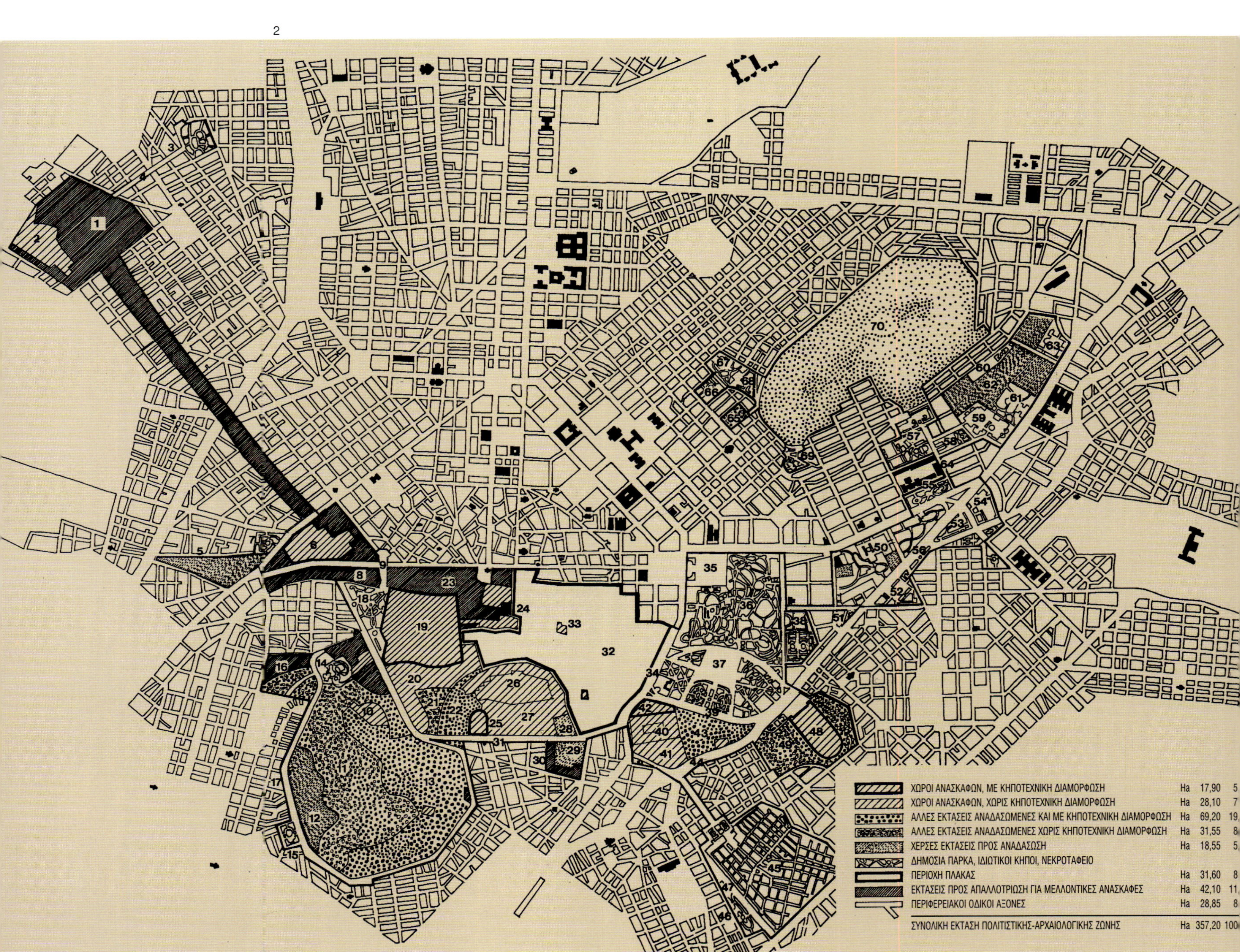

Η ΠΟΛΙΤΙΣΤΙΚΗ-ΑΡΧΑΙΟΛΟΓΙΚΗ ΖΩΝΗ ΤΩΝ ΑΘΗΝΩΝ

Η αρχιτεκτονική κληρονομιά της αρχαιότητας καλύπτει ένα ουσιαστικό τμήμα του κέντρου της μητροπολιτικής περιοχής των Αθηνών. Η παρουσία της γίνεται αισθητή από ένα ευρύ φάσμα τεκμηρίων, όπως χώρους αρχαιολογικών ανασκαφών, σημαντικά μνημειακά σύνολα, ιστορικά κτήρια, με ή χωρίς χρήση, μεμονωμένα μνημεία αναστυλωμένα ή σε κατάσταση ερειπίου, ίχνη από τα τείχη και τις πύλες της πόλης, καθώς και δενδροφυτευμένες εκτάσεις, μέσα στις οποίες αναγνωρίζονται τα κύρια χαρακτηριστικά της αρχαίας τοπογραφίας.

Το πρόβλημα της ένταξης της αρχαίας πολεοδομικής κληρονομιάς στο πολυσύνθετο αστικό τοπίο και την ποικιλία των χρήσεων που συγκροτούν τη ζωή της σημερινής πόλης δεν έχει επαρκώς διερευνηθεί έως τώρα. Η έρευνα δεσμεύεται ακόμα από τις συμβατικές παραδοχές της κάθε επιστημονικής περιοχής. Οι συσχετίσεις και αλληλεξαρτήσεις που υπάρχουν ανάμεσα στη σπουδή της αρχαιότητας, τις αρχαιολογικές ανασκαφές, τις αρμοδιότητες της σύγχρονης πολεοδομίας, του τουρισμού και της πολιτιστικής «αξιοποίησης» της αρχαιολογικής κληρονομιάς πολύ σπάνια έχουν επισημανθεί.

Η πολιτιστική-αρχαιολογική ζώνη στο κέντρο των Αθηνών έχει σχήμα επιμήκους μηνίσκου και έκταση 350 εκταρίων. Περιλαμβάνει, από τα δυτικά προς τα ανατολικά: την περιοχή γύρω από την αρχαία Ακαδημία, τη θέση του αρχαίου νεκροταφείου του Κεραμεικού, το «δημόσιον σήμα» – το δρόμο δηλαδή που συνδέει τον Κεραμεικό με την Ακαδημία – τους αναδασωμένους λόφους του Μουσείου, της Πνύκας και του Αρείου Πάγου, τους ανασκαφικούς χώρους της αρχαίας και της ρωμαϊκής Αγοράς, το βράχο της Ακροπόλεως με τα μνημεία της, τα μνημεία της βόρειας και της νότιας κλιτύος της, την παλαιά πόλη (Πλάκα), την περιοχή του Ολυμπιείου, το ανακατασκευασμένο Παναθηναϊκό Στάδιο με το Λόφο του Αρδηττού, το Πρώτο Νεκροταφείο της νεώτερης πόλης των Αθηνών, τα αστικά πάρκα (τον Εθνικό Κήπο και τον Κήπο του Ζαππείου), την έκταση του λεγόμενου Πολιτιστικού Κέντρου των Αθηνών και τον αναδασωμένο Λόφο του Λυκαβηττού.

Ο κύριος λόγος για την επιλογή των Αθηνών ως πρωτεύουσας του νέου και ανεξαρτήτου ελληνικού κράτους το 1833 ήταν η μεγάλη προσήλωση στο ιδεώδες της αρχαίας αρχιτεκτονικής κληρονομιάς της πόλης κάποιων εξεχόντων οραματιστών από τη δυτική Ευρώπη, και μάλιστα Γερμανών. Επομένως, πολιτιστικά και ιδεολογικά κίνητρα, και όχι πραγματιστικά κριτήρια, έπαιξαν τον αποφασιστικό ρόλο για τη μέλλουσα τύχη των Αθηνών. Όπως δήλωνε ο Leo von Klenze εκείνον τον καιρό: *Το όνομα των Αθηνών και μόνο θα βοηθήσει στην ανοικοδόμηση της πόλης και η Αθήνα θα παρέμενε η πρωτεύουσα πόλη της Ελλάδος ακόμα και αν μια άλλη πόλη είχε ανακηρυχθεί πρωτεύουσα.*

1. Η ρωμαϊκή Αγορά, το Ωρολόγιο του Κυρρήστου και τμήμα της Πλάκας.

2. Η πολιτιστική-αρχαιολογική ζώνη των Αθηνών, συνολικής έκτασης 357 εκταρίων.

3. Το ιστορικό κέντρο των Αθηνών από νοτιοδυτικά: Λόφος του Μουσείου, Ακρόπολη, Παλαιά Ανάκτορα, Στάδιο, Λυκαβηττός. Αεροφωτογραφία (1932).

4. Το αρχικό σχέδιο των Αθηνών των Κλεάνθη και Schaubert (1833). Σκαρίφημα του συγγραφέως.

5. Το αναθεωρημένο σχέδιο των Αθηνών του Leo von Klenze (1834). Σκαρίφημα του συγγραφέως.

3

Κάτω από αυτές τις συνθήκες είναι εύκολα κατανοητό γιατί το κύριο ενδιαφέρον όλων των πολεοδομικών προτάσεων για τη νέα πόλη επικεντρώθηκε στη σχέση της, κατά χώρο και κατά θέση, με τα χαρακτηριστικά στοιχεία της ιστορικής τοπογραφίας και τις διασωθείσες αρχιτεκτονικές μαρτυρίες της αρχαιότητας. Κατά την πρώτη δεκαετία (1833-1843) της βασιλείας του Όθωνα, αρκετές προτάσεις για την επανίδρυση των Αθηνών τέθηκαν σε συζήτηση, κάποιες από αυτές εφαρμόσθηκαν εν μέρει (όπως εκείνες των Κλεάνθη και Schaubert, και του von Klenze), ενώ άλλες παρέ-

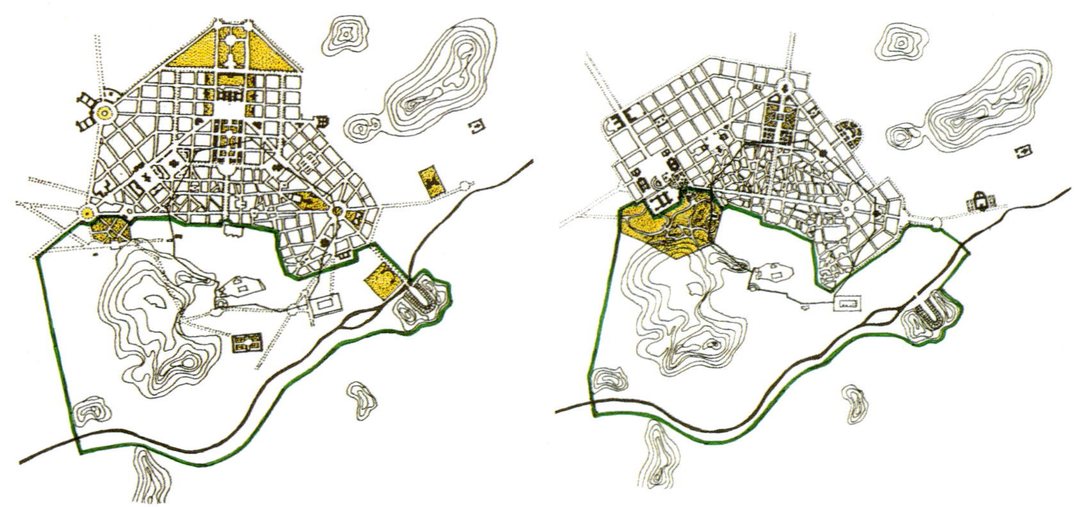

4

5

μειναν καθαρά στη σφαίρα της υποθετικής θεώρησης (όπως οι προτάσεις του Schinkel, του von Quast και του Καυταντζόγλου). Τα σχέδια αυτά δεν διέφεραν μόνο όσον αφορά τη διευθέτηση της νέας πόλης, αλλά αντιμετώπισαν και με διαφορετικό τρόπο το πρόβλημα της χωρικής σχέσης ανάμεσα στην παλαιά και τη νέα πόλη, καθώς και τις δομημένες και αδόμητες περιοχές της.

Αν και όλοι οι διαγωνιζόμενοι καλλιτέχνες και πολεοδόμοι βρίσκονταν σε συμφωνία ως προς τη δημιουργία μιας ευρείας αρχαιολογικής ζώνης γύρω από την Ακρόπολη, οι επιλογές τους ως προς την ακριβή χωροθέτηση της νέας πόλης απέκλιναν. Σε αντίθεση προς την ποιητική και ανεδαφική ιδέα των Schinkel και von Quast για μια Αθήνα ως επιλόφια πόλη, που αποσκοπούσε στην απ' ευθείας επικάλυψη της «παλαιάς» από τη «νέα», οι Κλεάνθης και Schaubert πρότειναν μια νέα πόλη στη βόρεια πεδιάδα και σε άμεση χωρική παράθεση προς τα αρχαία ερείπια: ο Klenze και ο Καυταντζόγλου πρόβαλαν την ιδέα της ανεξάρτητης συνύπαρξης της νέας πόλης με την αρχαιολογική περιοχή.

Στην πραγματικότητα, η καινούργια πόλη αναπτύχθηκε αργότερα σε άμεση επαφή προς την αρχαιολογική περιοχή και σε στενή διασύνδεση με την παλαιά πόλη των Αθηνών, ακολουθώντας έτσι το οργανωτικό πρότυπο της παράθεσης. Παρ' όλα αυτά, η διακαής επιθυμία για τη δημιουργία ενός ολοκληρωμένου πολιτιστικού-αρχαιολογικού πάρκου επιβίωσε για διάστημα πέντε γενεών έως τις μέρες μας, παρά τις αντιξοότητες που αντιμετώπισε η εξέλιξη της πόλης.

Ποια ήταν τα πλεονεκτήματα αλλά και οι εγγενείς αδυναμίες των αρχικών πολεοδομικών προτάσεων σχετικά με τη συντήρηση των αρχαίων μνημείων και την ένταξή τους στον ιστό της νέας πόλης; Το πρώτο θετικό στοιχείο πρέπει να αναζητηθεί στην απόφαση να αναπτυχθεί η πόλη στην πεδιάδα προς βορρά, αφήνοντας ολόκληρη την περιοχή της νότιας κλιτύος της Ακροπόλεως και τους παρακείμενους δυτικούς λόφους ελεύθερους από κάθε είδους δόμηση, και δημιουργώντας έτσι τις βασικές προϋποθέσεις για την περαιτέρω ανάπτυξη του αρχαιολογικού πάρκου στο κέντρο των Αθηνών. Ένα δεύτερο πλεονέκτημα είναι το ότι σχεδιάσθηκαν προοπτικές θέες με βάση το νέο ρυμοτομικό σχέδιο που κατευθύνονται από εστιακά σημεία της νέας πόλης προς το μνημειακό σύνολο της Ακροπόλεως. Μια τρίτη ευτυχής συγκυρία ήταν η πρώιμη ανάπτυξη του πυρήνα μιας ζώνης πρασίνου στα ανατολικά γύρω από τα Βασιλικά Ανάκτορα, το Ολυμπιείο και το Στάδιο, από όπου ανοίγονται μαγευτικές θέες προς την Ακρόπολη και τη θάλασσα. Η αργή πληθυσμιακή ανάπτυξη κατά τη διάρκεια του 19ου αιώνα ήταν ένας ακόμα ευνοϊκός παράγοντας: έτσι διατηρήθηκαν οι περιοχές των λόφων στο κέντρο της πόλης ελεύθερες από οικοδομικές πιέσεις και έγινε δυνατή η έγκαιρη αναδάσωσή τους περί το 1900, γεγονός που τους προστάτεψε από την οικοδόμηση κατά τον 20ό αιώνα.

Όσον αφορά τις αρνητικές επιπτώσεις του σχεδιασμού, η δυνατότητα αποκάλυψης του αρχαίου κέντρου της πόλης, της αρχαίας δηλαδή Αγοράς και της επονομαζόμενης ρωμαϊκής Αγοράς στη βόρεια κλιτύ της Ακροπόλεως χάθηκε για πολύ καιρό εξ αιτίας της ανεξέλεγκτης ανοικοδόμησης της Πλάκας κατά το 19ο αιώνα και της υπερβολικής εκμετάλλευσης της αστικής της γης. Το ίδιο ισχύει σε μεγάλο βαθμό και για τον Κεραμεικό, την Ακαδημία και το δημόσιο σήμα, περιοχές οι οποίες έχουν μόνο εν μέρει αποκαλυφθεί. Η δημιουργία μιας συνεχόμενης ζώνης ανασκαφών γύρω από την Ακρόπολη επίσης ματαιώθηκε. Αυτό θα είχε ως προϋπόθεση την κατεδάφιση ολόκληρης της Πλάκας, της παλαιάς δηλαδή πόλης – ένα όνειρο που καλλιεργήθηκε έως τη δεκαετία του 1960 από πολλούς αρχαιολόγους, αλλά και απλούς πολίτες. Στο μεταξύ, η προοπτική αυτή εγκαταλείφθηκε οριστικά.

6

6. Άποψη των Αθηνών από το Λυκαβηττό, γύρω στα 1875.

7, 8. Ο Λόφος του Μουσείου και το μνημείο του Φιλοπάππου. Αεροφωτογραφία (1932).

9. Η περιοχή του Ιλισσού με το Ολυμπιείο και την Ακρόπολη στο βάθος, γύρω στα 1875.

7

8

9

Δύο βασικές και συμπληρωματικές μεταξύ τους τάσεις έδωσαν την ώθηση προς την ενδεδειγμένη κατεύθυνση. Από τη μία, ο ιδεαλιστικός πατριωτικός στόχος της αποκατάστασης του «αρχαίου κλέους» και, από την άλλη, η άσβεστη επιθυμία για δημιουργία χώρων πρασίνου που θα αναβάθμιζαν το πολύπαθο τοπίο της Αθήνας. Και οι δύο αυτές τάσεις χαρακτηρίζονταν εν τούτοις από μία εσώτερη αντιφατικότητα: αντιπροσώπευαν βέβαια γνήσιες επιθυμίες των Αθηναίων, οι οποίοι όμως δεν ήταν έτοιμοι να παραμερίσουν τα υλικά μικροσυμφέροντά τους, προκειμένου να επιδιώξουν με συνέπεια τους ιδεατούς αυτούς στόχους. Έτσι, η καλή πρόθεση επανειλημμένα προδόθηκε από πολλούς κενούς λόγους και επαγγελίες κατά το διάστημα ενός και μισού αιώνα.

Κάποιοι αρνητικοί παράγοντες υπήρξαν εγγενώς ολέθριοι για πολύ καιρό: η κερδοσκοπία επί

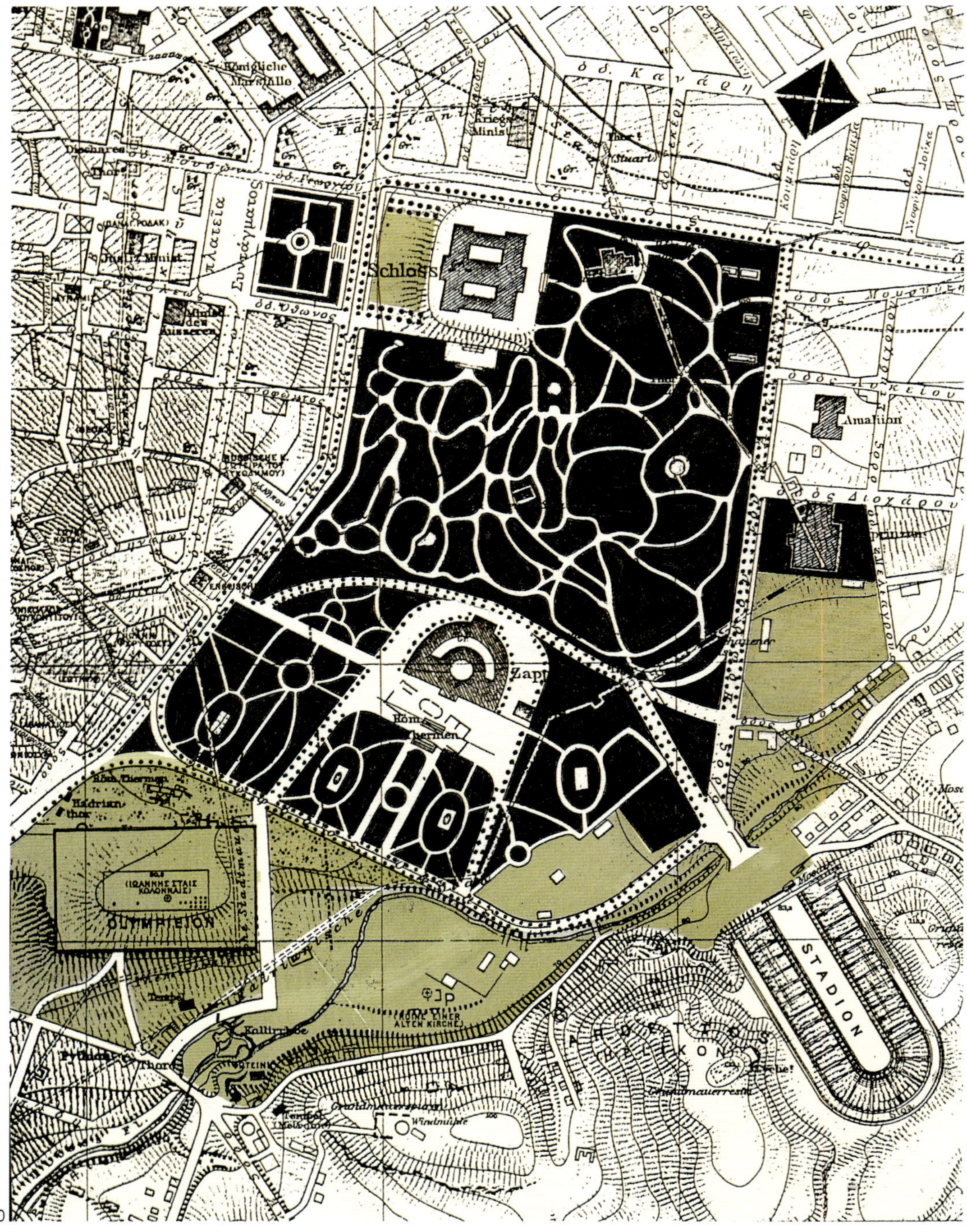

της αστικής γης και, ως αποτέλεσμά της, οι υπερβολικές οικοδομικές πυκνότητες. Η έλλειψη επαρκούς υδροδότησης (έως τη δεκαετία του 1960!), το χαμηλό επίπεδο μόρφωσης και η έλλειψη ενδιαφέροντος από την πλειονότητα του αστικού πληθυσμού ήταν επίσης ανασταλτικοί παράγοντες για τη δημιουργία μιας πολιτιστικής-αρχαιολογικής ζώνης. Εν τούτοις, άλλοι παράγοντες συνέβαλαν θετικά προς την κατεύθυνση αυτήν: η κρατική υποστήριξη των ανασκαφών και οι μεγάλης κλίμακος απαλλοτριώσεις που διενεργήθηκαν γι' αυτόν το σκοπό (όπως στην Πνύκα, στον Κερα-

10. Εθνικός Κήπος και Κήπος του Ζαππείου. Τμήμα του σχεδίου του Judeich (1905), επισχεδιασμένο από το συγγραφέα.

11. Στάδιο, Αρδηττός, Ζάππειο, Εθνικός Κήπος. Αεροφωτογραφία από βορειοδυτικά (1963).

11

μεικό, στην Αγορά, και στην αρχαία Ακαδημία)· η μόνιμη επιθυμία από πλευράς των Ελλήνων βασιλέων να δημιουργήσουν μια ζώνη πρασίνου σε άμεση επαφή με τα βασιλικά ανάκτορα που θα εκτεινόταν νότια ως το Στάδιο και το Ολυμπιείο και η σχετικά πρώιμη δενδροφύτευση των ιστορικών λόφων (με αρχή γύρω στο 1890)· τέλος, η ύπαρξη μιας μεγάλης λωρίδας γης κατά μήκος της κοίτης του Ιλισσού (με στρατιωτικές εγκαταστάσεις που σταδιακά απομακρύνθηκαν).

Εξ αρχής οι κύριες αρτηρίες στο κέντρο της σύγχρονης πόλης (η οδός Πειραιώς, η λεωφόρος Αμαλίας και η λεωφόρος Όλγας) κατατεμάχισαν την ενιαία έκταση της ιστορικής περιοχής. Αυτό το μειονέκτημα, που αναπόφευκτα προέκυψε από τη χωροθέτηση του κέντρου της νέας πόλης βόρεια της Ακροπόλεως, δεν απείλησε σοβαρά την ανάπτυξη μιας ενιαίας ζώνης πολιτισμού και αναψυχής στην εποχή που η κίνηση των τροχοφόρων παρέμενε μέσα σε λογικά όρια (έως δηλαδή το τέλος του Β' Παγκοσμίου πολέμου). Στο μεταξύ, αυτές οι αρτηρίες έχασαν εντελώς το χαρακτήρα τους ως βουλεβάρτα περιπάτου και αποτελούν σήμερα πολυθόρυβους οδικούς άξονες, εμπόδια δηλαδή που μπορούν να ξεπερασθούν μόνο με υπόγειες διαβάσεις πεζών.

Η σταδιακή ανάπτυξη της πολιτιστικής-αρχαιολογικής ζώνης βασίζεται τελικώς σε δύο συμπληρωματικές (αν και τελείως διάφορες) αιτίες: σχεδιαστικές πρωτοβουλίες που εφαρμόσθηκαν και πολεοδομικά σχήματα και προτάσεις που δεν υλοποιήθηκαν. Και οι δύο είναι ίσης σπουδαιότητας για την κατανόηση της ιδεολογικής και κοινωνικής δυναμικής που ρύθμισε την ανάπτυξη της ζώνης πρασίνου στο κέντρο της πόλης.

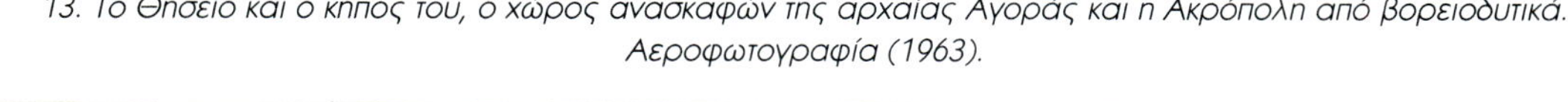

12. Η ανασκαφή του Κεραμεικού, γύρω στα 1900.

13. Το Θησείο και ο κήπος του, ο χώρος ανασκαφών της αρχαίας Αγοράς και η Ακρόπολη από βορειοδυτικά. Αεροφωτογραφία (1963).

12

13

Η ΚΕΝΤΡΙΚΗ ΠΕΡΙΟΧΗ ΓΥΡΩ ΑΠΟ ΤΗΝ ΑΚΡΟΠΟΛΗ ΚΑΤΑ ΤΟ 19ο ΑΙΩΝΑ

14

Ο κεντρικός τομέας της πολιτιστικής-αρχαιολογικής ζώνης σχηματίσθηκε από ποικίλες εκτάσεις, των οποίων το ολικό μέγεθος αυξήθηκε σταδιακά μέσω δωρεών σε γη και μέσω απαλλοτριώσεων. Χάρη στην αποφασιστική παρέμβαση του Leo von Klenze ήδη το 1834, το πλάτωμα της Ακροπόλεως ελευθερώθηκε από νεώτερα κτίσματα και διατηρήθηκε έκτοτε ως ένα ενιαίο μνημειακό σύνολο και κυρίως ως απαράβατος αρχαιολογικός περίβολος. Ως συνέπεια, σχεδόν αδιάκοπες αρχαιολογικές έρευνες και αναστυλωτικές εργασίες διενεργήθηκαν στην Ακρόπολη καθ' όλη τη διάρκεια του 19ου αιώνα και βρήκαν την κορύφωσή τους στη μεγάλη ανασκαφή της περιόδου 1886-1890.

Οι ανασκαφές έξω από την Ακρόπολη δεν ακολούθησαν κάποιο οργανωμένο σχέδιο. Όμως γύρω στα τέλη του 19ου αιώνα μια πρώτη εσωτερική αρχαιολογική ζώνη είχε δημιουργηθεί μετά τη διερεύνηση σημαντικών τοποθεσιών, όπως του Ολυμπιείου, του Θεάτρου του Διονύσου, της Στοάς του Ευμένους, του Ωδείου Ηρώδου Αττικού, της κοιλάδας μεταξύ του Αρείου Πάγου και της Πνύκας και του ανδήρου της Πνύκας. Συστηματικές έρευνες σε διάφορα σημεία μέσα στην παλαιά πόλη αποκάλυψαν τις θέσεις της Στοάς του Αττάλου και του Ωδείου του Αγρίππα (1859-1862). Μετά την πυρκαγιά στην υπαίθρια αγορά της παλαιάς πόλης (παζάρι), η Βιβλιοθήκη του Αδριανού διερευνήθηκε εν μέρει (1885), ακολουθούμενη από τη ρωμαϊκή Αγορά (1890-1891). Από το 1863 και μετά, συνεχής έρευνα αποκάλυψε τον Κεραμεικό, τη θέση δηλαδή του αρχαίου νεκροταφείου. Την έρευνα διεξήγαγε εδώ πρώτα η «εν Αθήναις Αρχαιολογική Εταιρεία» και κατόπιν το Γερμανικό Αρχαιολογικό Ινστιτούτο. Με τον τρόπο αυτόν η αρχαιολογική έρευνα στη διάρκεια του 19ου αιώνα διασφάλισε το μη οικοδομήσιμο καθεστώς (status non edificandi) των περιοχών σε άμεση γειτνίαση με την Ακρόπολη, των δυτικών λόφων, του Ολυμπιείου και του Σταδίου, ενώ οι μεγάλες ανασκαφές για την αποκάλυψη της αρχαίας Αγοράς, του Κεραμεικού και της Ακαδημίας ακολούθησαν αργότερα, κατά τον 20ό αιώνα.

15

14. Το διάσελο του Αγίου Δημητρίου του Λουμπαρδιάρη (1895).

15. Ο Λόφος των Νυμφών με το Αστεροσκοπείο, γύρω στα 1880.

16. Ο Άρειος Πάγος και στο βάθος το Θησείο, γύρω στα 1875.

16

ΤΑ ΠΕΠΡΩΜΕΝΑ ΤΟΥ ΙΣΤΟΡΙΚΟΥ ΤΟΠΙΟΥ

Στις αρχές του 19ου αιώνα η άγονη εικόνα, η ερήμωση και η αποψίλωση του αττικού τοπίου, μετά από πολλούς αιώνες αργής καταστροφής και πληθυσμιακού μαρασμού, ήταν, όπως μαρτυρούν τα ακριβή εικονογραφικά τεκμήρια πολλών ξένων περιηγητών, μια αδιαμφισβήτητη πραγματικότητα. Ελάχιστη ήταν η βελτίωση κατά τη διάρκεια του 19ου αιώνα. Με μόνη εξαίρεση το Βασιλικό Κήπο – μια μοναδική όαση πρασίνου στο ανατολικό άκρο της πόλης – και τον πανάρχαιο Ελαιώνα στην πεδιάδα του Κηφισού που εκτεινόταν από τα βόρεια προς τα νοτιοδυτικά της πόλης (σήμερα σχεδόν αφανισμένος), έλειπαν τελείως οι εκτάσεις πρασίνου στην πρωτεύουσα του νέου κράτους.

Εν τούτοις, η προβληματική αυτή κατάσταση του φυσικού περιβάλλοντος δεν μείωσε καθόλου την εξαιρετική έλξη και γοητεία που ασκούσε το αττικό τοπίο στους ξένους περιηγητές. Κατ' επανάληψη δυτικοευρωπαίοι επισκέπτες, συνηθισμένοι σε πολύ πιο πράσινα και ανθηρά τοπία στις χώρες τους, μαγεύτηκαν από τη διαύγεια της ατμόσφαιρας, το ανάγλυφο του βραχώδους τοπίου, τις διαβαθμίσεις φωτός και σκιάς, τη λαμπρότητα των χρωμάτων και τα αρμονικά περιγράμματα των βουνών της Αττικής. Οι επισκέπτες αυτοί ανακάλυψαν ένα νέο είδος φυσικής ομορφιάς στον κλασικό χώρο: η εικόνα του αθηναϊκού τοπίου είχε κερδίσει το βαθύ θαυμασμό των περιηγητών, αρχαιολόγων, αρχιτεκτόνων και άλλων καλλιτεχνών, ως ένα θέαμα μεγάλου πλαστικού κάλλους που γινόταν πιο έντονο από την παρουσία των μοναδικών ιστορικών συνειρμών και των αρχαίων μνημείων.

Διάφοροι κίνδυνοι απείλησαν εξ αρχής το αθηναϊκό τοπίο και την ιστορική του ακτινοβολία. Ευτυχώς, οι πρώιμες πολεοδομικές προτάσεις για την ανάπτυξη της πόλης στους δυτικούς λόφους, δηλαδή τους λόφους του Αρείου Πάγου, του Φιλοπάππου και των Νυμφών, πράγμα το οποίο θα είχε ως αποτέλεσμα την εξαφάνιση των αρχαιολογικών ευρημάτων στην ιστορική αυτήν τοποθεσία, δεν έγιναν αποδεκτές. Κατά τη διάρκεια του 20ού αιώνα, οι οικιστικές ανάγκες προκάλεσαν μία ταχεία και ανεξέλεγκτη οικοδομική δραστηριότητα που κατέληξε στον εποικισμό των χαμηλότερων κλιτύων του Λυκαβηττού. Το ίδιο συνέβη επίσης στο λόφο του Στρέφη (Άγχεσμος) και στο λόφο του Ιππίου Κολωνού. Ακόμα και τα υψώματα του Παγκρατίου εποικίσθηκαν εξ ολοκλήρου. Όμως το κύριο σώμα των ιστορικών υψωμάτων που περιλαμβάνει τους λόφους του Αρδηττού, των Νυμφών, του Φιλοπάππου και του Αρείου Πάγου παρέμεινε εκτός δομημένης περιοχής, κυρίως επειδή οι λόφοι αυτοί αναδασώθηκαν περί τα τέλη του 19ου αιώνος.

Η μεγαλύτερη καταστροφή ωστόσο που έπληξε τους ιστορικούς λόφους του κέντρου της πόλης κατά το 19ο αιώνα ήταν η ανεξέλεγκτη λατόμευση. Ο πρώτος ελληνικός νόμος αναφορικά με τα αρχαία μνημεία που εκδόθηκε το 1834 απαγόρευε την εγκατάσταση ασβεστοκαμίνων σε ακτίνα μικρότερη των 2500 μέτρων από τους αρχαιολογικούς χώρους. Εν τούτοις, δεν έθετε κανέναν περιορισμό σε ό,τι αφορούσε τα λατομεία. Η λατόμευση μέσα στην πόλη ξεκίνησε το 1835 στη βόρεια κλιτύ του Λυκαβηττού και στους λόφους του Στρέφη και του Μουσείου. Οι αρχές αντέδρασαν σε αυτήν την καταστροφική τακτική απαγορεύοντάς τη με νόμο. Οι σχετικές διατάξεις όμως είχαν πολύ περιορισμένη ισχύ, καθώς ένα μεγάλο τμήμα των λόφων θεωρήθηκε ιδιωτική ιδιοκτησία, στην οποία έπρεπε να εφαρμοσθούν μέτρα απαλλοτρίωσης, προκειμένου να διαφυλαχθεί το τοπίο. Κατά την πρώτη οικοδομική «έκρηξη» των Αθηνών, μεταξύ 1835 και 1842, η αθέμιτη και ανεξέλεγκτη λατόμευση συνεχίσθηκε σε όλους τους αθηναϊκούς λόφους, αφήνοντας βαθιές πληγές στα ευαίσθητα περιγράμματα του τοπίου, πράγμα ορατό ακόμα και σήμερα. Οι κυριότερες αλλοιώσεις βρίσκονταν στο νότιο και το κεντρικό τμήμα του Λυκαβηττού, στην κορυφή του Λόφου του Στρέφη και στις νοτιοδυτικές πλαγιές του Λόφου του Φιλοπάππου.

17

17. Οι νοτιοδυτικοί πρόποδες του Λυκαβηττού (1864).

Έως τα τέλη του 19ου αιώνα, σχεδόν κανένα μέτρο δεν είχε ληφθεί για τη βελτίωση της εικόνας της πόλης με τη βοήθεια νέων φυτεύσεων. Το καθεαυτό πρόγραμμα της αναδάσωσης των αθηναϊκών λόφων ξεκίνησε τέλος στις αρχές του 20ού αιώνα και συνεχίσθηκε μεθοδικά επί τέσσερις γενεές. Τα είδη των φυτών επιλέχθηκαν με προσοχή: κάκτοι, πεύκα, κυπαρίσσια και αγριελιές, δηλαδή αειθαλή που μπορούν να επιβιώσουν με το βρόχινο νερό και μόνο. Η πλαστική μορφή τους ταιριάζει καλά στο ανάγλυφο του τοπίου. Η συνολική επιφάνεια των λόφων της έσω πόλης υπολογίζεται σε 120 εκτάρια, από τα οποία τα 100 έχουν αναδασωθεί. Αυτή ήταν η πρώτη σοβαρή ενέργεια διάσωσης της ιστορικής αυτής περιοχής που απέτρεψε για πάντα τον κίνδυνο της οικοδόμησής της. Η έγκαιρη αναδάσωση των ιστορικών λόφων υπήρξε ένα από τα πλέον εποικοδομητικά μέτρα σχεδιασμού για την πόλη (αν μάλιστα λάβει κανείς υπόψη την κατά τα άλλα μάλλον ατυχή και ασυντόνιστη πολεοδομική εξέλιξη της πρωτεύουσας). Η πραγματική μέριμνα για την κηποτεχνική τους διαμόρφωση με τη βοήθεια αρδευτικού δικτύου αναπτύχθηκε ωστόσο μόνο κατά τις τελευταίες δεκαετίες.

18

18. Η νότια (υψηλότερη) και η βόρεια κορυφή του Λυκαβηττού με το υπαίθριο θέατρο «Ζενέτου».

19. Τα παλαιά λατομεία στη βόρεια κορυφή του Λυκαβηττού και το υπαίθριο θέατρο «Ζενέτου».

Η ΣΥΓΧΡΟΝΗ ΟΙΚΟΔΟΜΙΚΗ ΔΡΑΣΤΗΡΙΟΤΗΤΑ

19

Έως σήμερα, εκτός από μερικά ανοικτά θέατρα και τουριστικά περίπτερα ελαφριάς κατασκευής, σύγχρονα οικοδομήματα μεγάλου μεγέθους δεν παρεισέφρησαν στους ιστορικούς λόφους, έτσι ώστε να προσβάλουν τα αρχαία μνημεία. Αταίριαστες και περιβαλλοντικά επισφαλείς χρήσεις γης σε άμεση γειτνίαση με την πολιτιστική-ιστορική ζώνη ήταν η εξαίρεση μάλλον παρά ο κανόνας. Στο παρελθόν, η μόνη εστία βιομηχανικής μόλυνσης που απείλησε τη μνημειακή κληρονομιά υπήρξε η εγκατάσταση του εργοστασίου φωταερίου (Γκάζι) στο τέλος της οδού Ερμού. Αυτή η πηγή μόλυνσης πρόσφατα καταργήθηκε και η εγκατάσταση μετατράπηκε σε πάρκο βιομηχανικής αρχαιολογίας.

Εν τούτοις, οι σύγχρονες οικοδομικές δραστηριότητες ευθύνονται κατά κανόνα για διάφορες προσβολές του αισθητικού χαρακτήρα των ιστορικών μνημείων. Μια γενικότερη απειλή είναι η ανάπτυξη σε ύψος των κεντρικών περιοχών της πόλης που έλαβε χώρα κατά τα τελευταία πενήντα έτη. Η άνετα χαραγμένη κλασικιστική πόλη του 19ου αιώνος με τα διώροφα κτήριά της που υπήκουαν στο παλαιό ρυμοτομικό σχέδιο εξελίχθηκε ραγδαία σε έναν ιδιαίτερα πυκνό αστικό ιστό με ύψη κτηρίων από έξι έως δέκα ορόφους. Έτσι, ένα συνεχές τείχος από σύγχρονες οικοδομές υψώθηκε προς τα βόρεια της Πλάκας (κέντρο της πόλης), κατά μήκος της μιας πλευράς της λεωφόρου Αμαλίας προς τα ανατολικά, και κατά μήκος της λεωφόρου Συγγρού προς τα νότια. Τα μνημεία της Ακροπόλεως είναι ακόμα άνετα ορατά μόνο από την πλατεία Συντάγματος και από λίγες άλλες τοποθεσίες του κέντρου της πόλης. Κατά τα άλλα, τα μνημεία φαίνονται αποκομμένα από το φυσικό τους βάθρο και αιωρούνται πάνω από το συγκεχυμένο περίγραμμα των πολυκατοικιών.

Οι οπτικές προϋποθέσεις είναι ωστόσο πιο ευνοϊκές για έναν παρατηρητή από το ταράτσωμα του Ζαππείου ή από τις περιοχές χαμηλής δόμησης προς τα νότια και τα δυτικά της Ακροπόλεως. Από εδώ, οι λόφοι της έσω πόλης παρουσιάζονται ως ένα σύνολο και τα μνημεία γίνονται ακόμα αντιληπτά μέσα στο φυσικό τους πλαίσιο με το Λυκαβηττό, τον Υμηττό και την Πεντέλη στο βάθος του οπτικού πεδίου. Αλλά και η αλυσίδα των ιστορικών λόφων στο κέντρο της πόλης, καθώς και οι μεγάλες αδόμητες περιοχές του Ολυμπιείου και του Ζαππείου, προσφέρουν ενδιαφέροντα σημεία θέασης, από τα οποία το ιστορικό τοπίο της πόλης και αρκετά τμήματα της πολιτιστικής-αρχαιολογικής ζώνης των Αθηνών κατοπτεύονται ως σύνολο.

20

Η Ελληνική Αρχαιολογική Υπηρεσία ασκεί έλεγχο στις οικοδομικές δραστηριότητες που διενεργούνται σε ακτίνα μικρότερη των 500 μέτρων από τα προστατευόμενα μνημεία. Η πολιτική αυτή αποδείχθηκε γενικά αποτελεσματική και έτσι διατηρήθηκε η δόμηση χαμηλή (1-3 όροφοι) κοντά στα ιστορικά μνημεία. Γενικά, μπορεί κανείς να πει με βεβαιότητα ότι το περίγραμμα του αθηναϊκού αστικού ιστού διατηρήθηκε μάλλον ομοιόμορφο, χωρίς δραματικές καθ' ύψος διαφοροποιήσεις. Μια δεκάδα ψηλών κτηρίων (ύψους 12-30 ορόφων) που ανεγέρθηκαν κατά τις τελευταίες δεκαετίες, χωροθετήθηκαν ευτυχώς σε σημαντική απόσταση από τον πυρήνα της πόλης. Υπήρξε βέβαια και μία εξαίρεση σε αυτήν την ευνοϊκή διευθέτηση: το μοναδικό πλήγμα που δέχθηκε η Ακρόπολη συνέβη αρκετά αργά, την περίοδο 1958-1962, με την κατασκευή του Ξενοδοχείου Χίλτον (με δεκατέσσερις ορόφους και ύψος 50 μέτρων), δύο χιλιόμετρα ανατολικά της Ακροπόλεως. Η ανέγερση του Χίλτον δέχθηκε δριμεία κριτική αρχικά. Σήμερα, σχεδόν σαράντα πέντε χρόνια αργότερα, οι κρίσεις είναι λιγότερο αυστηρές. Η αισθητική παρενόχληση εξαιτίας αυτού του κτηρίου είναι σχετικά μικρή σε σύγκριση με τη ζημία που θα προξενούσε η αυθαίρετη παρεμβολή ουρανοξυστών στο κέντρο της Αθήνας. Ευτυχώς, μια τέτοια προσβολή της αστικής κλίμακος δεν έχει συμβεί μέχρι σήμερα.

20. Άποψη των παλαιών εγκαταστάσεων του φωταερίου στην οδό Πειραιώς.

21. Το ρυθμιστικό σχέδιο των Αθηνών, του Thomas Mawson (1914-1919). Λεπτομέρεια του ιστορικού κέντρου. Επανασχεδίαση του συγγραφέως.

ΤΟ ΣΧΕΔΙΟ ΤΟΥ THOMAS MAWSON (1914-1919)

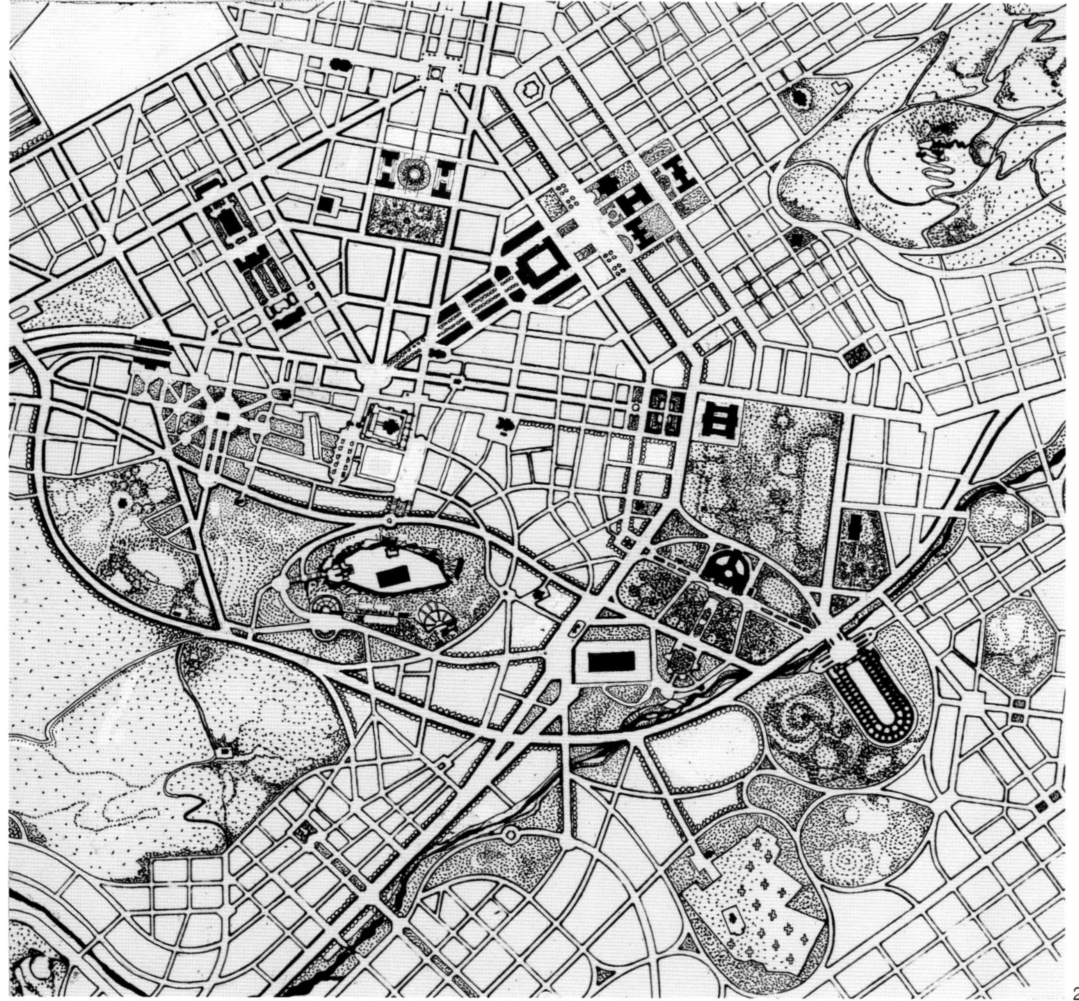

21

Αν και οι διάφορες σχεδιαστικές παρεμβάσεις που παρουσιάσθηκαν μέχρις εδώ ήταν μεγάλης σημασίας για τη σταδιακή διαμόρφωση της πολιτιστικής-αρχαιολογικής ζώνης, δεν είχαν εν τούτοις ολοκληρωμένο χαρακτήρα. Η κεντρική ιδέα της δημιουργίας μιας μεγάλης και ενοποιημένης ζώνης πρασίνου στο κέντρο της πόλης προβλήθηκε για πρώτη φορά κατά τον Πρώτο Παγκόσμιο πόλεμο. Τότε, κατά τα έτη 1914-1919, ο Thomas Mawson διατύπωσε την πολεοδομική πρότασή του με τίτλο «Ξανασχεδιάζοντας την Αθήνα».

Το κύριο μέλημα του σχεδίου που πρότεινε ο βρετανός αρχιτέκτονας τοπίου Thomas Mawson ήταν η λειτουργική επαναδιοργάνωση της σύγχρονης μητρόπολης των 400.000 κατοίκων (αυτός ήταν ο σχεδιαστικός στόχος της μελέτης), και όχι η επέκταση και ο εξωραϊσμός της αρχαιολογικής ζώνης των Αθηνών. Το σχέδιό του περιέχει ωστόσο, ως ένα βαθμό, τον πυρήνα της ιδέας της ενοποίησης των χώρων αναψυχής στο κέντρο των Αθηνών: *Η εσωτερική ζωή της πόλης χρειάζεται να ληφθεί υπόψη[...] μια προφανής ανάγκη είναι ένα σύστημα που θα περιλαμβάνει λεωφόρους περιπάτου, πάρκα και υπαιθρίους χώρους ελεύθερης χρήσης, που θα προσδώσει κύρος στη μητρόπολη και θα ανταποκριθεί στις απαιτήσεις της*. Το σχέδιο στοχεύει καθαρά στο να δημιουργήσει μια απ' ευθείας σύνδεση ανάμεσα στην περιοχή του Σταδίου/Ζαππείου και της Ακροπόλεως με τους δυτικούς λόφους. Προτείνονται δύο νέοι καμπύλοι άξονες που εκκινούν από την είσοδο του Σταδίου και εκτείνονται εφαπτομενικά γύρω από την Ακρόπολη και συγκλίνουν τελικά στην περιοχή του Ηφαιστείου. Οι άξονες αυτοί, αν και δεν έχουν σχεδιασθεί ως μνημειακοί πεζόδρομοι, προτείνονται ως αστικές λεωφόροι περιπάτου που αποσκοπούν στη σύνδεση ιστορικών τόπων υψηλής ακτινοβολίας (δηλαδή του Σταδίου, του Ζαππείου, του Ολυμπιείου, του Θεάτρου του Διονύσου, του Ωδείου Ηρώδου του Αττικού, της Πλάκας και του Ηφαιστείου) και στην παροχή συνολικών οπτικών εμπειριών υψηλής ποιότητας. Στο σχέδιο, οι αρτηρίες μεγάλης κυκλοφορίας, όπως η λεωφόρος Αμαλίας και η οδός Αποστόλου Παύλου, που αποτελούν λειτουργική τομή και που παρουσιάζουν εμπόδια στην επιδιωκόμενη ενοποίηση της περιοχής, δεν καταργούνται, ούτε πεζοδρομούνται, αλλά και ούτε προβλέπονται διευθετήσεις τους με υπόγειες διαβάσεις. Τέλος, ο ιστός της παλαιάς πόλης διαταράσσεται σοβαρά με τη διάνοιξη πολλών νέων και αδικαιολόγητων οδών δευτερεύουσας σημασίας.

Τα αρχαία μνημεία της περιοχής των βορείων κλιτύων της Ακροπόλεως δέχονται μία πολύ χαρακτηριστική μεταχείριση σε αυτήν την πρόταση. Ενώ καμία γενική ανασκαφή δεν προβλέπεται γι' αυτήν τη μεγάλης σημασίας περιοχή των αρχαίων Αθηνών, τα ορατά αρχαία μνημεία, όπως το Ηφαιστείον, η Στοά του Αττάλου, η Βιβλιοθήκη του Αδριανού και η ρωμαϊκή Αγορά θεωρούνται ως θεαματικά ευρήματα (objets trouvés), ως σημεία οπτικής εστίασης που περιβάλλονται από λεωφόρους περιπάτου και από μερικά διατηρητέα οικοδομικά τετράγωνα οικιών του 19ου αιώνος. Σε αυτήν την περίπτωση, οι αρχαιότητες λειτουργούν ως στοιχεία καλλωπισμού της σύγχρονης μητρόπολης. Αν και το σχέδιο του Mawson (που θεωρήθηκε ανεδαφικό στην εποχή του και δεν τέθηκε ποτέ σε εφαρμογή) δεν στόχευε στη δημιουργία μιας μεγάλης ζώνης αρχαιολογικών ανασκαφών, έχει το αδιαμφισβήτητο πλεονέκτημα ότι ήταν το πρώτο που εισήγαγε την ιδέα της ενοποιημένης ζώνης πρασίνου και αναψυχής στο κέντρο της πόλης, παραμένοντας έτσι το πρότυπο όλων των μετέπειτα σχετικών προτάσεων.

22. Το ρυθμιστικό σχέδιο του ιστορικού κέντρου των Αθηνών, του Κωνσταντίνου Μπίρη (1946).

ΤΟ ΣΧΕΔΙΟ ΤΟΥ ΚΩΝΣΤΑΝΤΙΝΟΥ ΜΠΙΡΗ (1946)

Με το τέλος του Δευτέρου Παγκοσμίου πολέμου, σημαντικές ανασκαφές στην αρχαία Αγορά, τον Κεραμεικό και την Ακαδημία είχαν αυξήσει σε έκταση τους ελεύθερους χώρους της πόλης. Ωστόσο, η ιδέα της δημιουργίας ενός ενοποιημένου χώρου πρασίνου και αναψυχής με τη διασύνδεση των αστικών πάρκων, των αναδασωμένων λόφων, των χώρων ανασκαφών και των αρχαίων μνημείων στο κέντρο της πόλης φαινόταν να έχει λησμονηθεί. Στον αρχιτέκτονα και πολεοδόμο Κωνσταντίνο Μπίρη οφείλεται η αναβίωση αυτής της ιδέας αμέσως μετά τον πόλεμο. Και στην περίπτωση αυτή δεν ακολούθησαν όμως συγκεκριμένα βήματα και οι προτάσεις του αγνοήθηκαν, όπως συνέβη νωρίτερα με την αντίστοιχη πρόταση του Mawson το 1919.

Επί σαράντα χρόνια, από τα μέσα της δεκαετίας του 1920 έως τα μέσα της δεκαετίας του 1960,

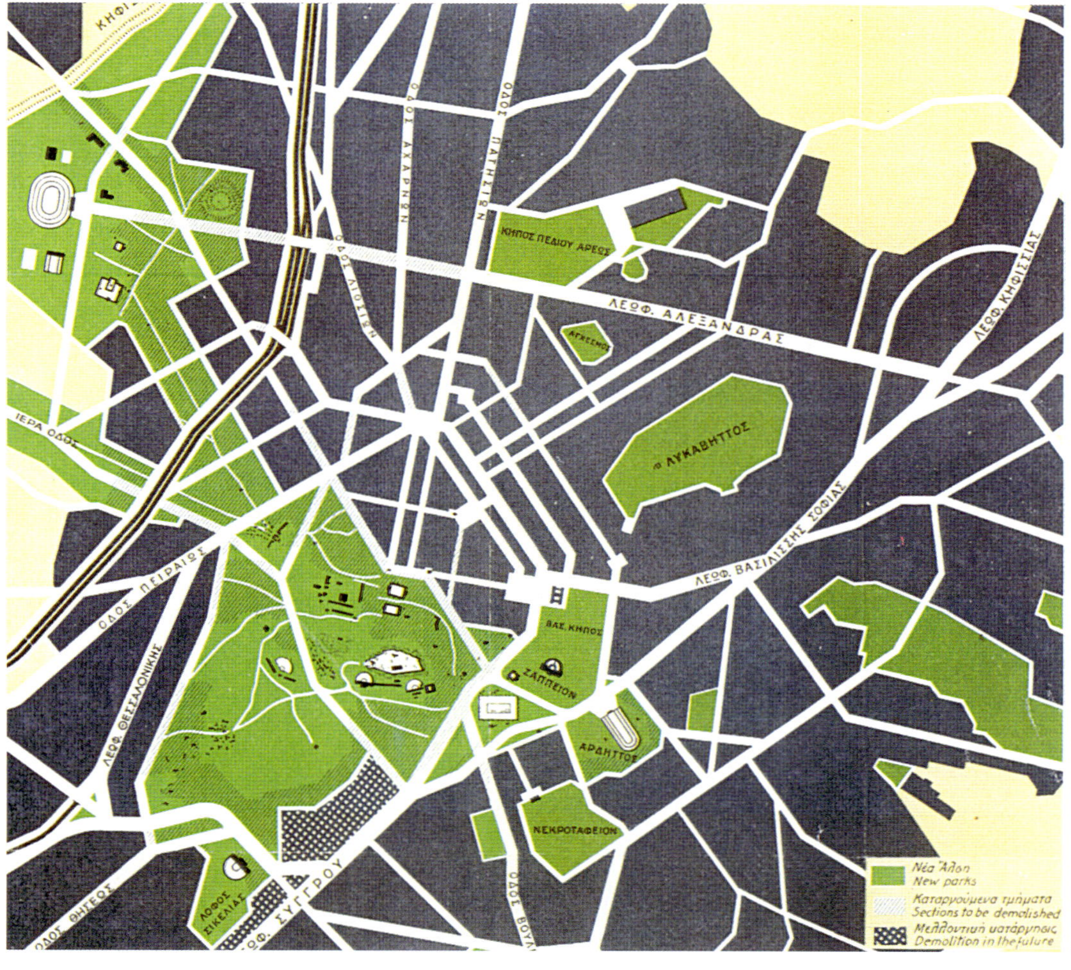

22

ο Μπίρης διετέλεσε προϊστάμενος της υπηρεσίας σχεδίου πόλεως του Δήμου Αθηναίων και βίωσε μια συνεχή απογοήτευση από το γεγονός ότι η υπηρεσία του δεν μπόρεσε να συντονίσει τις πρωτοβουλίες σχεδιασμού των Αθηνών. Εκείνο τον καιρό η λειτουργία της τοπικής αυτοδιοίκησης ήταν ουσιαστικά ανύπαρκτη στην Ελλάδα, καθώς τις αποφάσεις τις έπαιρνε στην πραγματικότητα η κεντρική εξουσία (δηλαδή το Υπουργείο Δημοσίων Έργων και το Υπουργείο Διοικήσεως Πρωτευούσης που είχε συσταθεί κατά την περίοδο 1936-1940).

Το 1946 ο Μπίρης είχε ακόμα ελπίδες ότι η πρότασή του για την Αθήνα θα τύχαινε μιας ευνοϊκής υποδοχής και τη δημοσίευσε σε δύο γλώσσες, Ελληνική και Αγγλική. Το σχέδιό του περιλάμβανε ένα γενικό χωροταξικό διάγραμμα των Αθηνών και έθετε το ζήτημα της δημιουργίας ενός παράλληλου διοικητικού κέντρου στα Μέγαρα, προτείνοντας συγχρόνως τη μετατροπή της υφιστάμενης πρωτεύουσας σε ένα πολιτιστικό εθνικό κέντρο. Ο Μπίρης επισήμανε την ανάγκη ανασκαφών ευρείας κλίμακος, έτσι ώστε να υλοποιηθεί (έστω και με καθυστέρηση ενός αιώνα) η αρχική πρόταση των Κλεάνθη και Schaubert:

Κεφαλαιώδους σημασίας στην αποκατάσταση των Αθηνών είναι το ερώτημα της αποκαλύψεως και αναδείξεως του τοπίου της αρχαίας πόλεως. Ολόκληρος ο πολιτισμένος κόσμος εκδηλώνει ενδιαφέρον γι' αυτό. Οι Αμερικανοί ήταν οι πρώτοι που προσέφεραν τους οικονομικούς πόρους για μια επιχείρηση μεγάλης κλίμακος: αναφερόμαστε στην αποκάλυψη της αρχαίας Αγοράς και αρχαιολογικών ευρημάτων μεγάλης επιστημονικής αξίας. Αμέσως μετά, ο μακαρίτης Π. Αριστόφρων, ένας Έλληνας, έδωσε την οικονομική βοήθεια για την αποκάλυψη των ερειπίων της Ακαδημίας του Πλάτωνος. Βρισκόμαστε σήμερα σε ένα αποφασιστικό σημείο στην ιστορία του πολιτισμού. Μόλις η μεταπολεμική αναταραχή κοπάσει, το ενδιαφέρον του κόσμου θα στραφεί ξανά στα πολιτιστικά και ανθρωπιστικά ιδεώδη. Η άσβεστη φήμη των αρχαίων Αθηνών θα προσελκύσει και πάλι το ενδιαφέρον του κόσμου. Πρέπει να είμαστε έτοιμοι να υποστηρίξουμε αυτό το μελλοντικό ενδιαφέρον για την Αθήνα. Θα χρειασθεί να κάνουμε παγκόσμια έκκληση βοηθείας για την αποκάλυψη ολόκληρου του τοπίου της αρχαίας πόλεως. Τα σύγχρονα κτήρια που καλύπτουν τον χώρο και που προσεγγίζουν στενά την Ακρόπολη, καθώς και τους αρχαιολογικούς τόπους της Ακαδημίας, του Κεραμεικού και της Αγοράς, πρέπει να κατεδαφισθούν, και η όλη έκταση να ανασκαφεί.

Η ενοποιημένη πολιτιστική-αρχαιολογική περιοχή που πρότεινε ο Μπίρης υπήρξε ένα πολύ μεγαλεπήβολο σχήμα που τελικά δεν έγινε αποδεκτό. Διπλασιάζοντας σχεδόν την έκταση των ελεύθερων χώρων – μια αρκετά εξωπραγματική πρόταση – ο Μπίρης διατηρούσε εν τούτοις τους σημαντικούς άξονες μηχανοκίνητης κυκλοφορίας, όπως την Ιερά Οδό, την οδό Αποστόλου Παύλου και τη σχεδιασμένη προέκταση της λεωφόρου Αλεξάνδρας ως κύριες αρτηρίες που διαπερνούσαν τον προτεινόμενο αρχαιολογικό χώρο. Πρότεινε επίσης την κατασκευή σύγχρονων πολιτιστικών και αθλητικών εγκαταστάσεων δίπλα στις αρχαιότητες, «σε κατάλληλες θέσεις», κτίσματα στην πραγματικότητα ασυμβίβαστα προς το χαρακτήρα του ιστορικού τοπίου και των αρχαίων μνημείων: *Σε κατάλληλες θέσεις του Πάρκου θα μπορούσαν εύκολα να ανεγερθούν ένα μεγάλο στάδιο, ένα ανοικτό θέατρο για παραστάσεις αρχαίου δράματος, μουσεία, αρχαιολογικές σχολές, ένα διεθνές πανεπιστήμιο, μια ειδική βιβλιοθήκη, και άλλα ινστιτούτα διεθνούς ενδιαφέροντος. Όλα αυτά μαζί θα μπορούσαν να συναποτελέσουν το κέντρο μιας παγκόσμιας πνευματικής ενώσεως.*

23. Προκαταρκτικό σχέδιο κηποτεχνικής διαμόρφωσης του αρχαιολογικού χώρου της αρχαίας Αγοράς (1953).

ΑΝΑΣΚΑΦΕΣ ΚΑΙ ΚΗΠΟΤΕΧΝΙΚΗ ΔΙΑΜΟΡΦΩΣΗ ΤΗΣ ΑΡΧΑΙΑΣ ΑΓΟΡΑΣ

Από τις αρχές της δεκαετίας του 1930, η Αμερικανική Σχολή Κλασικών Σπουδών στην Αθήνα διενήργησε τις πρώτες μεγάλης κλίμακος ανασκαφές σε έκταση εννέα εκταρίων, για να φέρει στην επιφάνεια το πολιτικό κέντρο της αρχαίας πόλης. Ολόκληρη η περιοχή στα βορειοδυτικά της Ακροπόλεως καλυπτόταν από τον πυκνό ιστό του ζωντανού τμήματος της παλαιάς πόλης (συνοικία της Βλασσαρούς). Αν και η συναισθηματική ταύτιση των Αθηναίων με τον παραδοσιακό χώρο της παλαιάς συνοικίας ήταν πολύ δυνατή, η ελπίδα για την αποκάλυψη σημαντικών ευρημάτων

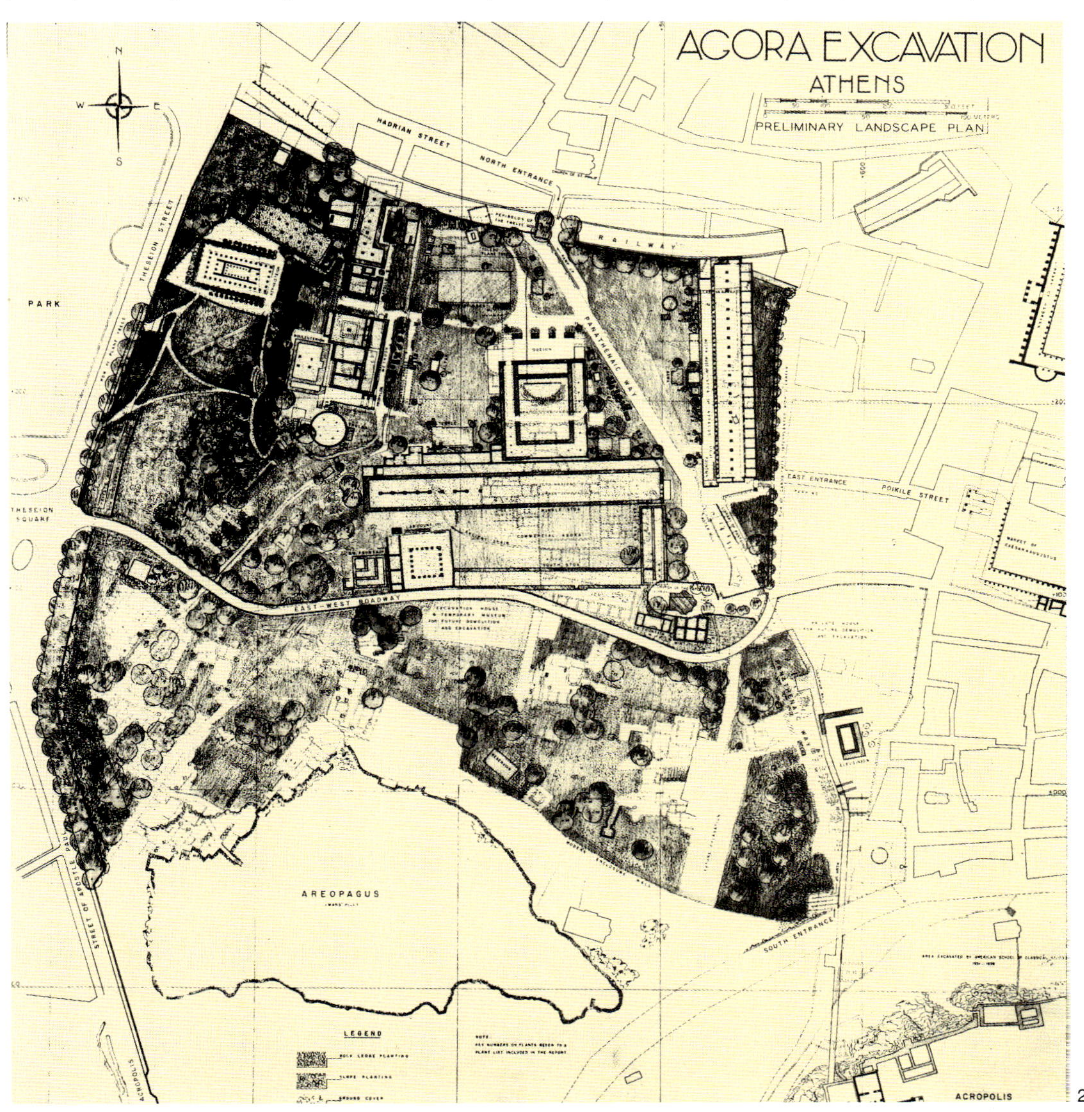

23

24

24. Μαρμαρογλύπτες επί το έργον στη στοά του Αττάλου (1955).

25. Η ανακατασκευή της Στοάς του Αττάλου (1956).

26. Το Ηφαιστείον (Θησείον), ο κήπος του, η αρχαία Αγορά και η Πλάκα. Αεροφωτογραφία από βορειοδυτικά (1982).

25

26

27

από τις ανασκαφές αποδείχθηκε ισχυρότερη και οδήγησε σε εκτεταμένες απαλλοτριώσεις. Απόλυτη προτεραιότητα δόθηκε στην αρχαιολογική έρευνα.

Κατά την εποχή αυτήν ακόμα, ούτε η επιστημονική κοινότητα, ούτε η κοινή γνώμη διέκριναν την αντιπαλότητα ανάμεσα στους δύο επιθυμητούς στόχους: τη διατήρηση της ζωντανής ιστορικής συνοικίας από τη μία μεριά και τα αναμενόμενα αρχαιολογικά ευρήματα και τη συνεπαγόμενη επιστημονική γνώση από την άλλη. Εν τέλει, έναν αιώνα μετά την ίδρυση της νέας πόλης, το αρχικό όραμα των Κλεάνθη και Schaubert πραγματοποιήθηκε, αν και μόνο εν μέρει: το ένα τέταρτο περίπου της έκτασης που είχαν προτείνει να μείνει ελεύθερο για μελλοντικές ανασκαφές (συγκεκριμένα το δυτικό του άκρο) ελευθερώθηκε από τα νεώτερα κτίσματα ύστερα από απαλλοτριώσεις που χρηματοδότησε η Αμερικανική Σχολή.

28

29

27. Βωμός του Αγοραίου Διός στην αρχαία Αγορά, τέλος 4ου αιώνα π.Χ.

28. Οι «γίγαντες» του Ωδείου του Αγρίππα στην αρχαία Αγορά.

29. Το Ηφαιστείον (Θησείον) στο λόφο του Αγοραίου Κολωνού, δυτικά της αρχαίας Αγοράς.

Η επιχείρηση της ανασκαφικής έρευνας στην κλασική Αγορά – μοναδική στο είδος της– διήρκεσε περίπου 30 χρόνια με μια διακοπή κατά το Δεύτερο Παγκόσμιο πόλεμο. Τα επιστημονικά πορίσματα είναι κεφαλαιώδους σημασίας, όχι μόνο για τη γνώση μας της τοπογραφίας και της αστικής δομής των αρχαίων Αθηνών, αλλά επίσης και για την κατανόηση του κοινωνικού και θεσμικού πλαισίου της αρχαιοελληνικής πόλης.

Μετά την ολοκλήρωση των ανασκαφών, ολόκληρος ο χώρος δενδροφυτεύθηκε. Τότε έγινε και η πρώτη απόπειρα για την τόνωση της αναγνωσιμότητας των αρχαιολογικών ανασκαφών με τη στερέωση και τον καθαρισμό των θεμελίων των αρχαίων κτηρίων, με το σχεδιασμό ενός δικτύου πεζοδρόμων καλυμμένων με φυσικό χώμα και με τη φύτευση συστάδων δένδρων και θάμνων σε επιλεγμένα σημεία. Με αυτόν τον τρόπο δημιουργήθηκε το πρώτο αρχαιολογικό πάρκο της πόλης.

Η κηποτεχνική διαμόρφωση μιας αρχαιολογικής περιοχής παραμένει ακόμα και σήμερα ένα από τα πλέον προβληματικά και ανεπίλυτα θέματα σχεδιασμού, από άποψη αισθητική αλλά και λειτουργική, και δυστυχώς δεν κερδίζει τη δέουσα προσοχή. Οι ανασκαφές της κλασικής Αγοράς μας έφεραν αντιμέτωπους, όχι μόνο με το ανοικτό ακόμα θέμα της σκοπιμότητας πιο εκτεταμένων ανασκαφών γύρω από την Ακρόπολη, αλλά και με την αναγκαιότητα της συνολικότερης κηποτεχνικής διαμόρφωσης της ιστορικής περιοχής, μετά την ολοκλήρωση της αρχαιολογικής έρευνας.

Η ΠΕΡΙΟΧΗ ΤΗΣ ΠΛΑΚΑΣ. Η ΠΑΛΑΙΑ ΠΟΛΗ ΤΩΝ ΑΘΗΝΩΝ

Κατά το διάστημα 1965-1966 το Υφυπουργείο Οικισμού δήλωσε ένα πρώτο ενδιαφέρον για τη συντήρηση της παλαιάς συνοικίας του 19ου αιώνα, της λεγόμενης «Πλάκας». Μια ομάδα νέων αρχιτεκτόνων συνέστησε το «Γραφείο Πλάκας» του Υφυπουργείου. Στις πρώτες εργασίες της ομάδας περιλαμβάνονταν σχέδια αποτύπωσης αναπτυγμάτων δρόμων και προτάσεις για μέτρα που στόχευαν στη λειτουργική και μορφολογική αναμόρφωση της περιοχής. Το 1966, μια δημόσια συζήτηση στο Δήμο έγινε δεκτή με μεγάλο ενδιαφέρον από το κοινό και τον τύπο. Η συζήτηση αυτή ήταν ένα πρώτο παράδειγμα δημόσιας συμμετοχής σε ένα πολύ σοβαρό θέμα σχεδιασμού που έθετε το ερώτημα της προτεραιότητας ανάμεσα στην περαιτέρω αρχαιολογική έρευνα και μια γενικευμένη πολιτική συντήρησης της ζωντανής συνοικίας της Πλάκας.

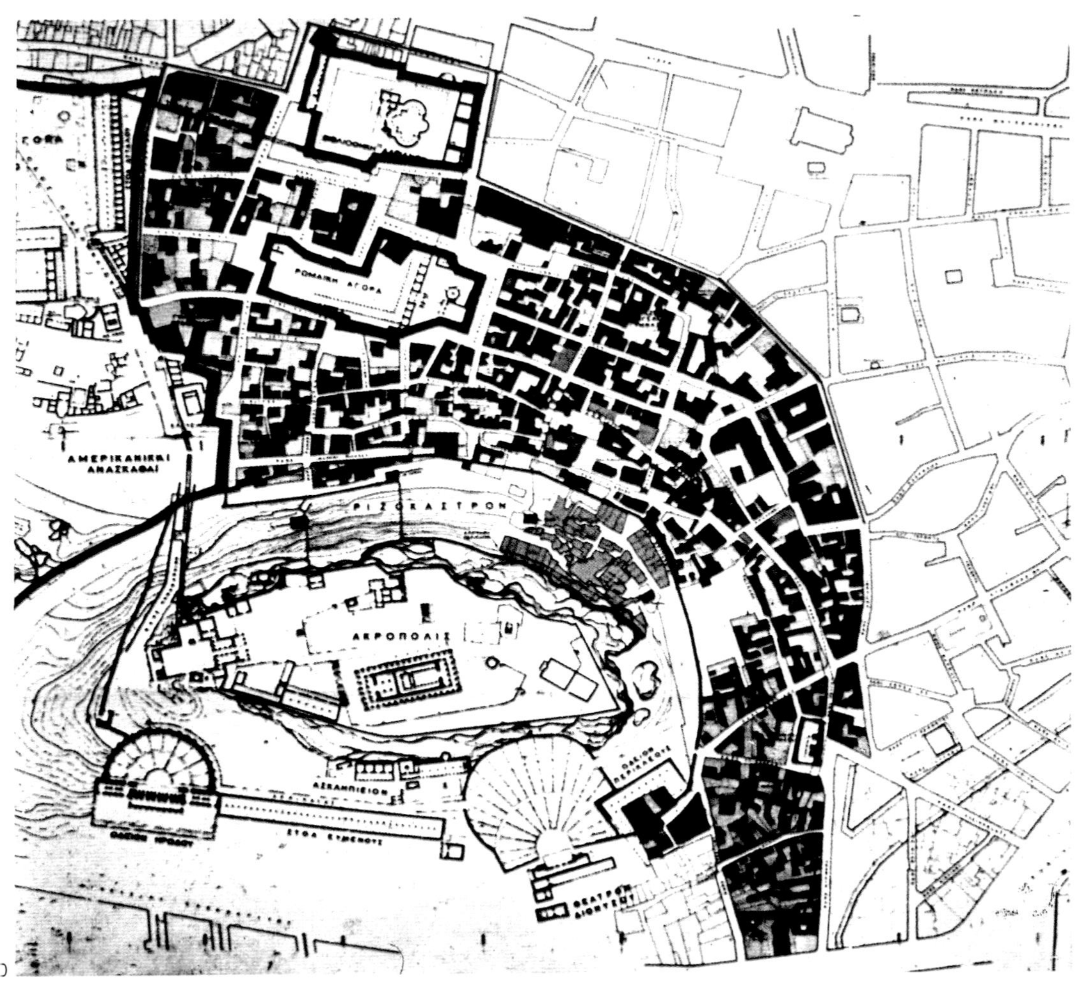

30

Ενώ οι αντιπρόσωποι των κατοίκων της συνοικίας δικαιολογημένα διαμαρτύρονταν για τα 130 χρόνια αβεβαιότητας σε σχέση με το μέλλον των ιδιοκτησιών τους, ζητώντας μια οριστική απόφαση για την προστασία του τομέα αυτού της πόλης που χρονολογείται από το 18ο και το 19ο αιώνα, η συντριπτική πλειονότητα των επιστημόνων (αρχαιολόγοι και αρχιτέκτονες) υποστήριζαν την ιδέα μιας ανασκαφικής επιχείρησης μεγάλης κλίμακος για την αποκάλυψη του «αρχαίου άστεως» στη συνολική του έκταση, όπως είχαν προτείνει προ πέντε γενεών οι Κλεάνθης και Schaubert, αλλά και ο Klenze. Ενθαρρυμένοι από τα θετικά αποτελέσματα των ανασκαφών της Αμερικανικής Σχολής στην κλασική Αγορά, διατύπωναν το αίτημα μιας διεθνούς εκστρατείας (που θα χρηματοδοτούσαν από κοινού το ελληνικό κράτος και η UNESCO) για να συνεχισθούν οι ανασκαφές σε ολόκληρη την περιοχή της Πλά-

31

30. Κάτοψη της Πλάκας: οικοδομικοί όγκοι - ελεύθεροι χώροι.

31. Η συνοικία Πλάκα και το κέντρο των Αθηνών από δυτικά.

32

33

34

32. Η οικία των Μπενιζέλων στην οδό Αδριανού 96.
33. Οι οικία των Μπενιζέλων. Κύρια πρόσοψη.
34. Η λεγόμενη οικία Κωλέττη στην Πλάκα.
35. Η Πλάκα, η παλαιά πόλη των Αθηνών, στη βόρεια κλιτύ της Ακροπόλεως (1932).

35

κας, πάνω από την οδό Αδριανού (περίπου 30 επιπλέον εκτάρια). Μόνο μια μικρή μειονότητα επιστημόνων επέμεινε στην ανάγκη διατήρησης της ζωντανής παλαιάς συνοικίας της Πλάκας ως μόνο σωζόμενο αθηναϊκό οικιστικό σύνολο του 19ου αιώνα και ως μια ιδανική οπτική μετάβαση από το σύγχρονο κέντρο της πόλης προς τα μνημεία της Ακροπόλεως. Λόγω του τεράστιου κόστους των σκοπούμενων απαλλοτριώσεων στην προβλεπόμενη εκτεταμένη περιοχή ανασκαφών και των συνεπαγόμενων κοινωνικών προβλημάτων από την απομάκρυνση 4500 περίπου κατοίκων από την περιοχή, καμία ενέργεια δεν έγινε για την πραγμάτωση του μεγάλου αυτού αρχαιολογικού εγχειρήματος. Ακολούθησαν δέκα χρόνια αδράνειας, κατά τα οποία η Πλάκα επιβίωσε κάτω από δυσμενείς συνθήκες κοινωνικής εξαθλίωσης και αρχιτεκτονικής παραμόρφωσης. Η αστική ανάπλαση της περιοχής άρχισε μόνο μετά το 1976 και έκτοτε εξελίσσεται θετικά. Η σημασία της συνάντησης του 1966 όμως έγκειται στο γεγονός ότι το ζήτημα της επιβίωσης της παλαιάς πόλης έγινε δημόσια γνωστό, δημιουργώντας έτσι μια πρώτη αφύπνιση του κοινού σχετικά με το συγκεκριμένο πρόβλημα.

Κατά τις πρόσφατες δεκαετίες, η Αρχαιολογική Υπηρεσία εφήρμοσε με συνέπεια μια πολιτική σταδιακής αγοράς ιδιωτικών κατοικιών στην περιοχή της Πλάκας, με σκοπό τη διευκόλυνση μακροπροθέσμως μεμονωμένων τοπικών ανασκαφών. Ως αποτέλεσμα, πάνω από 100 κατοικίες ανή-

36

37

38

39

40

41

κουν σήμερα στο Δημόσιο. Αν και κατεδαφίσεις μεγάλης κλίμακος δεν έχουν πραγματοποιηθεί κατά τις τελευταίες δεκαετίες, υπάρχει μια σιωπηλή συναίνεση για το ότι η περιοχή μεταξύ της Βιβλιοθήκης του Αδριανού και της ελληνικής Αγοράς θα πρέπει αργά ή γρήγορα να θυσιασθεί, ώστε να επιτρέψει την ενοποίηση των ανασκαφικών χώρων της ελληνικής και της ρωμαϊκής Αγοράς για να ολοκληρωθεί έτσι η έρευνα στη ρωμαϊκή Αγορά. Το πρώτο βήμα προς αυτήν την κατεύθυνση πραγματοποιήθηκε στις αρχές της δεκαετίας του 1970, όταν η Αμερικανική Σχολή επεξέτεινε τις ανασκαφές της σε ένα διάδρομο που οδηγούσε από την Οδό των Παναθηναίων προς την είσοδο της ρωμαϊκής Αγοράς (Πρόπυλον της Αθηνάς). Στη θέση αυτήν ανασκάφθηκε η Βιβλιοθήκη του Πανταίνου. Επίσης, στη βόρεια πλευρά της κλασικής Αγοράς, και παράλληλα προς τις σιδηροτροχιές, τα υπολείμματα της Ποικίλης Στοάς ανασκάφθηκαν και η ακριβής της θέση ταυτίσθηκε.

36-38. Λεπτομέρειες κλασικιστικών οικιών στην Πλάκα.

39-41. Τμηματικές απόψεις της Πλάκας.

42. Το μνημείο του Λυσικράτους στην οδό Τριπόδων στην Πλάκα.

42

ΟΙ ΠΡΟΤΑΣΕΙΣ ΤΗΣ ΟΜΑΔΟΣ ΦΩΤΙΑΔΗ (1979)

Στα τέλη της δεκαετίας του 1970, η περιβαλλοντική μόλυνση, η κυκλοφοριακή συμφόρηση και ο υποβιβασμός της ποιότητος ζωής είχαν φθάσει σε πρωτοφανή έξαρση στο κέντρο των Αθηνών. Σε ζωηρή αντίδραση προς τις εξαθλιωτικές αυτές συνθήκες, αρκετές σχεδιαστικές πρωτοβουλίες διατυπώθηκαν και μια αργή, σταδιακή αναβάθμιση του αστικού περιβάλλοντος επακολούθησε, όπως η αναμόρφωση της Πλάκας, η πεζοδρόμηση του εμπορικού κέντρου, η εκστρατεία δενδροφύτευσης των δρόμων και, τέλος, δραστικά μέτρα για την προστασία και διατήρηση των μνημείων της Ακροπόλεως. Όλες αυτές οι συνδυασμένες πρωτοβουλίες ήταν κατάλληλα βήματα προς την επιθυμητή κατεύθυνση.

Μετά από τριάντα χρόνια ανεξέλεγκτης οικοδομικής δραστηριότητος, με πρωτοβουλία ιδιωτών επενδυτών και μετά από κρατικές παρεμβάσεις που απέτυχαν να ρυθμίσουν τα καίρια προβλήματα, ένα όψιμο ενδιαφέρον παρουσιάσθηκε εν τέλει για τον εξοπλισμό των δημόσιων χώρων και για την εξυγίανση του κέντρου της πόλης. Το αυξανόμενο ενδιαφέρον για τη διαμόρφωση χώρων αναψυχής αποτελεί τη λογική συνέπεια της επαναθεώρησης των αξιών της αστικής ζωής. Ως άμεσο επακόλουθο αυτής της τάσης, η παλαιότερη ιδέα περί ενοποίησης των αστικών πάρκων, των αναδασωμένων λόφων και των ανασκαφικών χώρων, που είχε παραμεληθεί για πολύ καιρό, ήρθε πρόσφατα ξανά στο προσκήνιο και κερδίζει συνεχώς και περισσότερη υποστήριξη από την κοινή γνώμη.

Για μια ακόμα φορά, η πρωτοβουλία προήλθε από μια ομάδα αρχιτεκτόνων και πολεοδόμων, όπως είχε συμβεί και παλαιότερα με τις προτάσεις του σχεδίου του Mawson το 1919 και του Μπίρη το 1946. Το 1979 ο αντιπρόσωπος της ομάδος αυτής, αρχιτέκτων Αλέξανδρος Φωτιάδης, δημοσίευσε μια συνοπτική πρόταση για τη δημιουργία ενός ενοποιημένου πολιτιστικού πάρκου, την οποία δημοσιοποίησε μέσα από σειρά συνεντεύξεων και συστάσεων προς τις αρχές. Τα μέλη της ομάδος χαρακτηρίζονταν από μαχητικό πνεύμα και έκαναν πρακτικές προτάσεις που αφορούσαν τη χρηματοδότηση του έργου μέσω συντονισμένων δημόσιων επενδύσεων σε βραχυπρόθεσμη και μεσοπρόθεσμη βάση. Το προτεινόμενο σχέδιο αντιμετώπιζε για πρώτη φορά – αν και αρκετά σχηματικά – τα σχετικά πολεοδομικά ζητήματα και προσπαθούσε να διαγράψει σαφή μέτρα στους τομείς της κυκλοφορίας, της κηποτεχνίας και των πεζοδρομήσεων, προκειμένου να προσεγγίσει το σύνολο των στόχων. Αν και θα ήταν άτοπο να περιμένει κανείς ότι η διατύπωση μιας γενικής ιδέας θα μπορούσε να παρουσιάσει οριστικές και εφαρμόσιμες λύσεις για όλες τις ποικίλες πλευρές ενός έργου μεγάλης κλίμακος, ορισμένα από τα επί μέρους προτεινόμενα μέτρα ήταν ατυχή γιατί έτειναν στο να υπεραπλουστεύουν τα περίπλοκα προβλήματα που υπεισήρχοντο στο σχεδιασμό.

Έτσι, μία από τις προτάσεις του σχεδίου Φωτιάδη παρουσίαζε την ιδέα μιας υπερυψωμένης πλατφόρμας, μήκους 250 μέτρων, πάνω από τις σιδηροδρομικές γραμμές δυτικά του Ηφαιστείου, που σκοπός της ήταν να συνδέσει τις ανασκαφές του Κεραμεικού με εκείνες της Αγοράς! Είναι ωστόσο αφελές να προσδοκά κανείς την ενοποίηση αρχαιολογικών χώρων με τη βοήθεια υπερυψωμένων διαδρόμων, ενώ το πραγματικό πρόβλημα παραβλέπεται, η δηλωμένη δηλαδή ανάγκη ανασκαφής της αρχαίας Οδού των Παναθηναίων από το Δίπυλο και τις ανασκαφές του Κεραμεικού έως το ήδη ανασκαμμένο τμήμα της Αγοράς. Η πρόταση περιλάμβανε επίσης τη δημιουργία ενός τεχνητού λόφου προς τα ανατολικά του Ολυμπιείου, ώστε να διαχωρισθεί ο αρχαιολογικός χώρος από τις αθλητικές εγκαταστάσεις στα ανατολικά του. Η τελευταία πρόταση αντανακλά την οδυνηρή έλλειψη σεβασμού απέναντι στην ιστορική τοπογραφία: να αλλοιώσει κανείς τη μορφολογία του ιστορικού τοπίου της πόλης είναι πράγμα αδιανόητο! Το πνεύμα του τόπου (genius loci) θα εκμηδενιζόταν, αν ένας τεχνητός λόφος παρεισέφρυε, καταστρέφοντας έτσι το αρχαίο τοπίο στην παριλίσσια περιοχή.

Οι στόχοι που τίθενται για μια πολιτιστική-αρχαιολογική ζώνη περιλαμβάνουν πολλές δηλωμένες ανάγκες κεφαλαιώδους σημασίας, όπως προστασία του αρχαίου ιστορικού τοπίου, αποφυγή επιδεικτικών σύγχρονων κατασκευών, δημιουργία συνθηκών που προάγουν την αρχαιολογική έρευνα και διαμόρφωση ενός αρμόζοντος γαλήνιου περιβάλλοντος. Στους στόχους αυτούς φαίνεται να μην έδωσαν οι συντάκτες της πρότασης πρώτη προτεραιότητα. Άλλα σημεία της πρότασής τους ήταν πιο εύστοχα, ειδικά εκείνα που αφορούσαν τη ρύθμιση της κυκλοφορίας και την καθιέρωση πεζοδρόμων στο ανατολικό τμήμα της ζώνης. Αν και το σχέδιο Φωτιάδη δεν κάλυπτε ολόκληρο τον πολιτιστικό-ιστορικό χώρο, και παρά το γεγονός ότι οι συστάσεις που περιλάμβανε δεν είχαν μελετηθεί σε βάθος, επανενεργοποίησε ωστόσο το διάλογο σε σχέση με ένα συντονισμένο σχέδιο για την ανάπλαση της πολιτιστικής-αρχαιολογικής ζώνης.

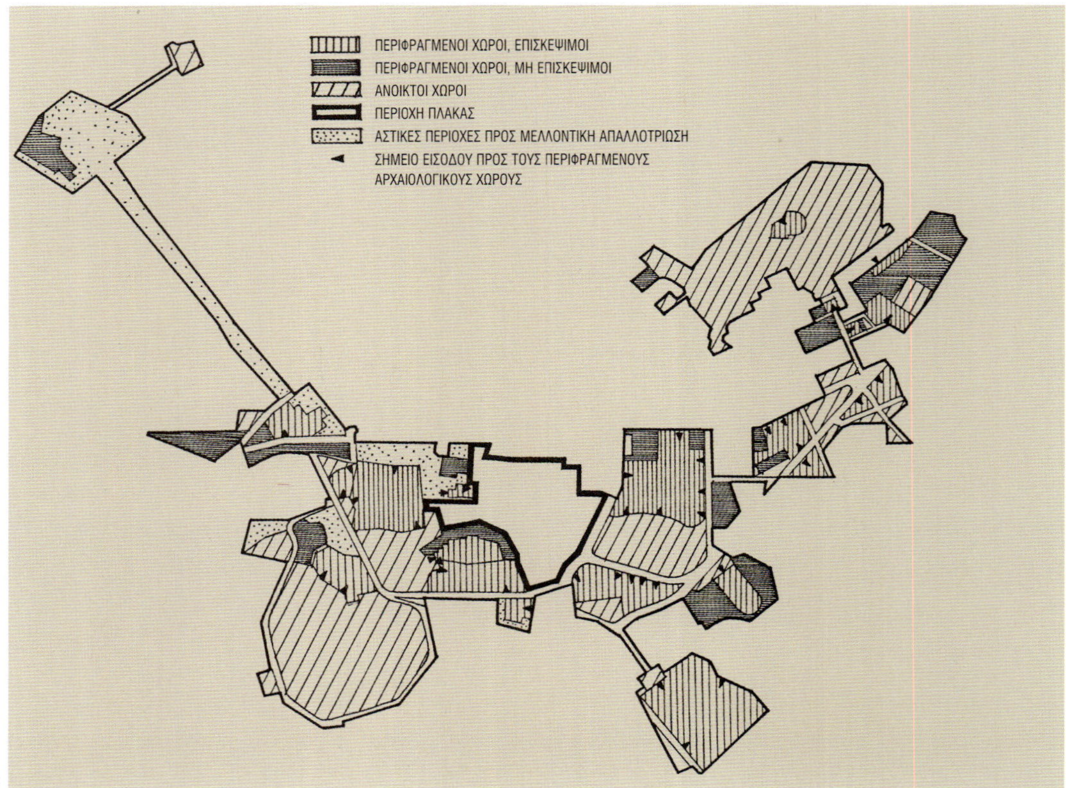

43

Η ΥΦΙΣΤΑΜΕΝΗ ΚΑΤΑΣΤΑΣΗ ΣΤΟΝ ΙΣΤΟΡΙΚΟ ΧΩΡΟ

Σήμερα, η δυνατότητα πρόσβασης στους διάφορους τομείς της ιστορικής-αρχαιολογικής ζώνης διαφέρει σημαντικά, ανάλογα με τις υπάρχουσες χρήσεις γης που περιλαμβάνουν τους υφιστάμενους χώρους αρχαιολογικών ανασκαφών, αναδασωμένους χώρους των λόφων, τις αθλητικές εγκαταστάσεις, τα αστικά πάρκα, τα ιδιωτικά πάρκα στην ιδιοκτησία πολιτιστικών ιδρυμάτων και τον τομέα της ιστορικής συνοικίας της Πλάκας.

Οι επί μέρους περιοχές με τον καιρό κατακερματίσθηκαν και απομονώθηκαν εξ αιτίας τυχαίων εξελίξεων. Έτσι, ο μηνίσκος της πολιτιστικής-αρχαιολογικής ζώνης υποδιαιρείται σε τουλάχιστον 57 διακεκριμένα τμήματα που συγκροτούν ένα σύνολο 18 περιφραγμένων χώρων μη προσβάσιμων από το κοινό, 20 περιφραγμένων χώρων ανοιχτών στο κοινό για κάποιο τμήμα της ημέρας και 19 χώρων μόνιμα προσβάσιμων. Αρκετές από τις περιοχές τυγχάνουν λογικής μεταχείρισης (είναι δηλαδή επισκέψιμες περιοχές πρασίνου), ενώ άλλες είναι περιφραγμένες για κάποιον όχι εμφανή λόγο. Έτσι, ενώ οι κύριες περιοχές των αναδασωμένων λόφων (π.χ. οι λόφοι του Μουσείου, της Πνύκας, των Νυμφών, του Αρείου Πάγου και του Λυκαβηττού) παραμένουν ανοιχτοί στους περι-

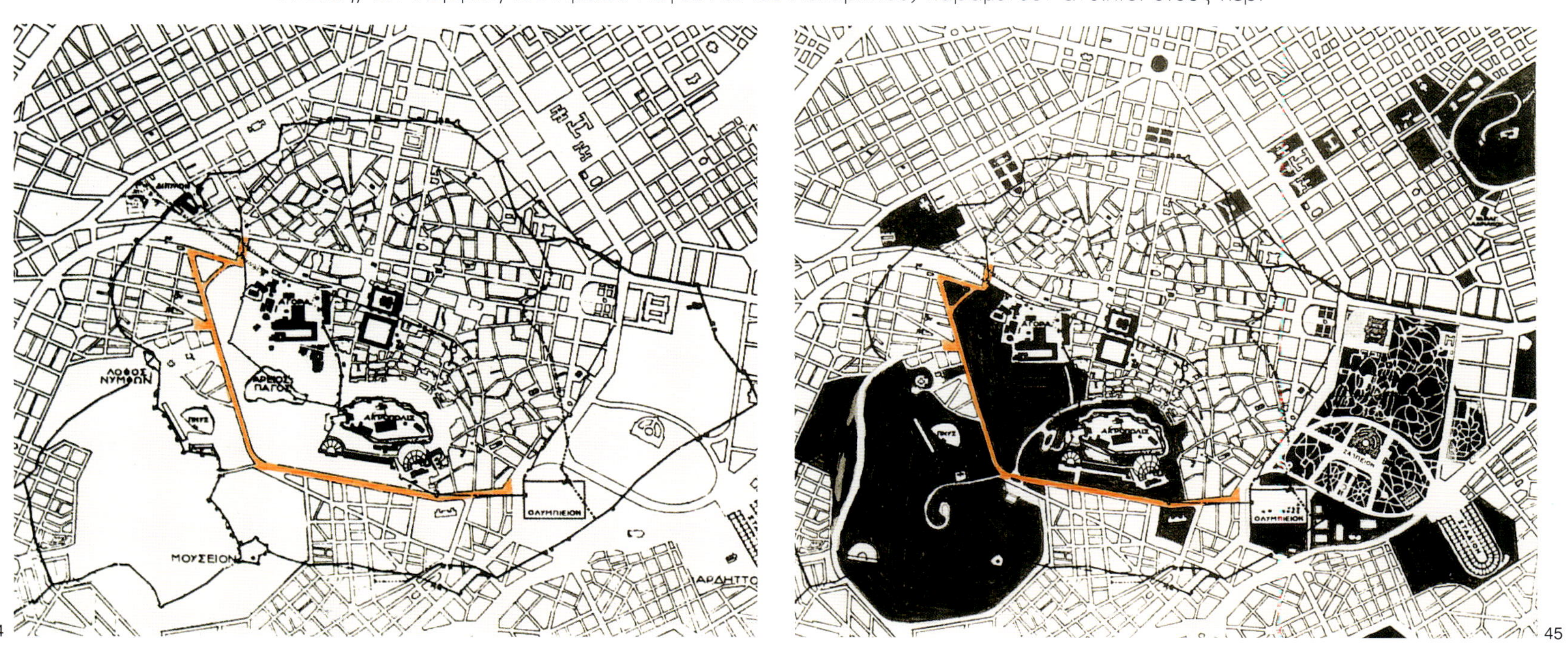

43. Η πολιτιστική-αρχαιολογική ζώνη των Αθηνών. Προσπελασιμότητα των επί μέρους χώρων.

44. Το ιστορικό κέντρο των Αθηνών και η θέση των αρχαίων τειχών. Με κόκκινο χρώμα: ο Αθηναϊκός Περίπατος.

45. Το ιστορικό κέντρο των Αθηνών. Με μαύρο χρώμα: οι χώροι πρασίνου.

πατητές, ο λόφος του Αρδηττού δίπλα στο Στάδιο είναι μόνιμα κλειστός στους επισκέπτες, παρά το γεγονός ότι η θέση αυτή προσφέρει την πιο μαγευτική πανοραμική θέα προς τα αρχαία μνημεία, τα αστικά πάρκα και τους άλλους αναδασωμένους λόφους της πόλης.

Οι περισσότεροι χώροι αρχαιολογικών ανασκαφών είναι περιφραγμένοι και προσβάσιμοι μόνο σε καθορισμένες ώρες, ενώ άλλοι παραμένουν απερίφρακτοι, όπως η περιοχή νότια του Ολυμπιείου, οι όχθες του Ιλισού και η περιοχή της Ακαδημίας. Ο Εθνικός Κήπος, το Πρώτο Νεκροταφείο των Αθηνών, ο κήπος του Προεδρικού Μεγάρου και οι κήποι αρκετών ιδρυμάτων (π.χ. Αστεροσκοπείου, αρχαιολογικών σχολών, Γενναδείου Βιβλιοθήκης κ.λπ.), είναι όλοι περιφραγμένοι και προσβάσιμοι μόνο με βάση κάποιο αυστηρό ωράριο ή και καθόλου, ανάλογα με τη φύση της λειτουργίας τους (δηλαδή, ιδιωτική ή δημόσια).

Η κατάσταση γύρω από την Ακρόπολη είναι ακόμα πιο περίπλοκη. Η νότια κλιτύς είναι ένας περιφραγμένος χώρος, ανοικτός στους επισκέπτες σε συγκεκριμένες ώρες, με δύο εισόδους, τη μία στην άνω δυτική πλευρά κάτω από το ναό της Απτέρου Νίκης και την άλλη στα νοτιοανατολικά, δίπλα από το Θέατρο του Διονύσου. Το ανώτερο τμήμα της βόρειας κλιτύος, με τα σπήλαιά του, τα αρχαία ιερά, τις επιγραφές στους βράχους και τη μοναδική θέα προς την παλαιά πόλη και το ιστορικό κέντρο της σύγχρονης πόλης είναι επίσης περιφραγμένο, και μάλιστα παραμένει μονίμως κλειστό στο κοινό! Ως

46. Το κοίλον του Θεάτρου του Διονύσου (2000).

47. Η νότια κλιτύς της Ακροπόλεως (2004).

46 

αποτέλεσμα, ο αρχαίος Περίπατος, η κυκλοτερής οδός περί τη βάση της Ακροπόλεως, παραμένει απροσπέλαστος. Η εκτεταμένη περιοχή ανασκαφών της Αγοράς συνδέθηκε επιτέλους στοιχειωδώς με το άμεσο περιβάλλον της, δηλαδή την είσοδο της Ακροπόλεως και τον Άρειο Πάγο, μέσω ενός βαθμιδωτού πεζοδρόμου, αν και παραμένει έντονα αποκομμένη από τη ρωμαϊκή Αγορά και τις νέες ανασκαφές βόρεια της οδού Αδριανού. Οι επισκέπτες που επιχειρούν να προσεγγίσουν την Ακρόπολη και τις ανασκαφές της Αγοράς από την πλευρά της Πλάκας συνήθως αποπροσανατολίζονται και απογοητεύονται, καθώς τα αναγκαία στοιχεία ενός αστικού σχεδιασμού (π.χ. ελκυστικοί πεζόδρομοι, πινακίδες με ενδεικτικές κατόψεις, σημεία αναγνώρισης εισόδου ή μετάβασης) δεν υπάρχουν για να τους καθοδηγήσουν κατά την επίσκεψη της ιστορικής συνοικίας και των γειτονικών αρχαιολογικών χώρων.

Η συγκεχυμένη αυτή κατάσταση είναι αποτέλεσμα των πάγιων ανασταλτικών μέτρων που λαμβάνουν οι αρχές, προκειμένου να προστατεύσουν τους ανασκαφικούς χώρους, δηλαδή τη συστηματική τους περίφραξη. Ενώ κάποιοι χώροι, όπως η Ακρόπολη και το Παναθηναϊκό Στάδιο, προφανώς χρειάζεται να αποκλεισθούν, τουλάχιστον τη νύκτα, προκειμένου να προστατευθούν τα μνημεία από βανδαλισμό και οι επισκέπτες από τυχόν κινδύνους, τα αρχαιολογικά κατάλοιπα άλλων ανασκαφικών χώρων θα προστατεύονταν πολύ καλύτερα με τη βοήθεια επιμελημένης διαμόρφωσης του χώρου, κατάλληλου φωτισμού και μονίμου φύλαξης, παρά με την περίφραξη.

Οι τρεις λοφώδεις περιοχές – οι δυτικοί λόφοι, ο Αρδηττός και ο Λυκαβηττός (συνολικής έκτασης περίπου 120 εκταρίων) – βαθμιαία αναδασώθηκαν κατά τη διάρκεια του 20ού αιώνα και εν μέρει έχουν δεχθεί και κηποτεχνική διαμόρφωση τα τελευταία χρόνια. Τα δύο μεγαλύτερα αστικά

47

πάρκα της περιοχής (ο Εθνικός Κήπος και ο Κήπος του Ζαππείου), μερικά μικρότερα πάρκα (ο Ίππιος Κολωνός, το Θησείο, το Άλσος του μνημείου του Βενιζέλου και τα Πευκάκια) και το Πρώτο Νεκροταφείο των Αθηνών έχουν σχεδιασθεί πάνω στα πρότυπα της κηποτεχνίας διαφόρων πάρκων του 19ου αιώνα με τρόπο λιγότερο ή περισσότερο συμβατικό. Ένα σημαντικό μέρος των υφιστάμενων χώρων ανασκαφών έχει λάβει προσεκτική κηποτεχνική διαμόρφωση μέσα στα τελευταία 40 χρόνια. Σε αυτούς τους χώρους περιλαμβάνονται οι ανασκαφές του Κεραμεικού και της Αγοράς, οι προσβάσεις στο Ωδείο Ηρώδου του Αττικού και η περιοχή βόρεια του Ολυμπιείου. Άλλες περιοχές αρχαιολογικού ενδιαφέροντος, όπως ο Περίπατος γύρω από τις κλιτύς της Ακροπόλεως, η αρχαία περιοχή κατοικίας στα δυτικά του Αρείου Πάγου, η περιοχή του Διονυσιακού Θεάτρου και οι όχθες του Ιλισσού αναμένουν ακόμα την κατάλληλη κηποτεχνική τους διαμόρφωση.

Τελικά, πρέπει να έχει κανείς κατά νου ότι ένα σημαντικό τμήμα της μελλοντικής «πράσινης καρδιάς» της Αθήνας δεν είναι καθόλου πράσινη σήμερα, αλλά καλύπτεται ακόμα από σύγχρονα κτίσματα. Εν τούτοις, η περιοχή της Πλάκας (στη βόρεια κλιτύ της Ακροπόλεως), αν και είναι μια εποικισμένη περιοχή, πρέπει να θεωρηθεί ως αδιάσπαστο τμήμα της πολιτιστικής-ιστορικής ζώνης, λόγω του ειδικού ιστορικού και μορφολογικού ενδιαφέροντος της περιοχής αυτής (με κτίσματα πολλών ιστορικών περιόδων σε στενή συνύπαρξη) και λόγω γενικά του ήπιου κλίματος διαβίωσης στην κατά το πλείστον πεζοδρομημένη αυτή συνοικία. Στη δυτική πλευρά της πολιτιστικής-αρχαιολογικής ζώνης, αρκετές δομημένες περιοχές στο χώρο του αρχαίου δημοσίου σήματος μεταξύ Διπύλου και Ακαδημίας, ή στο μη ανασκαμμένο ακόμα τμήμα του Κεραμεικού και των τομέων μεταξύ των ανασκαφών της Αγοράς και της ρωμαϊκής Αγοράς, πρέπει να θεωρηθούν υποψήφιες για απαλλοτρίωση, έτσι ώστε σταδιακά να ολοκληρωθεί μια ενοποιημένη ζώνη ανασκαφών.

48

48. Στέγαστρο ευρημάτων και κιγκλίδωμα αρχαιολογικού χώρου στην περιοχή του Θεάτρου του Διονύσου.

49. Η πολιτιστική-αρχαιολογική ζώνη των Αθηνών και οι κύριοι άξονες κυκλοφορίας.
Με κόκκινο χρώμα: οι προτεινόμενοι κύριοι πεζόδρομοι διασυνδέσεως.

ΜΕΛΛΟΝΤΙΚΕΣ ΕΞΕΛΙΞΕΙΣ. Η ΔΗΜΙΟΥΡΓΙΑ ΤΟΥ ΠΟΛΙΤΙΣΤΙΚΟΥ-ΑΡΧΑΙΟΛΟΓΙΚΟΥ ΠΑΡΚΟΥ

Η δημιουργία μιας ενοποιημένης ζώνης πρασίνου και ελεύθερων χώρων στο κέντρο της πόλης, συνολικού μήκους έξι περίπου χιλιομέτρων, μετά από τη διασύνδεση διαφόρων τομέων, φαίνεται σήμερα αρκετά προβληματική. Στην πραγματικότητα, είναι ανέφικτη με τις επικρατούσες συνθήκες κυκλοφορίας και το αναπόφευκτο δίκτυο των κύριων αρτηριών και των αστικών λεωφόρων στο κέντρο της πόλης. Η δημιουργία μιας αυστηρά ενιαίας περιοχής αναψυχής παρεμποδίζεται από την ετερογένεια των υφιστάμενων χρήσεων στους διάφορους τομείς, αλλά και από την ποικιλία του αναγλύφου του εδάφους. Συγκεκριμένα, βρισκόμαστε αντιμέτωποι με απότομους λόφους, όπως του Λυκαβηττού και του Αρδηττού, με το ομαλότερο ανάγλυφο των δυτικών λόφων, με βραχώδεις σχηματισμούς, όπως της Ακροπόλεως και του Αρείου Πάγου, με επικλινές έδαφος, όπως της άνω Πλάκας, και με σχεδόν επίπεδες θέσεις, όπως τα αστικά πάρκα στο κέντρο της πόλης, η Ακαδημία, ο Κεραμεικός, το Ολυμπιείο και το Πρώτο Νεκροταφείο.

Δομημένες περιοχές της σύγχρονης πόλης διασπούν τη συνέχεια της πολιτιστικής-αρχαιολο-

49

50

γικής περιοχής σε κρίσιμα σημεία. Ο κύριος άξονας της λεωφόρου Διονυσίου Αρεοπαγίτου και της οδού Αποστόλου Παύλου, που υποδιαιρούσε την κεντρική αρχαιολογική περιοχή σε έναν ανατολικό τομέα (Ακρόπολη - ανασκαφές Αγοράς) και ένα δυτικό τομέα (δυτικοί λόφοι), απαλλάχθηκε πρόσφατα από την κυκλοφορία και δημιουργήθηκε ο νέος Αθηναϊκός Περίπατος. Άλλα σημαντικά εμπόδια στην ενοποίηση του ιστορικού χώρου που σχετίζονται με τη μηχανοκίνητη κυκλοφορία μπορούν να απαλειφθούν ωστόσο μόνο με υπόγειες εκτροπές υψηλού κόστους των εξής κύριων αρτηριών: της οδού Πειραιώς δίπλα στον Κεραμεικό, της λεωφόρου Αμαλίας, μεταξύ του Ολυμπιείου και της νότιας κλιτύος της Ακροπόλεως και, τέλος, της λεωφόρου Βασιλίσσης Σοφίας ανάμεσα στο λεγόμενο Πολιτιστικό Κέντρο και τις ανατολικές πλαγιές του Λυκαβηττού.

Μια μεγάλη ενοποιημένη, οπτικά και λειτουργικά, ζώνη αναψυχής στο κέντρο της πόλης θα μπορούσε εν τέλει να επιτευχθεί μόνο με απαλλοτριώσεις των εξής χώρων: των δομημένων περιοχών του αρχαίου δημοσίου σήματος από το Δίπυλο μέχρι την Ακαδημία, των υπόλοιπων μη ανασκαμμένων τμημάτων του Κεραμεικού, της σύγχρονης συνοικίας της Πνύκας στην κατώτερη κλιτύ της με μέτωπο προς την Αγορά και της νότιας άκρης της συνοικίας της Πλάκας απέναντι από το Ολυμπιείο. Το απαγορευτικό κόστος, όμως, καθιστά πολύ απίθανες τις απαλλοτριώσεις αυτές στο εγγύς μέλλον.

Παρά τα εμπόδια στην πραγματοποίηση του σχεδιασμού, κάποια πρώτα βήματα προς μια μερική ενοποίηση και διασύνδεση του όλου χώρου θα ήταν η κατάργηση ορισμένων περιφράξεων και η δημιουργία ενός συνεχούς ενιαίου συστήματος πεζοδρόμων σε ολόκληρη την περιοχή από άκρου σε άκρο. Οι πεζόδρομοι αυτοί ως συνδετήριες αλέες θα μετρίαζαν τη διάσπαση που προέρχεται από τις κύριες κυκλοφοριακές αρτηρίες και τις πυκνοδομημένες ενδιάμεσες περιοχές. Θα

50. Επιτύμβια μνημεία στον Κεραμεικό.

51. Το βήμα και το άνδηρον της Πνύκας.

52. Το Ωδείο Ηρώδου του Αττικού.

51

52

μπορούσαν επίσης να διαμορφωθούν ευκρινώς σημειωμένες και σχεδιασμένες είσοδοι σε μεταβατικά σημεία των κύριων προσβάσεων από τη σύγχρονη πόλη προς την ιστορική περιοχή. Και, τέλος, θα πρέπει να δημιουργηθούν υπόγειοι χώροι στάθμευσης περιμετρικά της ιστορικής-αρχαιολογικής ζώνης και να τεθεί σε εφαρμογή ένα σύστημα κυκλικής κυκλοφορίας με τη χρήση ηλεκτρικών λεωφορείων, για να διευκολύνει την προσβασιμότητα της ιστορικής περιοχής. Η προσφάτως συσταθείσα Εταιρεία Ενοποιήσεως των Αρχαιολογικών Χώρων της Αθήνας έχει ολοκληρώσει έως τώρα ένα μεγάλο βήμα, τη πεζοδρόμηση των κύριων οδών πρόσβασης προς την Ακρόπολη. Παρ' όλα αυτά, τα οργανωτικά μέτρα στρατηγικής σημασίας που προαναφέρθηκαν δεν έχουν ληφθεί ακόμα.

Η πρόσφατη συζήτηση γύρω από την έννοια της πολιτιστικής ταυτότητας της Αθήνας έχει αποδειχθεί ρηχή και αναποτελεσματική. Προβάλλεται μια μάλλον αόριστη πρόθεση για την ενοποίηση των αρχαιολογικών χώρων, των πάρκων, των ιστορικών μνημείων και των αναδασωμένων λόφων, με σκοπό τη δημιουργία ενός «Πολιτιστικού Πάρκου», μια ιδέα που προωθείται με άγνοια του γεγονότος ότι δεν πρόκειται για κάτι καινούργιο. Το όραμα αυτό που συνίσταται στην ιδέα ανάδειξης του ιστορικού-αρχαιολογικού χώρου στην καρδιά της πόλης και γύρω από την Ακρόπολη ενυπήρχε στην εμπνευσμένη πρόταση των αρχιτεκτόνων του πρώτου σχεδίου των Αθηνών (των Κλεάνθη και Schaubert, μαθητών του K.F. Schinkel) το 1832, για να χαθεί στη συνέχεια μέσα σ' έναν κυκεώνα ανεξέλεγκτης οικοδόμησης και κερδοσκοπίας. Η ίδια ιδέα αναβίωσε, όπως είδαμε, με τρεις παραλλαγές και σε τρεις διαφορετικές στιγμές κατά τη διάρκεια του 20ού αιώνα: από τον Thomas Mawson το 1919, από τον Κωνσταντίνο Μπίρη το 1946 και από την ομάδα του Αλεξάνδρου Φωτιάδη το 1979.

Η κατευθυντήρια ιδέα για τη δημιουργία ενός πολιτιστικού πάρκου είναι βέβαια η ανάδειξη της αρχαίας αρχιτεκτονικής κληρονομιάς. Παράλληλος στόχος είναι η εξοικείωση των Αθηναίων και των ξένων επισκεπτών με το δίκτυο των πάρκων, των αρχαιολογικών χώρων και των ιστορικών συνοικιών της πόλης. Ο συνδυασμός αυτών των στόχων είναι κατ' αρχήν εύλογος. Η εφαρμογή του, όμως, προσκόπτει σε πολυάριθμα εμπόδια, μεταξύ των οποίων τα προβλήματα που σχετίζονται με πολεοδομικές διευθετήσεις (π.χ. υπόγειες διαβάσεις πεζών, μέτρα απαλλοτρίωσης, δημιουργία χώρων στάθμευσης κ.λπ.) που, παρ' όλο το κόστος τους, φαίνονται τα λιγότερο δύσκολα στην επίλυσή τους. Τα κύρια άλυτα θέματα είναι η εξασφάλιση της ψυχολογικής και φυσικής προσβασιμότητας των αρχαιολογικών χώρων και των χώρων ανάπαυσης και αναψυχής από τους επισκέπτες, αλλά και η προστασία αυτών των χώρων –συνολικής έκτασης 350 εκταρίων– καθώς και η διασφάλιση των κατάλληλων συνθηκών για μία προσωπική και στοχαστική προσέγγιση των μνημείων, παρά την παρουσία μεγάλου πλήθους επισκεπτών. Ο μεγάλος αρχιτέκτων Δημήτρης Πικιώνης μίλησε πειστικά και αξιομνημόνευτα για όλα αυτά τα ζητήματα. Είναι εμφανές ότι εύκολες και λαϊκιστικές προτάσεις, όπως το «άνοιγμα» όλων των αρχαιολογικών χώρων, από τη ρωμαϊκή Αγορά έως το Θέατρο του Διονύσου, σε εικοσιτετράωρη βάση προς ένα κοινό συχνά απληροφόρητο και ασεβές δεν μπορεί να θεωρηθεί ως δυνατή λύση του προβλήματος.

Ένα ειδικό σώμα για τη συντήρηση, φύλαξη και αστυνόμευση του ενοποιημένου ιστορικού χώρου πρέπει βαθμιαία να καταρτισθεί. Αυτό είναι ένα αίτημα κεφαλαιώδους σημασίας, καθόσον ο θεσμός των μεγάλων δημόσιων πάρκων δεν έχει καμία παράδοση στην Ελλάδα και ως εκ τούτου οι επισκέπτες και οι χρήστες χρειάζεται να καθοδηγούνται, αν όχι και να διαπαιδαγωγούνται. Μια απαραίτητη προϋπόθεση είναι εδώ η εξοικείωση με την ιστορία και το φυσικό τοπίο του αθηναϊκού λεκανοπεδίου των 60.000 εκταρίων, από τα οποία τα δύο τρίτα είναι εποικισμένα. Ειδικότερα οι νέοι φαίνονται ανέτοιμοι να εκτιμήσουν το μοναδικό ιστορικό χαρακτήρα και την τοπογραφική ιδιαιτερότητα του αθηναϊκού τοπίου, όντες δέσμιοι της νοοτροπίας του «εδώ και τώρα» και της αδιαφορίας προς το ευρύτερο πλαίσιο της διαβίωσής τους.

Αν εξαιρέσει κανείς την προοπτική μελλοντικών ανασκαφών σε μη δομημένους χώρους ή σε δομημένους τομείς χωρίς ιστορική ή αρχιτεκτονική σημασία, ένα σημαντικό ερώτημα που σχετίζεται με την αρχαία τοπογραφία παραμένει ανοιχτό: η σκοπιμότητα περαιτέρω διερεύνησης του οδικού δικτύου της αρχαίας πόλης, με σκοπό την αποκάλυψη αρχαίων δημόσιων κτηρίων που κείνται στην περιοχή των παλαιών συνοικιών της πόλης, της Πλάκας και του Ψυρρή. Δεδομένου ότι ήδη προ τριάντα ετών έχει τελεσίδικα αποφασιστεί η διατήρηση και διάσωση της παλαιάς πόλης των Αθηνών (Πλάκας), το σχέδιο για εκτεταμένες ανασκαφές σε αυτό το τμήμα της πόλης έχει οριστικά εγκαταλειφθεί. Εν τούτοις, κατά τη θεμελίωση νέων κτηρίων, η αρχαιολογική έρευνα απέδωσε πολύτιμες πληροφορίες για αρχαία κτήρια που δεν έχουν ακόμα αποκαλυφθεί στην ολότητά τους σε αυτήν την περιοχή. Βέβαια, το αν το σύνολο του ιστού των οδών των αρχαίων Αθηνών μπορεί να διερευνηθεί μέσω παρόμοιων τμηματικών ανασκαφών, παραμένει ένα ανοικτό ερώτημα.

Δεν υπάρχει αμφιβολία ότι, με την πάροδο του χρόνου, θα γνωρίσουμε όλο και περισσότερα για τη συνολική εικόνα του τοπίου και την αστική μορφολογία των αρχαίων Αθηνών. Η ιδέα μιας γενικευμένης ανασκαφής σε μεγάλη κλίμακα που θα εκτείνεται σε όλη την εντός των τειχών έκταση της αρχαίας πόλης δεν έχει μόνο εγκαταλειφθεί στο μεταξύ, αλλά είναι και τελείως ανέφικτη, δεδομένου ότι το κέντρο της σύγχρονης πόλης μαζί με την παλαιά πόλη (Πλάκα) καλύπτουν το βόρειο και ανατολικό τμήμα της αρχαίας πόλης.

Η προοπτική αυτή γεννά κάποια απογοήτευση στον κλασικό αρχαιολόγο που θα πρέπει να συμβιβασθεί με την ιδέα ότι ένα σημαντικό τμήμα του ιστού της αρχαίας πόλης θα παραμείνει απρόσιτο και στο μέλλον. Η προοπτική αυτή δεν είναι ωστόσο μοναδική για την Αθήνα: η Ρώμη, η Κωνσταντινούπολη, η Αλεξάνδρεια, το Τρίερ και πολλά ακόμα αστικά κέντρα της αρχαιότητας, που η ζωή τους συνεχίσθηκε αδιάκοπα για χιλιετίες, έχουν αποκαλυφθεί μόνον κατά τμήματα, εφόσον ο ιστός της σύγχρονης πόλης απαγορεύει γενικευμένες ανασκαφές.

Η Αθήνα έχει κατοικηθεί αδιάκοπα από το 3000 π.Χ. Σήμερα, στην πόλη του 21ου αιώνα, τα αρχαία μνημεία στις χαρακτηριστικές τους θέσεις, οι χώροι των ανασκαφών, οι μεσαιωνικές εκκλησίες, τα οθωμανικά κτήρια, οι κλασικιστικές κατοικίες του 19ου αιώνα, όλα συνυπάρχουν μέσα στο ζωντανό ιστό της νέας μητρόπολης. Αυτό είναι ένα μοναδικό πλαίσιο ιστορικής αναφοράς, ένα προνόμιο ιστορικής ταυτότητας και ένα παρήγορο παράδειγμα συνέχειας αλλά και αλλαγής της αστικής ζωής. Το πλαίσιο αυτό μπορεί να θεωρηθεί ως ένα πολύτιμο δώρο και ως εγγυητής για τις μελλοντικές τύχες της πόλης.

Σήμερα, ο αντικειμενικός στόχος για τη δημιουργία μιας ενοποιημένης ζώνης πρασίνου στο ιστορικό κέντρο της πόλης έχει περάσει στη φάση του σχεδιασμού και στα δύο επίπεδα διοίκησης (κράτους και δήμου), ανεξάρτητα –αλλά βέβαια σε συνάρτηση– με άλλες προσπάθειες πολεοδομικών ρυθμίσεων στην πρωτεύουσα, όπως η περιβαλλοντική προστασία, η οργάνωση της κυκλοφορίας και η αστική ανάπλαση. Οι προσεχείς δεκαετίες θα είναι αποφασιστικές για την πραγμάτωση του παλαιού και επίμονου αυτού αστικού οράματος.

ΔΙΑΓΡΑΜΜΑ ΤΟΜΕΩΝ ΤΗΣ ΠΟΛΙΤΙΣΤΙΚΗΣ-ΑΡΧΑΙΟΛΟΓΙΚΗΣ ΖΩΝΗΣ

ΟΝΟΜΑΤΟΛΟΓΙΑ ΠΕΡΙΟΧΩΝ ΚΑΙ ΕΚΤΑΣΗ ΣΕ ΕΚΤΑΡΙΑ

ΤΟΜΕΑΣ 1: Ίππιος Κολωνός, περιοχή Ακαδημίας, Δημόσιον Σήμα (Περιοχές 1-4)		
1. Περιοχές προς απαλλοτρίωση		23.70 εκτ.
2. Αρχαιολογικές ανασκαφές		4.00 εκτ.
3. Δασύλλιο Ιππίου Κολωνού		1.90 εκτ.
4. Δημόσιον Σήμα		0.60 εκτ.
	Σύνολο	30.20 εκτ.

ΤΟΜΕΑΣ 2: Ανασκαφές Κεραμεικού και Εγγύς Περιοχή (Περιοχές 5-9)		
5. Περιοχή πρώην εγκαταστάσεων φωταερίου		3.75 εκτ.
6. Ανασκαφική περιοχή Κεραμεικού		3.50 εκτ.
7. Μικρό πάρκο στην οδό Πειραιώς		0.90 εκτ.
8. Περιοχές προς απαλλοτρίωση		6.00 εκτ.
9. Κύριες οδοί		2.40 εκτ.
	Σύνολο	16.55 εκτ.

ΤΟΜΕΑΣ 3: Λόφος Νυμφών, Πνύκα και Λόφος Μουσείου (Περιοχές 10-17)		
10. Αρχαία μνημεία και μνημειακοί χώροι		1.60 εκτ.
11. Φυτευμένοι χώροι, χωρίς κηποτεχνική διαμόρφωση		22.60 εκτ.
12. Μη φυτευμένοι χώροι		5.00 εκτ.
13. Φυτευμένοι χώροι με κηποτεχνική διαμόρφωση		18.40 εκτ.
14. Λόφος των Νυμφών		1.60 εκτ.
15. Μικρό πάρκο στη συνοικία Πετραλώνων		0.70 εκτ.
16. Περιοχές προς απαλλοτρίωση		4.40 εκτ.
17. Κύριες οδοί		5.20 εκτ.
	Σύνολο	59.50 εκτ.

ΤΟΜΕΑΣ 4: Ανασκαφές Αγοράς, ρωμαϊκή Αγορά, Άρειος Πάγος, Ακρόπολη και άνω κλιτύες (Περιοχές 18-31)	
18. Πάρκο Θησείου	2.70 εκτ.
19. Ανασκαφές Αγοράς	9.00 εκτ.
20. Άρειος Πάγος και κοιλάδα Αρείου Πάγου - Πνύκας	5.50 εκτ.
21. Δυτική κλιτύς Ακροπόλεως, δυτικός τομέας	1.70 εκτ.
22. Δυτική κλιτύς Ακροπόλεως, ανατολικός τομέας	2.80 εκτ.

23. Περιοχή Μοναστηρακίου προς απαλλοτρίωση	7.00 εκτ.
24. Ρωμαϊκή Αγορά και Βιβλιοθήκη Αδριανού	2.00 εκτ.
25. Ωδείο Ηρώδου Αττικού και προσβάσεις	0.90 εκτ.
26. Ακρόπολη (πλάτωμα)	3.00 εκτ.
27. Ακρόπολη, άνω κλιτύες	7.00 εκτ.
28. Περιοχή Ωδείου Περικλέους	0.75 εκτ.
29. Οικόπεδο Μακρυγιάννη	1.25 εκτ.
30. Οικόπεδο Μακρυγιάννη, περιοχή απαλλοτρίωσης	1.00 εκτ.
31. Κύριες οδοί	3.75 εκτ.
Σύνολο	48.35 εκτ.

ΤΟΜΕΑΣ 5: Πλάκα, παλαιά πόλη Αθηνών (Περιοχές 32-34)	
32. Η παλαιά πόλη	31.60 εκτ.
33. Μικρές ανασκαφικές περιοχές	0.40 εκτ.
34. Περιφερειακές οδοί	2.00 εκτ.
Σύνολο	34.00 εκτ.

ΤΟΜΕΑΣ 6: Εθνικός Κήπος, Κήπος Ζαππείου, Προεδρικό Μέγαρο (Περιοχές 35-39)	
35. Κτήριο Βουλής (πρώην Βασιλικά Ανάκτορα)	2.70 εκτ.
36. Εθνικός Κήπος (πρώην Βασιλικός Κήπος)	16.20 εκτ.
37. Κήποι Ζαππείου	11.40 εκτ.
38. Προεδρικό Μέγαρο (πρώην νέα Ανάκτορα) και κήπος	2.20 εκτ.
39. Κύριες οδοί	4.20 εκτ.
Σύνολο	36.70 εκτ.

ΤΟΜΕΑΣ 7: Περιοχή Ολυμπιείου και παριλίσσιοι χώροι (Περιοχές 40-44)	
40. Ολυμπιείο	2.40 εκτ.
41. Ανασκαφική περιοχή νότια του Ολυμπιείου	2.20 εκτ.
42. Ανασκαφική περιοχή βόρεια του Ολυμπιείου	1.00 εκτ.
43. Αθλητικές εγκαταστάσεις	3.70 εκτ.
44. Περιφερειακές οδοί	2.00 εκτ.
Σύνολο	11.30 εκτ.

ΤΟΜΕΑΣ 8: Πρώτο Νεκροταφείο Αθηνών (Περιοχές 45-47)	
45. Πρώτο Νεκροταφείο	18.00 εκτ.
46. Μικρό πάρκο	1.40 εκτ.
47. Κύριες οδοί	2.20 εκτ.
Σύνολο	21.60 εκτ.

ΤΟΜΕΑΣ 9: Λόφος Αρδηττού και Παναθηναϊκό Στάδιο (Περιοχές 48-49)	
48. Παναθηναϊκό Στάδιο	3.50 εκτ.
49. Λόφος Αρδηττού και βορειοανατολικός λόφος	6.50 εκτ.
Σύνολο	10.00 εκτ.

ΤΟΜΕΑΣ 10: Περιοχή του λεγόμενου Πολιτιστικού Κέντρου (Περιοχές 50-56)	
50. Πολιτιστικό Κέντρο	8.70 εκτ.
51. Άλσος μνημείου Τρούμαν	0.20 εκτ.
52. Εθνικό Ίδρυμα Ερευνών και άλσος	1.50 εκτ.
53. Εθνική Πινακοθήκη και γειτονική φυτευμένη περιοχή	2.20 εκτ.
54. Περιοχή Χίλτον	1.40 εκτ.
55. Πάρκο Νοσοκομείου «Ευαγγελισμός»	1.00 εκτ.
56. Κύριες οδοί	5.30 εκτ.
Σύνολο	20.30 εκτ.

ΤΟΜΕΑΣ 11: Κάτω ανατολική κλιτύς Λυκαβηττού (Περιοχές 57-64)	
57. Αμερικανική Σχολή Κλασικών Σπουδών, Βρετανική Αρχαιολογική Σχολή, Γεννάδειος Βιβλιοθήκη και κήποι τους	3.30 εκτ.
58. Μονή Πετράκη και κήπος	1.00 εκτ.
59. Στρατιωτικό νοσοκομείο και κήπος	2.40 εκτ.

53. Ζάππειο Μέγαρο, Εθνικός Κήπος, Λυκαβηττός, από νότια.

53

60. Ναυτικό νοσοκομείο και κήπος	1.00 εκτ.
61. Άλσος μνημείου Βενιζέλου	1.80 εκτ.
62. Μέγαρο Μουσικής και περιβάλλων κήπος	7.80 εκτ.
63. Αμερικανική Πρεσβεία και κήπος	1.10 εκτ.
64. Κύριες οδοί	1.20 εκτ.
Σύνολο	19.60 εκτ.

ΤΟΜΕΑΣ 12: Λυκαβηττός, αναδασωμένες περιοχές (Περιοχές 65-70)	
65. Σχιστή Πέτρα, κήπος βράχου	0.75 εκτ.
66. Γαλλική Σχολή Αθηνών	0.80 εκτ.
67. Δασύλλιο Πευκακίων	1.30 εκτ.
68. Σχολείο Πικιώνη	1.00 εκτ.
69. «Δεξαμενή» και φυτευμένη περιοχή	0.85 εκτ.
70. Λυκαβηττός, κύρια αναδασωμένη περιοχή	44.30 εκτ.
Σύνολο	49.00 εκτ.

Συνολική επιφάνεια της πολιτιστικής-αρχαιολογικής ζώνης **357.10 εκτ.**

2 Η ΠΡΟΣΒΑΣΗ ΤΗΣ ΑΚΡΟΠΟΛΕΩΣ ΜΙΑ ΙΣΤΟΡΙΚΗ ΑΝΑΔΡΟΜΗ

55

Ο ΙΔΕΑΤΟΣ ΔΙΑΛΟΓΟΣ ΤΗΣ ΑΚΡΟΠΟΛΕΩΣ ΜΕ ΤΗΝ ΠΟΛΗ

Κάθε χώρος, ιερός στον άνθρωπο, του αποκαλύπτεται σταδιακά. Η συμβολική του ακτινοβολία επιδρά υποβλητικά και υπαινικτικά. Το θρησκευτικό μήνυμα, η λάμψη της τέχνης, το δίδαγμα της ιστορικής μνήμης βρίσκουν ιδιαίτερους διαύλους για να μας προσεγγίσουν. Οι αξίες δεν χαρίζονται, κερδίζονται με μόχθο πνευματικό. Κάθε επίσκεψη χώρου ιερού, μία μύηση και ένα προσκύνημα.

Η Ακρόπολη της Αθήνας δεσπόζει στο χώρο της πόλης. Δεν είναι όμως αμέσως προσβάσιμη για τον πολίτη, και αυτό, όπως στα αρχαία χρόνια, έτσι και σήμερα. Πρώτη έρχεται η αγγελία της παρουσίας της, η οπτική διασύνδεση, η προοπτική θέασή της από χαμηλά, από την πόλη. Δεύτερη, η προσπέλασή της πεζή από τα ανατολικά ή τα δυτικά: για τον περιπατητή που βαδίζει από το κέντρο της πόλης προς τον ιερό βράχο, μια κίνηση ελαφρά ανηφορική που προσφέρει μια συνεχώς εναλλασσόμενη αλληλουχία οπτικών εντυπώσεων· για το δεκτικό επισκέπτη-προσκυνητή, μια εικαστική εξοικείωση και μια πνευματική προετοιμασία. Τρίτη ακολουθεί η τελική ανάβαση, η προσέγγιση εκ του πλησίον, η σύντομη πορεία από τον αυχένα μεταξύ του λόφου του Μουσείου, της Πνύκας και της Ακροπόλεως μέχρι τα Προπύλαια. Τέλος, από το κομβικό σημείο των Προπυλαίων, η διπλή αποκάλυψη: ανατολικά, ο ιερός χώρος, ο ανθρωπογενής, το πλάτωμα της Ακροπόλεως με τα μνημεία και τις μνήμες του, δυτικά, το πανόραμα του αττικού τοπίου με το μακρινό λαμπύρισμα της θάλασσας.

Αν η οπτική διασύνδεση από απόσταση αποτελεί μια καθαρά αντιληπτική λειτουργία που σηματοδοτεί την ύπαρξη του μνημείου, η τελική στάση στα Προπύλαια της Ακροπόλεως επιτρέπει την απ' ευθείας αντιπαράθεση με τα μνημεία αλλά και τη γενική επισκόπηση του αττικού χώρου. Από τη μεριά τους οι ενδιάμεσες φάσεις προσέγγισης του μνημείου, η προσπέλαση από την πόλη πεζή και η τελική ανάβαση συγκροτούν τον κατ' εξοχήν πολιτιστικό περίπατο, μια πορεία-ανάταση ενθουσιαστική και καθαρτήρια για κάθε φίλο της πόλης αυτής.

54. Η οδός Διονυσίου Αρεοπαγίτου και η πρόσβαση προς την Ακρόπολη (1970), πριν από τη διαμόρφωση του Αθηναϊκού Περιπάτου.

55. Το Ολυμπιείο και η Ακρόπολη από ανατολικά.

Η ΠΡΟΣΠΕΛΑΣΗ ΤΗΣ ΑΚΡΟΠΟΛΕΩΣ ΑΠΟ ΤΗΝ ΠΟΛΗ. ΕΝΑ ΙΣΤΟΡΙΚΟ

Η οδική προσπέλαση της Ακροπόλεως από ανατολικά (Ολυμπιείον) και δυτικά (Θησείον) είχε μια περίπλοκη εξέλιξη κατά το πέρασμα του 19ου και 20ού αιώνα, μέχρις ότου φθάσουμε στην πρόσφατη διαμόρφωση του νέου μνημειακού πεζοδρόμου που μπορεί δικαίως να ονομασθεί ο Αθηναϊκός Περίπατος κατ' εξοχήν.

Η οδός αυτή [δηλ. η οδός Αθηνάς] *κλείεται προς νότον από τους βράχους της Ακροπόλεως με το άντρον του Πανός και τα Προπύλαια. Αν και θα εφαίνετο εκ πρώτης όψεως ορθόν να αχθή η οδός αύτη προς τον αυχένα μεταξύ του βράχου του Αρείου Πάγου και της Ακροπόλεως, διά να ανοιχθή εκ του κέντρου της πόλεως μία απ' ευθείας συνδετική γραμμή προς την αραιότατα κατοικημένην περιοχήν πέραν του Ιλισσού, εν τούτοις προς την άποψιν αυτήν αντιτίθενται πλείστοι λόγοι[....]. Η ράχη εκείνη είναι πάντως αρκετά υψηλή και απόκρημνος ώστε να μην επιτρέπη ευκόλως αμαξιτήν οδόν, τα περισσότερα δε οχήματα θα προτιμούν να ακολουθούν την μεταξύ του Ναού του Ολυμπίου Διός και της Ακροπόλεως οδόν, ως τούτο συμβαίνει και τώρα.*

Με τα λόγια αυτά, με σαφήνεια και προφητική διορατικότητα, οι αρχιτέκτονες του πρώτου σχεδίου των νεωτέρων Αθηνών (το 1833) Σταμάτης Κλεάνθης και Eduard Schaubert διατυπώνουν στο μνημόνιό τους προς την Αντιβασιλεία, με το οποίο επεξηγούν το σχέδιό τους, τη βασική τους επιλογή για τη διασύνδεση της νέας πόλης με το μνημειακό συγκρότημα της Ακροπόλεως. Η πρόσβαση από την πόλη προς την παριλίσσια περιοχή και προς την Ακρόπολη, αλλά και προς τη θάλασσα, θα γίνει κυρίως από το δίαυλο μεταξύ Ολυμπιείου και Ακροπόλεως και όχι από τον πολύ πιο δύσβατο αυχένα μεταξύ της Ακροπόλεως και του Αρείου Πάγου.

Στην πρώτη επακριβή αποτύπωση της παλαιάς πόλης των Αθηνών και του άμεσου περιβάλλοντος χώρου, που οι δύο αρχιτέκτονες εκπόνησαν το 1831 με γεωδαιτικά όργανα, σημειώνεται μια πολύ ελεύθερη χάραξη μιας ατραπού που ξεκινά από τα αλώνια στο κτήμα Μακρυγιάννη (σημερινή θέση του κτηρίου του παλαιού Στρατιωτικού Νοσοκομείου), παρακολουθεί επί 150 μέτρα τα ερείπια του τείχους του Χασεκή προς τα δυτικά, ανηφορίζει ως τον αυχένα μεταξύ του Λόφου της Πνύκας και της δυτικής κλιτύος της Ακροπόλεως και κατηφορίζει προς το πλατύ ταράτσωμα νότια του Θησείου και εκτός του τείχους του Χασεκή, όπου σημειώνεται μια άλλη ομάδα αλωνιών.

Η απόλυτη ερημιά της περιοχής την εποχή εκείνη και η έλλειψη κάθε βλάστησης τεκμηριώνεται πολύ πειστικά στο θαυμάσιο πανόραμα των Αθηνών, που με φωτογραφική ακρίβεια σχεδίασε ο γραμματέας της Αντιβασιλείας Ferdinand Stademann το 1836 από το Λόφο των Νυμφών.

56. Η Ακρόπολη των Αθηνών, από το πρόπλασμα της πόλης κατά το έτος 1842. Έργο του Ι. Τραυλού (1979).

57. Η Ακρόπολη από δυτικά. Υδατογραφία του Ludwig Lange (1835).

56

57

Είναι αξιοσημείωτο ότι ούτε στο σχέδιο των Κλεάνθη-Schaubert (1833), ούτε στην αναθεώρησή του από τον Leo von Klenze (1834), σημειώνεται χάραξη νέας οδού σχεδιαζόμενης πρόσβασης της Ακροπόλεως από την πόλη. Ο αδόμητος χώρος των κλιτύων της Ακροπόλεως, των λόφων των Νυμφών, της Πνύκας, του Μουσείου (Φιλοπάππου) και του Αρείου Πάγου μένει αδιαμόρφωτος και χέρσος. Οι πανάρχαιες ατραποί διασχίζουν το ιστορικό τοπίο. Με περισσή σοφία φαίνεται να διατυπώνουν έτσι οι πρώτοι συνθέτες την επιφύλαξή τους απέναντι σε έναν ανεξερεύνητο ακόμη αρχαιολογικά χώρο. Κηποτεχνικές και κυκλοφοριακές επεμβάσεις δεν προτείνονται. Η πόλη αναπτύσσεται προς τα βόρεια. Ο μη δομημένος χαρακτήρας, το «άβατον» του ιστορικού τοπίου, τονίζεται με έμφαση.

Η ιδέα ενός μνημειακού περιπάτου νότια της Ακροπόλεως διατυπώνεται ωστόσο ήδη πολύ νωρίς. Στο «Γενικόν σχέδιον των Αθηνών» της λεγόμενης «Επιτροπής αξιωματικών» του έτους 1847 διαφαίνεται ο στόχος της δημιουργίας ενός περιφερειακού «Βουλεβαρίου» προς νότον, το οποίο, συνδυαζόμενο με τις οδούς Αγίων Ασωμάτων, Πειραιώς, Πανεπιστημίου και Αμαλίας, δημιουργεί έναν πρώτο «δακτύλιο» που περιβάλλει τόσο την πόλη όσο και την Ακρόπολη και τον Άρειο Πάγο. Το προτεινόμενο «Εξοχικόν Βουλεβάριον» νότια της Ακροπόλεως έχει το μεγάλο, για την επο-

χή εκείνη, πλάτος των 36 μ. (ίσο προς το πλάτος του Βουλεβαρίου μέσα στην πόλη, δηλαδή της οδού Πανεπιστημίου), κοσμείται με αμφίπλευρη δενδροστοιχία και ενώνει την περιοχή του Ολυμπιείου (ανατολικά) με τον σχεδιαζόμενο κήπο του Θησείου (δυτικά). Εκτός από το ρόλο του ως εξοχικού περιπάτου διαμέσου ενός τοπίου φορτισμένου με ιστορικές μνήμες, χρησιμεύει και για την άμεση – εκτός πόλεως – διασύνδεση της νότιας με τη δυτική «πύλη» της πόλης (περιοχές Μακρυγιάννη και Θησείου). Η χάραξή του στη νότια κλιτύ της Ακροπόλεως δεν ακολουθεί την παλιά ατραπό κοντά στον Σερπεντζέ (που εδώ ταυτίζεται με τη χάραξη της στοάς του Ευμένους), αλλά τοποθετείται περί τα 100 μ. νοτιότερα, εκεί δηλαδή όπου θα χαραχθεί περισσότερο από έναν αιώνα αργότερα (1955) η νέα, διευρυμένη οδός Διονυσίου Αρεοπαγίτου.

Το σχεδιαζόμενο νέο Βουλεβάριο δεν φαίνεται να πραγματοποιείται αμέσως, γιατί στην ακριβέστατη αποτύπωση της πόλης από τη γαλλική στρατιωτική αποστολή, στο λεγόμενο σχέδιο του «Depôt de la guerre» του έτους 1854, ενώ σημειώνονται στην περιοχή τόσο το κτήριο του Στρατιω-

58. Η Ακρόπολη και το Ολυμπιείο από τα υψώματα του Μετς (1869).

58

59

59. Η αρχή της οδού Διονυσίου Αρεοπαγίτου, γύρω στα 1890.

60. Η νότια κλιτύς της Ακροπόλεως. Το Στρατιωτικό Νοσοκομείο, γύρω στα 1880.

61. Το αρχικό σχέδιο των Αθηνών των Κλεάνθη και Schaubert. Λεπτομέρεια.

60

61

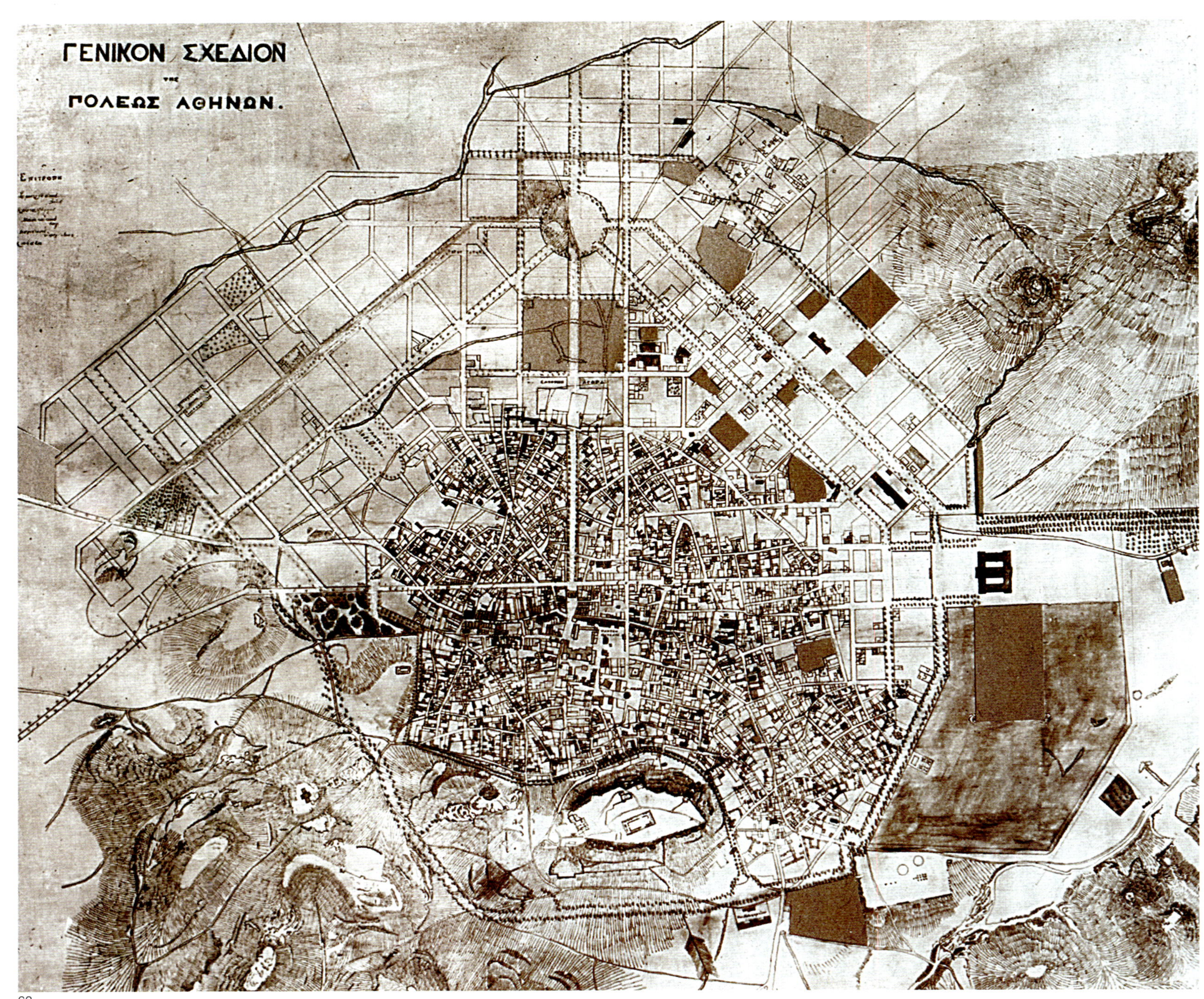

62

62. Σχέδιο των Αθηνών της επιτροπής του έτους 1847 με τη χάραξη του «Εξοχικού Βουλεβαρίου».

63. Η Ακρόπολη από βορειοδυτικά (1890).

64. Η Ακρόπολη, το Ηρώδειο και η Στοά του Ευμένους από νότια, γύρω στα 1860.

τικού Νοσοκομείου (κτήριο Weiler, 1834) με τον περίβολό του, όσο και η παλαιά οδός προς το Φάληρο, δεν φαίνεται ούτε ίχνος του νέου μνημειακού περιπάτου.

Κατά το έτος 1857, ανασκαφές κοντά στο χορηγικό μνημείο του Θρασύλλου βεβαιώνουν για πρώτη φορά την ακριβή θέση του κοίλου του Διονυσιακού Θεάτρου και στη συνέχεια, το 1859, η Αρχαιολογική Εταιρεία αρχίζει την ανασκαφή του Θεάτρου (υπό τη διεύθυνση των Strack και Ευστα-

63

64

θιάδη), που παρατείνεται έως το 1867. Το ίδιο έτος (1857) αρχίζει και η συστηματική ανασκαφή του Ωδείου του Ηρώδου του Αττικού από τον Κυριακό Πιττάκη και αργότερα, το 1864, αρχίζουν και οι ανασκαφές στη Στοά του Ευμένους. Φαίνεται ότι οι δραστηριότητες αυτές έδωσαν την ώθηση για την κατασκευή του «Εξοχικού Βουλεβαρίου», διότι στην αποτύπωση της πόλης από τον C. von Stranz το 1862 (που δημοσίευσε ο E. Curtius στα *Επτά σχέδια, συμβολή στην Τοπογραφία των Αθηνών*, Gotha 1868) παρουσιάζεται η ακριβής του χάραξη, με ένα αυστηρά ευθύγραμμο πρώτο σκέλος, μήκους ενός χιλιομέτρου, την οδό Αποστόλου Παύλου, που αρχίζει από την οδό Πειραιώς, διασταυρώνεται με την οδό Ερμού και φθάνει ως τη στροφή στον αυχένα κοντά στον Άγιο Δημήτριο Λουμπαρδιάρη, όπου με άνετη καμπύλη συνεχίζει ως οδός Διονυσίου Αρεοπαγίτου ανηφορικά προς την πλατεία προ

65

του Ωδείου του Ηρώδου του Αττικού και μετά κατηφορικά προς την Πύλη του Αδριανού. Και η μεν διάνοιξη του πρώτου τμήματος της οδού Αποστόλου Παύλου, από την οδό Ερμού ως την οδό Πειραιώς, δεν πραγματοποιήθηκε ποτέ, λόγω της δημιουργίας του αρχαιολογικού χώρου του Κεραμεικού· η υπόλοιπη ωστόσο χάραξη υφίσταται από την αρχή της δεκαετίας του 1860.

Στην αποτύπωση του J. Kaupert του 1875, ο οδικός άξων της οδού Αποστόλου Παύλου περνά με γέφυρα πάνω από το όρυγμα τού, στο μεταξύ, εν ενεργεία ατμοκίνητου σιδηροδρόμου Αθηνών-Πειραιώς (εγκαίνια 1869) και καταλήγει, με οξεία στροφή προς τα δυτικά, στην οδό Ερμού, 300 μ. δυτικά του σταθμού του Θησείου. Η άμεση αυτή διασύνδεση φαίνεται ότι καταργείται το 1904, όταν ηλεκτροδοτείται η γραμμή και διευρύνεται ο χώρος των σιδηροδρομικών γραμμών με αμαξοστάσια σ' εκείνο το σημείο. Από τότε η κατάληξη της Αποστόλου Παύλου γίνεται με διπλή στροφή (σε σχήμα S) δυτικά του κήπου του Θησείου και δημιουργείται ο κόμβος της πλατείας Αγίων Ασωμάτων.

Στο σχέδιο του Stranz (1862) αναγνωρίζονται καθαρά όλα τα γεωμετρικά χαρακτηριστικά του νέου «Εξοχικού Βουλεβαρίου», που θα μείνουν αναλλοίωτα επί ένα σχεδόν αιώνα (έως το 1955). Το σκέλος της Αποστόλου Παύλου έχει πλάτος 10 μ. και το σκέλος της Διονυσίου Αρεοπαγίτου 15 μ. Το τελευταίο αυτό τμήμα έχει ελαφρώς τεθλασμένη πορεία. Μια ημικυκλική πλατεία, διαμέτρου 90 μ., είχε διαμορφωθεί μπροστά από το Ωδείο του Ηρώδου του Αττικού, πάνω σε ένα άνδηρο επιχώσεων από τα χώματα των ανασκαφών της Ακροπόλεως που, όπως πιστοποιούν φωτογραφίες των δεκαε-

65. Το Ολυμπιείο καί η Πύλη του Αδριανού. Στο βάθος ο Αρδηττός, γύρω στα 1870.

66. Η Πύλη του Αδριανού και η αρχή του «Εξοχικού Βουλεβαρίου» με δενδροστοιχίες, γύρω στα 1870.

66

τιών 1850/1890, επισωρεύονταν σε τεράστιους άμορφους σωρούς απ' ευθείας δίπλα στα νότια τείχη, πάνω από τη Στοά του Ευμένους. Και οι δύο οδικοί άξονες ήταν σκυρόστρωτοι ως την πρώτη δεκαετία του 20ού αιώνος, οπότε ασφαλτοστρώθηκαν επί δημαρχίας Σπύρου Μερκούρη. Μια δενδροστοιχία από καχεκτικές πιπεριές έζωνε το Βουλεβάριο, που χρησίμευε κυρίως ως πρόσβαση προς την Ακρόπολη και τους χώρους ανασκαφών στη νότια κλιτύ της, δεδομένου ότι οι δυτικοί λόφοι, έρημοι και χωρίς καμία βλάστηση, δεν προσφέρονταν βεβαίως ως χώροι εξοχικών περιπάτων.

67. Σχέδιο Αθηνών (αποτύπωση) του Stranz (1862).
Ατραπός με κόκκινο χρώμα: η πρόσβαση προς την Ακρόπολη.

68. Σχέδιο των λόφων των Νυμφών, Πνύκας και Αρείου Πάγου (1862).

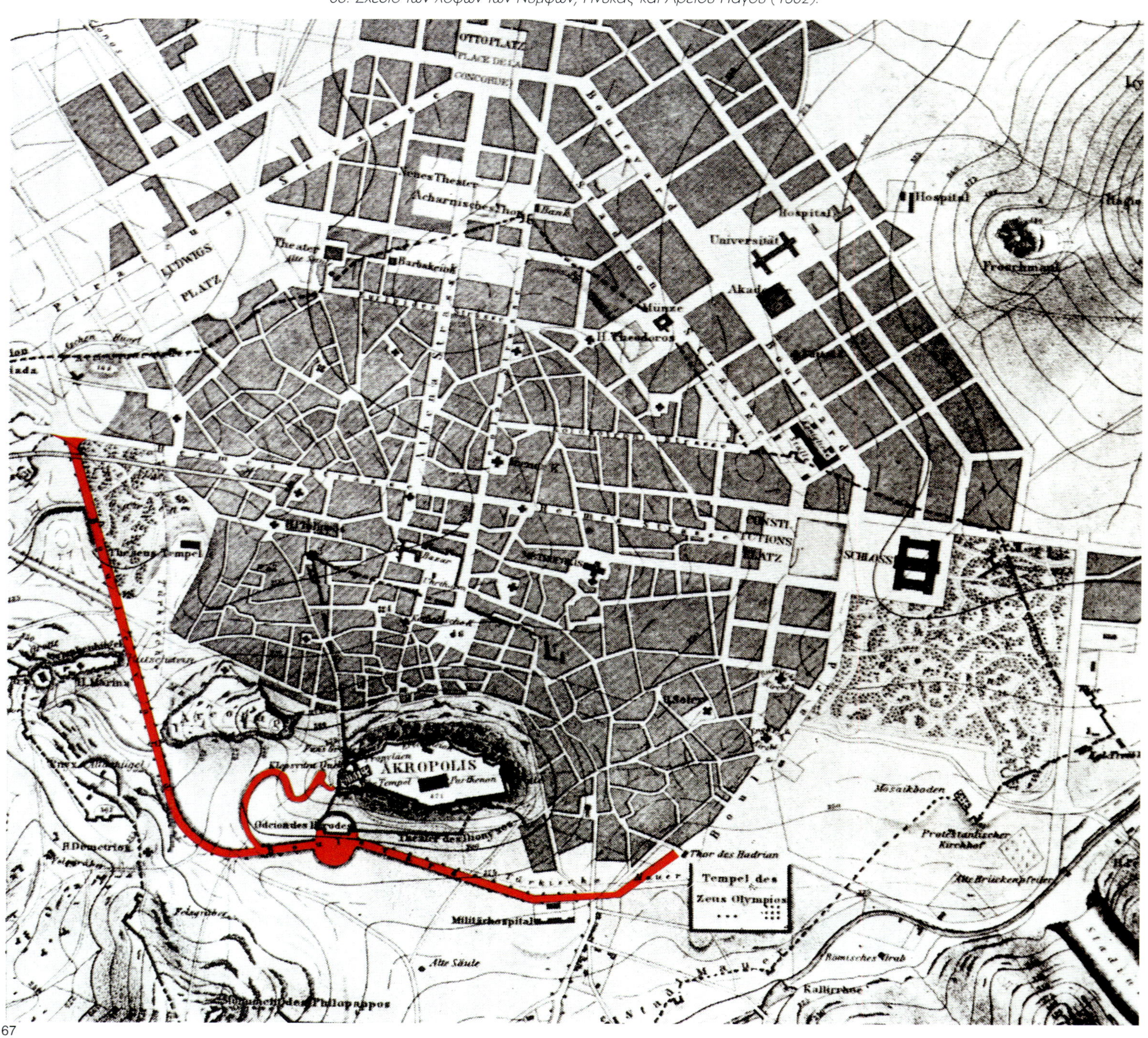

67

Sternwarte
H. Marina
2.
H. Athanasios
3.
DIE ALTE FELSENSTADT.
1. Sogenannter Nymphenhügel
2. Sog. Pnyx (Altarhügel.)
3. Arcòpag.
4. Gipfel des Museion.
5. Grabkammer (des Zosimianos) gewöhnlich genannt Grab des Kimon'.
Dieses Blatt, welches den Zweck hat, die Terrainverhältnisse des südwestlichen Theils von Alt-Athen anschaulich zu machen, ist mit Benützung der Aufnahme von Emile Burnouf gezeichnet vom Architekten Herrn P. W. Tuckermann. Maßstab 3:10000.
W
S
N
O

68

Είναι αξιοσημείωτο ότι κατά τις τρεις τελευταίες δεκαετίες του 19ου αιώνα η τελική πρόσβαση προς τα Προπύλαια γινόταν από έναν οφιοειδή χωματόδρομο με διπλή ανάκαμψη που έφθανε ακριβώς μπροστά από την πύλη Beulé. Σε φωτογραφία του οίκου Alinari του έτους 1895 φαίνεται καθαρά η χάραξη αυτής της πρόσβασης, που τονιζόταν με σειρά από αθάνατα (agaves) και διάσπαρτη εκατέρωθεν φύτευση. Ας σημειωθεί ότι η χάραξη που θα δημιουργήσει ο Δημήτρης Πικιώνης στη δεκαετία του 1950, για τη νέα πρόσβαση προς την Ακρόπολη, θα ακολουθήσει, στο χαμηλότερο τμήμα της, περίπου την παλιά αυτήν πορεία, η οποία ξεκινά από τον αυχένα ανατολικά από το εξωκκλήσι του Αγίου Δημητρίου του Λουμπαρδιάρη και 200 μ. δυτικά από το Ωδείο του Ηρώδου του Αττικού.

Η τόσο πρώιμη (αρχές δεκαετίας 1860) κατασκευή της οδού Αποστόλου Παύλου δημιούργησε μία καθοριστική τομή μέσα στον ευρύτερο αρχαιολογικό χώρο, χωρίζοντάς τον σε δύο μεγάλες ζώνες: Ακρόπολη, Άρειος Πάγος, Αγορά, Θησείο προς τα ανατολικά, λόφοι Νυμφών, Πνύκας και Μουσείου προς τα δυτικά. Η τομή αυτή, επιφανειακή στην αρχή, θα ενταθεί με τις μεγάλες ανασκαφές του Γερμανικού Αρχαιολογικού Ινστιτούτου (1892-1897) υπό τον W. Dörpfeld, στην κοιλάδα μεταξύ Αρείου Πάγου και Πνύκας, κατά τις οποίες αποκαλύφθηκαν ολόκληρη συνοικία των κλασικών

69. Ο Λόφος των Νυμφών και το Αστεροσκοπείο (1890).

70. Πανόραμα των Αθηνών από την Πνύκα, γύρω στα 1895.

69

70

71

72

71. Το «Εξοχικόν Βουλεβάριον» στο τμήμα του δυτικά του Ηρωδείου. Στο βάθος ο Άγιος Δημήτριος Λουμπαρδιάρης (1864).

72. Η Ακρόπολη από τον Άγιο Δημήτριο Λουμπαρδιάρη (1890).

73. Οι προσβάσεις της Ακροπόλεως στο τέλος του 19ου αιώνα.

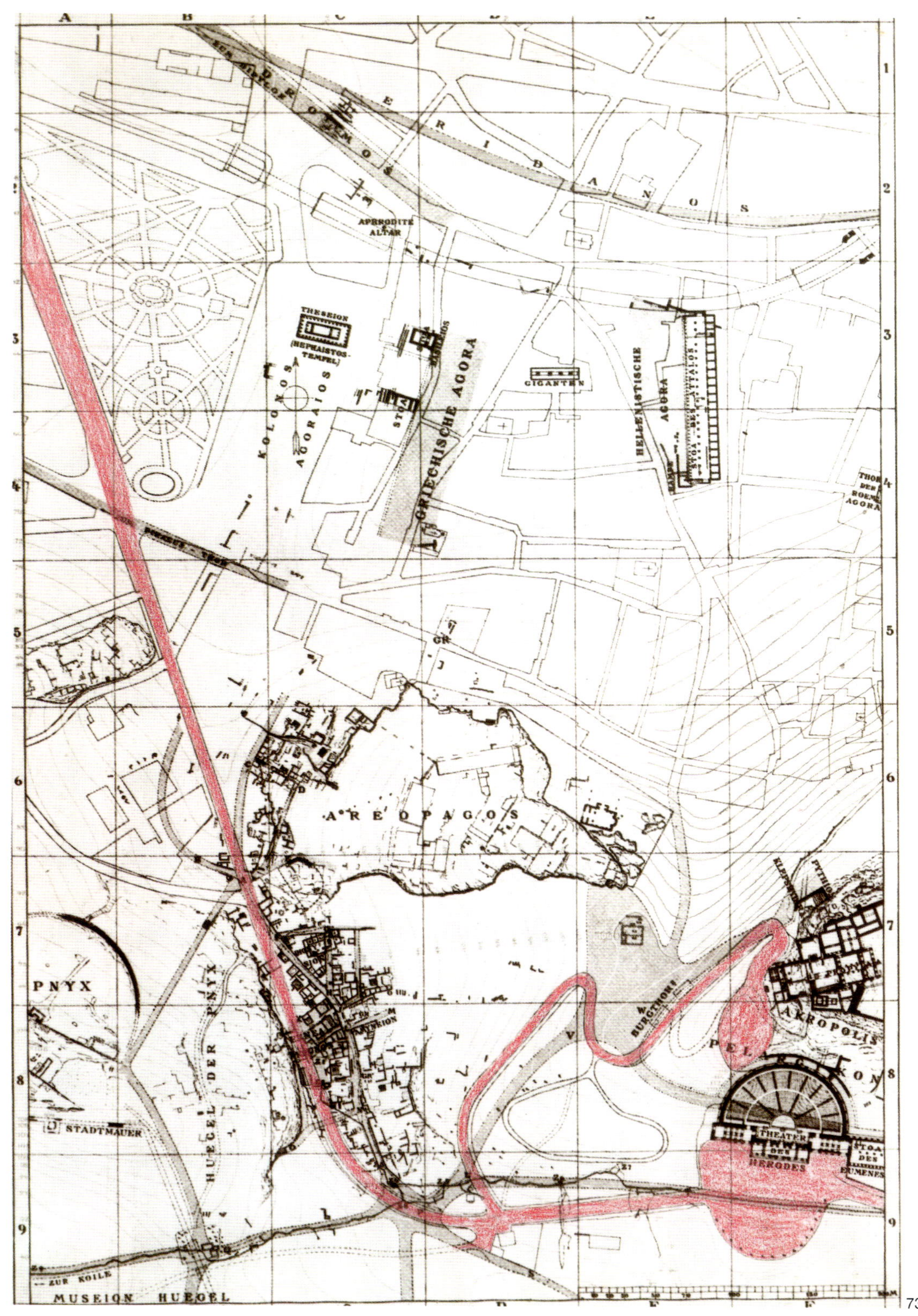

73

χρόνων, το Αμύνειον, το Διονύσιον εν Λίμναις και ο κύριος δρόμος της συνοικίας που οδηγούσε από την Αγορά προς τον αυχένα ανατολικά του Λουμπαρδιάρη. Η ζώνη αυτή των ανασκαφών, μήκους 300 μ. και πλάτους 100 περίπου μ., φαίνεται επακριβώς στο χάρτη του W. Judeich (1904) και βρίσκεται σήμερα σε παραμελημένη κατάσταση. Η ανασκαφή προκάλεσε την εκβάθυνση όλης της περιοχής της κοιλάδας και δημιούργησε την ανάγκη κατασκευής αναλημματικού τοίχου λιθόκτιστου με συμπαγές στηθαίο, ύψους 3-5 μ. Με την ασφαλτόστρωση της οδού περί το 1905, δημιουργείται ένα συμπαγές γραμμικό φράγμα σε άμεση επαφή (εφαπτομενικά) με την ανατολική παρειά του λόφου της Πνύκας, που κατατέμνει λειτουργικά αλλά και οπτικά το ιστορικό τοπίο.

Είναι σαφές ότι ο άξων της οδού Αποστόλου Παύλου χαράχθηκε με την προοπτική δημιουργίας μιας απ' ευθείας πρόσβασης από τη δυτική πύλη της πόλης προς την Ακρόπολη. Ως δυτική πύλη των Αθηνών, για τον προσερχόμενο τόσο από την Ιερά Οδό όσο και από την οδό Πειραιώς, είχε προβλεφθεί η δυτική απόληξη της οδού Ερμού, που στο τμήμα της μεταξύ οδού Πειραιώς και πλατείας Μοναστηρακίου είχε λάβει και το σημαντικό πλάτος των 22 μ. Με τη λειτουργία του σιδηροδρόμου Αθηνών-Πειραιώς, με τέρμα της διαδρομής (στην αρχή) το σταθμό του Θησείου (1869), με την αναμόρφωση και την τελική χάραξη του κήπου του Θησείου (1890), αλλά και με την ένταξη στο ρυμοτομικό σχέδιο της πόλης της περιοχής Θησείου - Άνω Πετραλώνων (1886), η δυτική πρόσβαση προς την πόλη τονίζεται περισσότερο.

Ωστόσο, οι επεκτεινόμενες ανασκαφές στην περιοχή του Κεραμεικού, αλλά και η περίπλοκη κυκλοφοριακή διάταξη του οδικού δικτύου στην περιοχή του σταθμού του Θησείου (ευρεία ζώνη αμαξοστασίων που δημιουργούν φραγμό μεταξύ της οδού Αποστόλου Παύλου και της οδού Ερμού), ματαιώνουν την, έστω και καθυστερημένη, δημιουργία της πλατείας Κέκροπος, της τρίτης μεγάλης πλατείας του αρχικού σχεδίου Κλεάνθη-Schaubert, δυτικά, στο τέλος της οδού Ερμού. Η περιοχή της δυτικής πύλης της πόλης τελικά υποβαθμίζεται και ως πρόσβαση προς την Ακρόπολη από το κέντρο της πόλης λειτουργεί από νωρίς κυρίως η οδός Διονυσίου Αρεοπαγίτου από τα ανατολικά.

Παρ' όλη την ευρείας έκτασης αναδάσωση των ιστορικών λόφων δυτικά της Ακροπόλεως κατά την πρώτη δεκαετία του 20ού αιώνα από τη Φιλοδασική Ένωση (ίδρυση 1899), η εκατέρωθεν του «Εξοχικού Βουλεβαρίου» (δηλαδή του συνολικού μήκους των οδών Διονυσίου Αρεοπαγίτου και Αποστόλου Παύλου) περιοχή μένει αδιαμόρφωτη. Χειρότερα ακόμη: δημιουργούνται καταστάσεις μειωτικές για τον ιστορικό χώρο, που με μεγάλες δυσκολίες παραμερίζονται – τμηματικά μόνο – πολύ αργότερα. Έτσι, οι άμορφες επιχώσεις στην πλαγιά πρό του Ηρωδείου απομακρύνονται μόλις το 1955 με τη χάραξη της νέας οδού Διονυσίου Αρεοπαγίτου, ενώ η χωροταξικά κρίσιμη περιοχή του αυχένα ανατολικά του Αγίου Δημητρίου Λουμπαρδιάρη απαλλάσσεται από διάσπαρτα νεώτερα κτίσματα (μεταξύ αυτών και η οικία Παρθένη) την ίδια εποχή. Αμέσως όμως προστίθεται το κτίσμα του εστιατορίου «Διόνυσος», μέσα στον ιστορικό χώρο, σε αυθάδη άμεση οπτική αντιπαράθεση προς τα Προπύλαια. Αλλά και τα τρία οικοδομικά τετράγωνα μεταξύ του βράχου της Αγίας Μαρίνας και των οδών Αιγινήτου και Αποστόλου Παύλου παραμένουν μέχρι σήμερα ανέπαφα, ως σφήνα ξένων χρήσεων, αλλά και ως οπτικός και λειτουργικός φραγμός μεταξύ του πάρκου της αρχαίας Αγοράς και του μνημειακού χώρου της Πνύκας.

Στην περιοχή της οδού Διονυσίου Αρεοπαγίτου παρουσιάσθηκαν δύο απειλές, με χρονική απόσταση τεσσάρων δεκαετιών η μία από την άλλη. Η πρώτη γεννήθηκε με την πρόταση του γηραιού πια Theophil Hansen το 1887 για τη δημιουργία κτηρίου, μήκους 200 μ., με δύο κύριες πτέρυγες παράλληλες προς τον άξονα και εκατέρωθεν της οδού και με τέσσερις κυκλοτερείς πτέρυγες ως απολήξεις, για τη στέγαση του Εθνικού Αρχαιολογικού Μουσείου, και η δεύτερη, το 1928, με το εκτός κλίμακος σχέδιο Δικαστικού Μεγάρου του Αλεξάνδρου Νικολούδη (ύψος τρούλου 60 μ.) στη θέση του παλαιού Στρατιωτικού Νοσοκομείου, του οποίου προβλεπόταν η κατεδάφιση! Και τα δύο μεγαλομανή σχέδια έμειναν ευτυχώς στη φάση του σχεδιασμού. Η δημιουργία του ενός ή του άλλου θα είχε αλλοιώσει ανεπίτρεπτα τον αισθητικό και λειτουργικό χαρακτήρα της κύριας πρόσβασης της Ακροπόλεως και θα περίττευε σήμερα ακόμα και κάθε σκέψη για αισθητική αναβάθμιση του χώρου.

Κατά το 1908 χαράσσεται νέα τερματική πρόσβαση κατ' ευθείαν από την πλατεία προ του Ηρωδείου, με απλή καμπή προς τα Προπύλαια. Η πρόσβαση αυτή θα ασφαλτοστρωθεί και θα δημι-

74. Πρόταση για ένα εθνικό αρχαιολογικό μουσείο στη νότια κλιτύ της Ακροπόλεως (1887). Αρχιτέκτων Theophil Hansen.

75. Πρόταση για το Δικαστικό Μέγαρο στη θέση Μακρυγιάννη (1928). Αρχιτέκτων Α. Νικολούδης.

74

75

76

76. Η Ακρόπολη και το Ηρώδειο από το μνημείο του Φιλοπάππου (1898).

77. Το Ηρώδειο και η πρόσβαση προς την Ακρόπολη. Αεροφωτογραφία (1932).

78. Το Ηφαιστείον, ο κήπος του Θησείου και η αρχή των ανασκαφών στην αρχαία Αγορά (1933). Αεροφωτογραφία από βόρεια.

79. Το Ηφαιστείον, ο κήπος του Θησείου και η αρχή των ανασκαφών στην αρχαία Αγορά (1933). Αεροφωτογραφία από νότια.

77

78

79

80

ουργηθεί και μια άκομψη κυκλοτερής τεράστια πλατεία στροφής εμπρός από την πύλη Beulé κατά το 1936. Στα μέσα της δεκαετίας του 1920 εγκαθίσταται μια γραμμή ηλεκτρικού τροχιοδρόμου που διέρχεται κατά μήκος όλου του «Εξοχικού Βουλεβαρίου», με στάσεις στου Μακρυγιάννη, στην πλατεία Ηρωδείου και στο Θησείο. Ίσως η γραμμή αυτή σκοπό είχε όχι μόνο την εξασφάλιση μιας πρόσβασης της Ακροπόλεως με οχήματα δημόσιας χρήσεως αλλά και την εξυπηρέτηση των θεατρικών παραστάσεων του αρχαίου δράματος που αρχίζουν να οργανώνονται από το 1928 στο Ηρώδειο. Παρ' όλα αυτά, οι ιστορικοί λόφοι δυτικά της Ακροπόλεως παραμένουν όχι μόνο τελείως παραμελημένοι και κηποτεχνικά αδιαμόρφωτοι, αλλά και επισφαλείς, χωρίς δημοτικό φωτισμό και δίκτυο πεζοδρόμων, έως τη δεκαετία του 1950.

Μέχρι το έτος 2000 διατηρείται αναλλοίωτη η πυκνή μηχανοκίνητη κυκλοφορία τόσο στο νέο ευθύγραμμο άξονα της σημαντικά διευρυμένης το 1955 (4 λωρίδες κυκλοφορίας) οδού Διονυσίου Αρεοπαγίτου, όσο και στην οδό Αποστόλου Παύλου, η οποία, μετά την κατάργηση της γραμμής του τροχιοδρόμου αρχίζει να δέχεται προοδευτικά όλο και μεγαλύτερο κυκλοφοριακό φόρτο. Στο στενό κατάστρωμά της (διπλής κατεύθυνσης) διασταυρώνονται με δυσκολία στο έντονα κεκλιμένο επίπεδο κά-

81

θε είδους οχήματα – κυρίως όμως βυτιοφόρα και βαριά φορτηγά – τα οποία, σε μια προσπάθεια να παρακάμψουν το υπερβολικά φορτισμένο κέντρο της πόλης, κινούνται από τη νέα λεωφόρο Καβάλας στα δυτικά, μέσω των οδών Αποστόλου Παύλου και Ροβέρτου Γκάλλι προς την οδό Συγγρού και την οδό Καλλιρρόης. Στην οπτική προσβολή προστίθεται τώρα και η περιβαλλοντική επιβάρυνση.

Από τη στιγμή της ολοκλήρωσης (1985) του λεγόμενου «μικρού δακτυλίου» του κέντρου του λεκανοπεδίου στα νότια του Λόφου του Μουσείου, με τη διάνοιξη της λεωφόρου Χαμοστέρνας και τη διασύνδεσή της με ανισόπεδη διάβαση με τη λεωφόρο Συγγρού και τη λεωφόρο Κωνσταντινουπόλεως, η οδική παράκαμψη του κέντρου της πόλης από το νότο και εκτός του ιστορικού χώρου είναι ήδη εξασφαλισμένη. Κατά τα έτη 2000-2002 αποκαθίσταται επιτέλους το «Εξοχικόν Βουλεβάριον» με νέα μορφή μνημειακού πεζοδρόμου, του Αθηναϊκού Περιπάτου, και προσφέρεται έτσι η αμφίπλευρη πεζή προσπέλαση της Ακροπόλεως από το κέντρο της πόλης. Το πρώτο βήμα ουσιαστικής ενοποίησης του κεντρικού τμήματος του μελλοντικού «αρχαιολογικού πάρκου» της πόλης έχει επί τέλους συντελεσθεί. Κατά μια ιδιότυπη ιστορική συγκυρία η διαμόρφωση της εκ του πλησίον προσέγγισης της Ακροπόλεως είχε ωστόσο ήδη ολοκληρωθεί 40 χρόνια νωρίτερα!

82

80. Το Ζάππειο, το Ολυμπιείο, η Ακρόπολη και η οδός Διονυσίου Αρεοπαγίτου από ανατολικά, (παλαιά χάραξη) (1933).

81. Η Ακρόπολη από δυτικά, με την παλαιά ασφαλτόστρωτη οδό προσπέλασης (1952).

82. Η οδός Διονυσίου Αρεοπαγίτου ως οδικός άξων (1970).

83

Η ΕΚ ΤΟΥ ΠΛΗΣΙΟΝ ΠΡΟΣΕΓΓΙΣΗ ΤΩΝ ΜΝΗΜΕΙΩΝ. ΤΟ ΕΡΓΟ ΤΟΥ ΔΗΜΗΤΡΗ ΠΙΚΙΩΝΗ (1954-1957)

84

Κατά τις αρχές της δεκαετίας του 1950 διαφαίνεται, μετά από πολυάριθμες ανασκαφικές περιόδους (αρχή των εργασιών το 1931) η ολοκλήρωση των ανασκαφών στο κύριο, νότιο τμήμα της αρχαίας Αγοράς. Για πρώτη φορά κρίθηκε αναγκαίο – 120 χρόνια μετά την ίδρυση της νέας Αθήνας – να αντιμετωπισθεί το πρόβλημα της διαμόρφωσης και ένταξης ενός εκτεταμένου χώρου ανασκαφών στό ζωντανό πολεοδομικό ιστό. Οι πρώτες απόψεις των δημοσίων υπηρεσιών για τη διαμόρφωση του αμέσου περιβάλλοντος της Ακροπόλεως χρονολογούνται από αυτήν την εποχή: η σκέψη της ενοποίησης του χώρου του Κεραμεικού με την αρχαία Αγορά, η συνέχιση των ανασκαφών στην ανατολική πλευρά της αρχαίας πόλης, η διαπλάτυνση της οδού Αδριανού (που ευτυχώς δεν πραγματοποιήθηκε ποτέ), η αποκατάσταση της αρχαίας Οδού των Παναθηναίων, είναι τα αντικείμενα του προβληματισμού. Το κύριο πρόβλημα όμως, η κατάτμηση του ιστορικού χώρου από τους σημαντικούς οδικούς άξονες (οδοί Αποστόλου Παύλου και Διονυσίου Αρεοπαγίτου) παραβλέπεται τότε.

Είναι χαρακτηριστικό ότι, αφορμή για τον πολεοδομικό σχεδιασμό στην περιοχή δεν ήταν η επιθυμία κηποτεχνικής διαμόρφωσης του χώρου γύρω από την Ακρόπολη, αλλά η προσπάθεια βελτίωσης της πρόσβασης προς τις αρχαιότητες. Διαφαίνεται τώρα η ανάπτυξη του μαζικού τουρισμού. Για πρώτη φορά γίνεται λόγος για μια μεγάλης κλίμακος «αξιοποίηση» της αρχαίας κληρονομιάς. Το 1954 αναθέτει ο τότε υπουργός Δημοσίων Έργων και μετέπειτα πρωθυπουργός Κωνσταντίνος Καραμανλής, καθ' υπόδειξη των υπηρεσιακών παραγόντων, στον καθηγητή Δημήτρη Πικιώνη τα λεγόμενα «Έργα Ακροπόλεως» (1954-1957).

Ο Πικιώνης έθεσε ως κύριο στόχο του να διαμορφώσει – χωρίς να επέμβει ωστόσο στη βασική χάραξη του άξονα των οδών Διονυσίου Αρεοπαγίτου και Αποστόλου Παύλου – όσο το δυνατόν πιο διακριτικά, τελικές προσβάσεις προς τα μνημεία της Ακροπόλεως και το Λόφο του Μουσείου για τον πεζό, προσφέροντας τη φυσική αλλά και τη πνευματική προσέγγιση. Για να πετύχει το πρώτο, σχεδίασε ένα σύστημα πεζοδρόμων και ατραπών προσαρμοσμένο με μεγάλη ευαισθησία στην τοπογραφία του χώρου. Την πνευματική προσέγγιση προσπάθησε να διασφαλίσει με τρεις τρόπους:

α. Με την εκλογή και διαμόρφωση σημείων στάσης και θέας, που προσφέρουν τις καλύτερες οπτικές διασυνδέσεις προς τα μνημεία.

β. Με την ένταξη, στη σύνθεσή του, χαρακτηριστικών τοπογραφικών στοιχείων και υφιστάμενων αρχαιοτήτων διαφόρων εποχών.

83. Πρόταση του υφυπουργείου Οικισμού για τη διαμόρφωση της περιοχής Ακροπόλεως, αρχαίας Αγοράς, Κεραμεικού, Πλάκας (1955).

84. Πορτραίτο του Δημήτρη Πικιώνη.

γ. Με την αναφορά σε αρχέτυπες μορφές της ελληνικής αρχιτεκτονικής κατά το σχεδιασμό των νέων κτισμάτων, για να δημιουργήσει μια σχέση συνεχείας ανάμεσα σ' αυτά και τις αρχαιότητες.

Το σύστημα των οδεύσεων αποτελείται από δύο κύριους κλάδους (μήκους 300 και 500 μ. αντιστοίχως), οι οποίοι, ξεκινώντας από τη διασταύρωση των οδών πρόσβασης στο διάσελο μεταξύ των λόφων του Φιλοπάππου, της Πνύκας και της Ακροπόλεως, υπηρετούν δύο διαφορετικούς σκοπούς. Ενώ η πρώτη όδευση οδηγεί στην είσοδο της Ακροπόλεως, η δεύτερη προσφέρει την ενατένισή της από τους γειτονικούς λόφους. Αυτές οι κύριες οδεύσεις είναι διαμορφωμένες ως λιθό-

85

86

στρωτα σπάνιας εφευρετικότητας: συμπαγείς ασβεστόλιθοι συντίθενται σ' εναλλαγή με χονδρές μαρμαρόπλακες διαφόρων σχημάτων και μεγεθών, καθώς και με επιτόπου χυμένες λωρίδες σκυροδέματος που υποβάλλουν την εκάστοτε πορεία. Το πλάτος των κύριων οδεύσεων κυμαίνεται ανάμεσα στα 5 και τα 7 μέτρα.

Για τον Πικιώνη ήταν αυτονόητη η λειτουργία αυτών των οδεύσεων αποκλειστικά ως πεζοδρόμων. Σε κριτικές παρατηρήσεις ότι θα ήταν επιθυμητή και η μηχανοκίνητη πρόσβαση των επισκεπτών αντιδρούσε με λεπτή ειρωνεία, χαριτολογώντας: *Αν οι σύγχρονοι προσκυνητές είναι τόσο οκνοί ώστε να αρνούνται ν' ανέβουν τα τελευταία 150 μέτρα με τα πόδια, τότε ας φροντίζουν να τους ανεβάζουν με ανάκλιντρα, όπως γινόταν με τους μαλθακούς τουρίστες της ρωμαϊκής εποχής!* Τα θαυμάσια αυτά λιθόστρωτα δέχθηκαν ωστόσο επί 20 χρόνια (έως το 1978, και δυστυχώς πάλι προσφάτως, μετά τη συντήρησή τους προ 15 ετών!) τη φθορά της κυκλοφορίας των αυτοκινήτων.

Η αλληλουχία των οπτικών εντυπώσεων και στις δύο οδεύσεις είναι υποβλητική. Το στοιχείο της έκπληξης αποτελεί το κύριο ψυχολογικό εργαλείο. Κατά την πρώτη όδευση η θέαση της Ακροπόλεως προσφέρεται πρώτα από τα νότια, απ' όπου ο θριγκός μόνο του Παρθενώνος προαναγγέλλει την παρουσία του. Στη συνέχεια, στην αρχή της πορείας ο πεζός χάνει εντελώς την Ακρόπολη από το οπτικό του πεδίο, καθώς αυτή εξαφανίζεται πίσω από τη δασωμένη κλιτύ. Φθάνοντας στο βράχο του Αρείου Πάγου και αφού στραφεί προς τα δεξιά, αντικρίζει εξαίφνης την πύλη Beulé και τα Προπύλαια.

Η δεύτερη όδευση παρουσιάζει μια εντελώς διαφορετική αλληλουχία οπτικών εντυπώσεων. Ο επισκέπτης στρέφει τα νώτα του στην Ακρόπολη και βαδίζει προς τον αυχένα μεταξύ της Πνύκας και του Λόφου του Φιλοπάππου. Από το σημείο αυτό υπάρχει μια απρόσκοπτη θέα προς το αθηναϊκό λεκανοπέδιο, που εκτείνεται έως τον Πειραιά: στο βάθος, ο κόλπος του Σαρωνικού και τα νησιά της Σαλαμίνας και της Αίγινας. Εδώ, σε μια από τις πύλες του αρχαίου τείχους της πόλης

85. Η ανάβαση προς το άνδηρον στο Λόφο του Φιλοπάππου. Λεπτομέρεια.

86. Λεπτομέρεια πλακόστρωτου του Δημήτρη Πικιώνη.

87. Η πρόσβαση προς την Ακρόπολη διαμορφωμένη από τον Δημήτρη Πικιώνη (1962).

87

(του Διατειχίσματος) και κοντά σε ένα μεταβυζαντινό ναΐσκο, ο Πικιώνης δημιουργεί μία στάση. Πρόκειται για ένα χώρο ανάπαυσης και στοχασμού με τη μορφή περιβόλου που περιλαμβάνει τη μικρή εκκλησία, έναν υπόστεγο ανοιχτό εξώστη και ένα καφενείο, όλα διατεταγμένα γύρω από μία αυλή. Η ανοιχτή μορφή του αρχαίου ιερού περιβόλου ενυπάρχει σε αυτήν τη διάταξη: ένα ραδινό ξύλινο πρόπυλο, καθώς και αρκετές θέες και οπτικές φυγές από την αυλή προς την τριγύρω περιοχή τη χαρακτηρίζουν. Ένας περίκλειστος αλλά όχι αποκλεισμένος χώρος, ευρηματικό παράδειγμα μιας διαχρονικής ελληνικής διάταξης. Η επιλογή της θέσης του εξώστη θέας σε αρμόζον ύψος και ακριβώς στην προέκταση του διαμήκους άξονος του Παρθενώνος παρέχει μια μοναδική μετωπική θέα της δυτικής όψης του μεγάλου ναού.

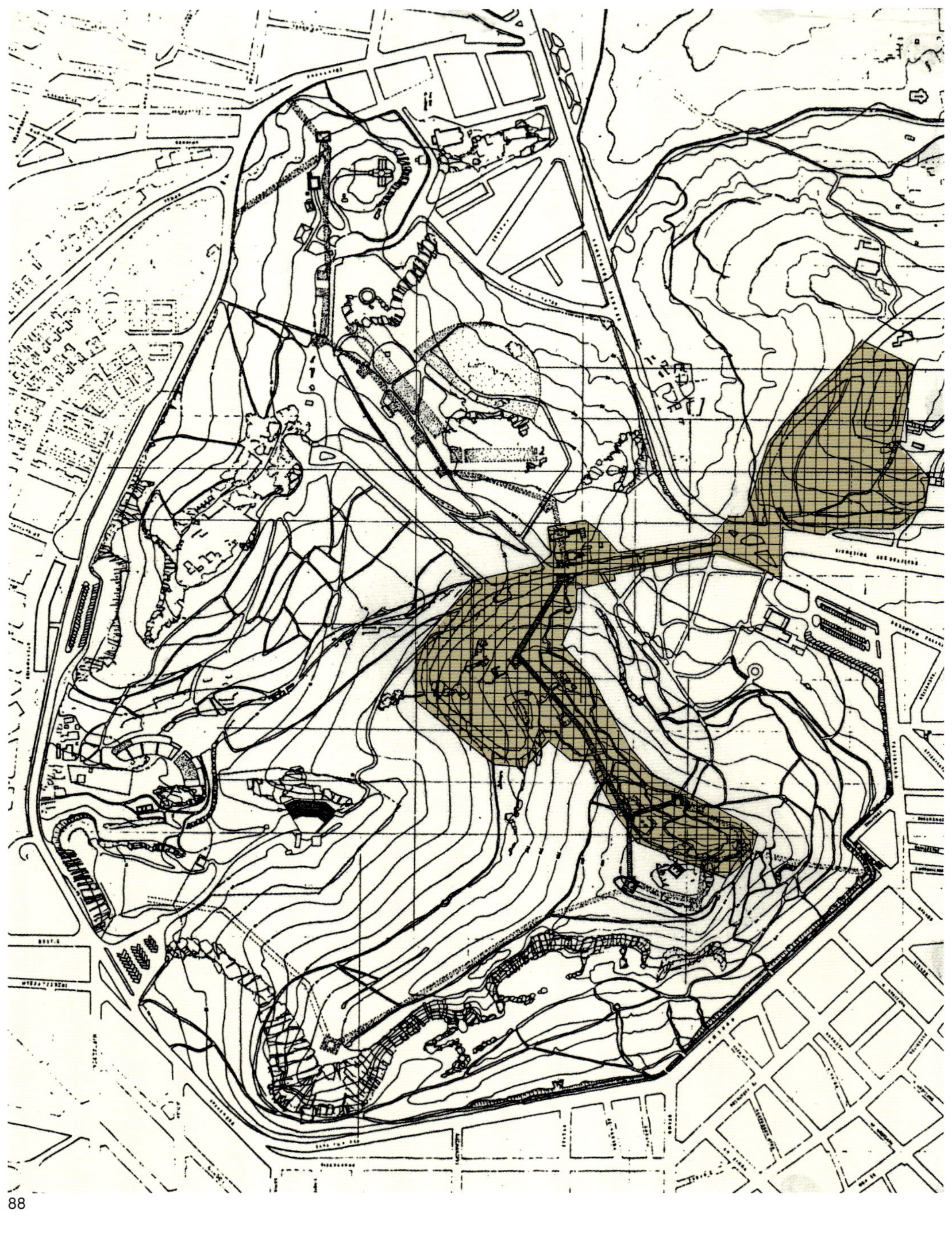

88

Με αφετηρία το εστιακό αυτό σημείο του ναΐσκου του Αγίου Δημητρίου του Λουμπαρδιάρη δύο δυνατότητες προσφέρονται για την περαιτέρω περιήγηση του ιστορικού τοπίου:

— Στα δεξιά, μια απλή ατραπός οδηγεί στο ημικυκλικό άνδηρο της Πνύκας, στον αρχαίο χώρο συνάθροισης των πολιτών, στην εκκλησία του δήμου. Εδώ προσφέρεται στον παρατηρητή ένα ευρύ πανόραμα του ναού του Ηφαίστου και της Ακροπόλεως καθώς και του χώρου της αρχαίας Αγοράς. Η λύση αυτή αποτελεί τυπικό δείγμα του σεβασμού που έτρεφε ο Πικιώνης προς την αρχαία κληρονομιά: εκεί όπου η διαμόρφωση του αυθεντικού αρχαίου τοπίου διατηρείται, περιορίζει την επέμβασή του στο ελάχιστο και αποφεύγει κάθε δική του προσθήκη.

— Η άλλη όδευση που ξεκινάει από την εκκλησία του Αγίου Δημητρίου του Λουμπαρδιάρη εί-

89

88. Τοπογραφικό διάγραμμα των λόφων Μουσείου, Πνύκας, Νυμφών και Αρείου Πάγου. Με διαγράμμιση: η περιοχή που διαμορφώθηκε από τον Δημήτρη Πικιώνη.

89. Το πρόπυλο του προαύλειου του Αγίου Δημητρίου Λουμπαρδιάρη.

90. Δημήτρης Πικιώνης: γενικό σχέδιο αναμόρφωσης και δενδροφύτευσης του αρχαιολογικού χώρου Ακροπόλεως, Φιλοπάππου, Πνύκας (1956).

ΤΟ ΑΝΑΠΑΥΤΗΡΙΟΝ
ΣΤΟΑ
ΠΝΥΞ
ΣΤΟΑ
ΑΝΑΠΑΥΤΗΡΙΟΝ
ΝΑΫΔΡΙΟΝ
ΤΟ ΑΝΑΠΑΥΤΗΡΙΟΝ ΑΓ. ΔΗΜΗΤΡΙΟΥ
ΔΡΟΜΙΣΚΟΣ ΠΡΟΣ ΝΕΟΝ ΘΕΑΤΡΟΝ
ΤΟ ΑΝΔΗΡΟΝ
ΤΟ ΝΑΫΔΡΙΟΝ
ΧΑΝΔΑΚΕΣ
ΧΑΝΔΑΚΕΣ

ΓΕΝΙΚΟΝ ΣΧΕΔΙΟΝ
ΑΝΑΜΟΡΦΩΣΕΩΣ ΚΑΙ ΔΕΝΔΡΟΦΥΤΕΥΣΕΩΣ
ΤΟΥ ΑΡΧΑΙΟΛΟΓΙΚΟΥ ΧΩΡΟΥ ΑΚΡΟΠΟΛΕΩΣ
ΦΙΛΟΠΑΠΠΟΥ ΠΝΥΚΟΣ
ΚΛΙΜΑΞ: 1:2000
ΦΥΤΕΥΣΙΣ ΠΛΑΤΑΝΩΝ ΠΡΟ ΤΩΝ ΝΟΤΙΩΣ ΤΗΣ ΛΕΩΦΟΡΟΥ Δ. ΑΡΕΟΠΑΓΕΙΤΟΥ ΟΙΚΟΔΟΜΩΝ.
ΜΟΝΟΠΑΤΙ.
ΤΟ ΑΝΔΗΡΟΝ ΤΗΣ ΠΡΟΣ ΑΚΡΟΠΟΛΙΝ ΘΕΑΣ.
ΤΟΙΧΟΣ ΑΝΑΛΗΜΜΑΤΟΣ ΠΛΑΤΕΙΑΣ ΦΙΛΟΠΑΠΠΟΥ.
ΔΙΑΜΟΡΦΩΣΙΣ ΕΔΑΦΟΥΣ, ΑΠΟΚΟΜΙΔΗ ΕΠΙΧΩΣΕΩΝ ΑΡΧΑΙΟΛ. ΑΝΑΣΚΑΦΑΙ.
ΑΠΟΚΑΛΥΨΙΣ ΑΡΧΑΙΟΤΗΤΩΝ ΕΓΚΙΧΩΣΘΕΙΣΩΝ ΜΕΤΑΓΕΝΕΣΤΕΡΩΣ
ΔΡΟΜΙΣΚΟΙ
ΑΡΧΑΙΑΙ ΟΔΟΙ.
ΑΠΟΚΟΠΗ ΔΕΝΔΡΩΝ.
ΜΟΝΟΠΑΤΙΑ

ναι διαφορετική. Εδώ, μια λιθόστρωτη οδός ανηφορίζει την πλαγιά και τερματίζει περίπου στα μισά της ανωφέρειας του Λόφου του Φιλοπάππου, δίπλα στο αρχαίο τείχος της πόλης. Ο Πικιώνης επέλεξε το συγκεκριμένο αυτό σημείο, διότι προσφέρει μια εντυπωσιακή γενική άποψη της Ακροπόλεως από νοτιοδυτικά. Εδώ σχεδίασε το πλάτωμα θέασης, το «άνδηρον», με πέτρινους πάγκους (σε μορφή αρχαίων εξεδρών) διατεταγμένους σε μικρές διάσπαρτες ομάδες σε διάφορα επίπεδα.

Ο επισκέπτης εξοικειώνεται βαθμιαία με το τοπίο και τα αρχαία μνημεία διαμέσου μιας σειράς από απροσδόκητες θέες που του παρέχονται κατά τις δύο κύριες οδεύσεις. Οι κλιτύες μπορούν να εξερευνηθούν πιο μεθοδικά με τη βοήθεια ενός δικτύου από στενές ατραπούς με πολυάριθμα σκαλοπάτια, επιστρωμένες με μικρές φυσικές πέτρες. Κατά τους αρχαίους χρόνους, οι λόφοι του Φιλοπάππου (Μουσείου) και της Πνύκας ήταν καλυμμένοι με ιδιωτικές κατοικίες: συναντά κανείς δωμάτια και δρόμους λαξευμένους στο βράχο, όπου και αν βρεθεί. Ο Πικιώνης συμπεριέλαβε προσεκτικά όλα αυτά τα υπολείμματα στο δίκτυο των ατραπών του. Ιστορικά μνημεία από διάφορες εποχές, όπως το αρχαίο τείχος της πόλης ή ο μεταβυζαντινός ναΐσκος του Αγίου Δημητρίου του Λουμπαρδιάρη αναστυλώθηκαν με φροντίδα. Τα υπάρχοντα δασύλλια των κυπαρισσιών και των πεύκων εξοπλίσθηκαν με δίκτυο άρδευσης. Αυτό έδωσε τη δυνατότητα να δημιουργηθεί μια μεγαλύτερη ποικιλία φυτεύσεων με την προσθήκη εγχώριων θάμνων και δένδρων, όπως για παράδειγμα δαφνών, ροδοδαφνών, άγριων ελαιών, ρικιών, και καλάμων. Ο Πικιώνης απέρριπτε σταθερά την ιδέα δημιουργίας ενός πάρκου με κηποτεχνική διαμόρφωση και υποστήριζε ότι οποιοδήποτε στοιχείο απέκρυπτε τη φυσική μορφή του εδάφους δεν άρμοζε στο σχεδιασμό.

Ο αρχιτέκτων προσπάθησε να χρησιμοποιήσει για το έργο του τις χωρικές διατάξεις της ελληνικής αρχαιότητας, αλλά και γενικότερα της παραδοσιακής αρχιτεκτονικής του μεσογειακού χώρου, δηλαδή μνείες ζωντανές ιστορικών μορφών. Έτσι παρεξηγήθηκε από πολλούς – σε μια εποχή, τη δεκαετία του 50, όταν πρωτοστατούσαν οι ομοιόμορφες τάσεις του διεθνούς αρχιτεκτονικού συρμού – και δέχθηκε επιθέσεις, θεωρούμενος ένας εκκεντρικός φορμαλιστής. Αν και οι μορφολογικές επιλογές του ήταν σαφώς εκλεκτικιστικές, η υψηλή ποιότητα των κατασκευαστικών λεπτομερειών, η αρμονία των χωρικών διευθετήσεων, καθώς και η συνεχής μέριμνά του για την ένταξη των ανθρωπογενών στοιχείων στο φυσικό τοπίο, προσέδωσαν στο δημιουργό αυτόν τον τιμητικό τίτλο του κατ' εξοχήν Έλληνα αρχιτέκτονα. Το αν η τόση προσήλωση στο παράδειγμα της παραδοσιακής αρχιτεκτονικής ήταν και η μόνη δυνατή λύση παραμένει ένα ανοιχτό ερώτημα. Εν τούτοις, η υψηλή ποιότητα των σχεδίων του, καθώς και οι άριστοι, συνετοί και επιδέξιοι κατασκευαστικοί τρόποι, με τους οποίους εφαρμόσθηκαν, παραμένουν γεγονότα αναμφισβήτητα. Ο Πικιώνης χρησιμοποίησε με συνέπεια τη μέθοδο του δημιουργικού αυτοσχεδιασμού. Με επιστολή του προς τον Κ. Καραμανλή της 12-5-1955 απηύθυνε έκκληση για τη διασφάλιση κατάλληλων συνθηκών εργασίας για το δύσκολο αυτό εγχείρημα:

Η διαρκής άσκησις της εποπτείας του έργου, βοηθουμένης υπό ικανών στελεχών, είς των πρωτίστων όρων της επιτεύξεως. Η συνήθως λεγομένη αρχιτεκτονική επίβλεψις δεν καλύπτει τις προϋποθέσεις τούτου του έργου [...] το σχέδιον και αι οδηγίαι είναι ανεπαρκείς. Το πρώτον δεν είναι εκτελεστόν αλλ' επέχει θέσιν γνώμονος εγκλείοντος την γενικήν ιδέαν, ήτις δέον να ερμηνευθή [...].

91. Δημήτρη Πικιώνη: σχέδιο της πλατείας στροφής προ των Προπυλαίων.

92. Δημήτρη Πικιώνη: Λεπτομέρεια πλακόστρωσης στην ανάβαση προς την Ακρόπολη.

91

92

93

94

93. Το περίπτερο του Αγίου Δημητρίου του Λουμπαρδιάρη υπό κατασκευή. Στο βάθος η Ακρόπολη.

94. Το περίπτερο του Αγίου Δημητριου του Λουμπαρδιάρη υπό κατασκευή.

95. Ο ναΐσκος του Αγίου Δημητρίου του Λουμπαρδιάρη μετά την ανάπλασή του από τον Δημήτρη Πικιώνη: νότια όψη.

96. Το αέτωμα της νότια όψης του νάρθηκα του Αγίου Δημητρίου του Λουμπαρδιάρη.

95

Ο ίδιος ο αρχιτέκτων πρέπει, βοηθούμενος υπό των βοηθών του, να καταστή ερμηνευτής του έργου του, θα έλεγα να το κατασκευάση ο ίδιος, χρησιμοποιών τας χείρας των τεχνιτών.

Ο Πικιώνης αφιέρωνε πολύ χρόνο επί του πεδίου προκειμένου να καθορίσει τα κύρια σημεία αναφοράς της σύνθεσης και να δώσει οδηγίες στους γηραιούς και έμπειρους λιθοξόους. Τα σχέδια χρησίμευαν μόνο ως μια πρώτη αφετηρία. Σύμφωνα με τις οδηγίες του, μια μικρή ομάδα αφοσιωμένων μαθητών του στερέωνε κατ' εξακολούθηση νήματα-οδηγούς επί του πεδίου, καθορίζοντας έτσι το σχέδιο των διαστρώσεων. Συχνά συνδύαζε τη φυσική πέτρα και το ξύλο με μαρμάρινα αρχιτεκτονικά μέλη, προϊόντα κατεδάφισης παλαιών αθηναϊκών σπιτιών, δημιουργώντας με αυτά αναλημματικούς τοίχους, καθίσματα και πλακόστρωτα. Στη δεκαετία του '50 οι εκλεκτικιστικές αυτές, πλην όμως ευαίσθητες, αρχιτεκτονικές μνείες έτυχαν λίγης εκτιμήσεως, ενώ σήμερα τους επιφυλάσσεται μία ενθουσιώδης υποδοχή.

Το έργο της Ακροπόλεως, που αποτελεί μια μικρή σε έκταση, αλλά σημαντική σε ποιότητα, συμβολή στο σχεδιασμό του πολιτιστικού-αρχαιολογικού χώρου της Αθήνας, ολοκληρώθηκε το 1958. Μόνο έξι εκτάρια περίπου (το ένα δέκατο της συνολικής έκτασης των ήδη δενδροφυτευμένων λόφων της Πνύκας και του Φιλοπάππου) διαμορφώθηκαν από τον ιδιοφυή αρχιτέκτονα.

Παρά τις αντιρρήσεις της τότε εποχής που απέδιδαν στο έργο μια υποτιθέμενη ατυχή επιστροφή σε «ξεπερασμένες» ιστορικές μορφές, το όλο επίτευγμα επιδοκιμάστηκε από επιφανείς αρχιτέκτονες ως μια πρωτοποριακή προσπάθεια. Ο ιάπων αρχιτέκτων Kurokawa μίλησε για *μια αρχιτεκτονική σε απόλυτη συμφωνία με το ρυθμό της ανθρώπινης κίνησης*, και ο έλληνας πολεοδόμος Κωνσταντίνος Δοξιάδης αναφέρθηκε στο έργο ως *ένα ανθρωπιστικό επίτευγμα που επαναπροσδιορίζει τον διάλογο με το κλίμα, το πνεύμα του τόπου (genius loci) και την αρχιτεκτονική κληρονομιά.*

Σήμερα, σαράντα πέντε χρόνια αργότερα, ποια είναι η σημασία της δημιουργίας του Πικιώνη

96

97

ως συστατικού στοιχείου της πολιτιστικής-αρχαιολογικής ζώνης; Το έργο εντάσσεται αρμονικά στον ιστορικό χώρο και έχει γίνει αποδεκτό από τους Αθηναίους. Ο διακριτικός χαρακτήρας και η σεμνότητα της επέμβασης του Πικιώνη, σε συνδυασμό με την υψηλή της κατασκευαστική ποιότητα, επιβεβαιώθηκαν διττώς: στον απλό επισκέπτη του χώρου οι κατασκευές φαίνονται άχρονες ως να ήταν ανέκαθεν αναπόσπαστα στοιχεία του τοπίου. Ένα εξασκημένο μάτι, όμως, μπορεί να διακρίνει και να εκτιμήσει το θαύμα της επιμελούς ένταξης του παλαιού στο νέο, το σεβασμό προς το πνεύμα του τόπου, την ταπείνωση του αρχιτέκτονα μπροστά στο μεγαλείο της αρχιτεκτονικής κληρονομιάς. Ούτε οι επί μέρους λύσεις, ούτε η επιλογή του λεξιλογίου των μορφών (θέμα πάντοτε αμφισβητήσιμο) είναι αποφασιστικής σημασίας. Αυτό που καθιστά το συγκεκριμένο επίτευγμα μοναδικό είναι το καλλιτεχνικό του ήθος: η απόφαση δηλαδή του Πικιώνη να μην προβάλει τον εαυτό του ως ένα σύγχρονο Ικτίνο και να μην αντιπαρατεθεί προς την αρχαία κληρονομιά, όπως θα έκαναν πολλοί άλλοι αρχιτέκτονες της εποχής του, αλλά να μας την αποκαλύψει διακριτικά και υποβλητικά.

Ο Πικιώνης έδωσε απόλυτη προτεραιότητα στην προστασία, την αναγνωσιμότητα και την ανάδειξη της τοπογραφίας του ιστορικού τοπίου σε άμεση γειτνίαση με την Ακρόπολη. Την προώθηση

97. Ο νότιος τοίχος του ναΐσκου του Αγίου Δημητρίου του Λουμπαρδιάρη. Λεπτομέρεια.

98. Ο ναΐσκος του Αγίου Δημητρίου του Λουμπαρδιάρη από ανατολικά.

98

99

99. Το άνδηρον του Λόφου του Μουσείου (Φιλοπάππου). Αεροφωτογραφία.

100. Μαρμάρινοι πάγκοι στο άνδηρον του Λόφου του Μουσείου (Φιλοπάππου).

101. Κλιμακωτοί ατραποί στο Λόφο του Μουσείου (Φιλοπάππου).

102. Ταράτσωμα αναπαύσεως στη διαδρομή της ατραπού προς τα Προπύλαια που διαμορφώθηκε από τον ΕΟΤ κατά τη δεκαετία του 1970.

100

101

102

της αρχαιολογικής έρευνας σε όλη την έκταση της περιοχής αυτής τη θεωρούσε ως στόχο δευτερεύουσας σημασίας. Αυτή είναι η τολμηρή επιλογή ενός αρχιτέκτονα και αισθητικού, για τον οποίο η συμβολική αξία της ιστορικής μορφής του τοπίου ήταν το πολυτιμότερο στοιχείο της κληρονομιάς. Οι επιφυλάξεις του για τις μεταβολές του φυσικού αναγλύφου ως αποτέλεσμα των ανασκαφών ήταν εξ άλλου έντονες. Η συλλογιστική του καθοδηγείτο από μια αισθητική και λιγότερο από μια επιστημονική ερμηνεία του έργου.

Το ερώτημα, τέλος, εάν η υπόλοιπη έκταση των ιστορικών λόφων μπορούσε να διαμορφωθεί με το ίδιο πνεύμα δεν έχει νόημα. Οποιαδήποτε προσπάθεια απομίμησης του επιτεύγματος του Πικιώνη θα κατέληγε σε οικτρό φορμαλισμό. Αυτό που προσδίδει εξαιρετική ποιότητα στο έργο είναι η γενική διευθέτηση του χώρου από το δημιουργό του και η άκρα ευαισθησία του στη χρήση των υλικών. Η αντιγραφή του μορφολογικού του λεξιλογίου θα αποτελούσε φαλκίδευση. Ο ίδιος ο δάσκαλος μάς έδωσε ένα ανεπανάληπτο μάθημα για το πώς κτίζει κανείς με υποταγή, και όχι σε αντιπαράθεση, προς την απαράμιλλη μνημειακή κληρονομιά. Είναι ευτύχημα το ότι ο πρόσφατος σχεδιασμός του Αθηναϊκού Περιπάτου δεν ενέδωσε σε κάποιο είδος ανάρμοστου μιμητισμού της μορφολογίας του έργου του Πικιώνη, ενώ παράλληλα έδειξε απόλυτο σεβασμό προς αυτό.

3 Ο ΑΘΗΝΑΪΚΟΣ ΠΕΡΙΠΑΤΟΣ

ΙΕΡΑ ΟΔΟΣ
ΠΕΙΡΑΙΩΣ
ΕΡΜΟΥ
ΨΥΡΡΗ
ΜΟΝΑΣΤΗΡΑΚΙ
ΣΥΝΤΑΓΜΑ
ΚΟΛΩΝΑΚΙ
ΒΑΣΙΛΙΣΣΗΣ ΣΟΦΙΑΣ
ΘΗΣΕΙΟ
ΠΛΑΚΑ
ΕΘΝΙΚΟΣ ΚΗΠΟΣ
ΑΚΡΟΠΟΛΗ
ΖΑΠΠΕΙΟ
ΛΟΦΟΣ ΝΥΜΦΩΝ
ΔΙΟΝΥΣΙΟΥ ΑΡΕΟΠΑΓΙΤΟΥ
ΜΑΚΡΥΓΙΑΝΝΗ
ΒΑΣΙΛΙΣΣΗΣ ΟΛΓΑΣ
ΠΑΝΑΘΗΝΑΙΚΟ ΣΤΑΔΙΟ
ΑΡΔΗΤΤΟΣ
ΑΡΔΗΤΤΟΥ
Φ. ΛΟΠΑΠΠΟΥ
ΑΝΔΡΕΑ ΣΥΓΓΡΟΥ
ΚΑΛΛΙΡΡΟΗΣ
ΚΟΥΚΑΚΙ
ΚΥΝΟΣΑΡΓΟΥΣ

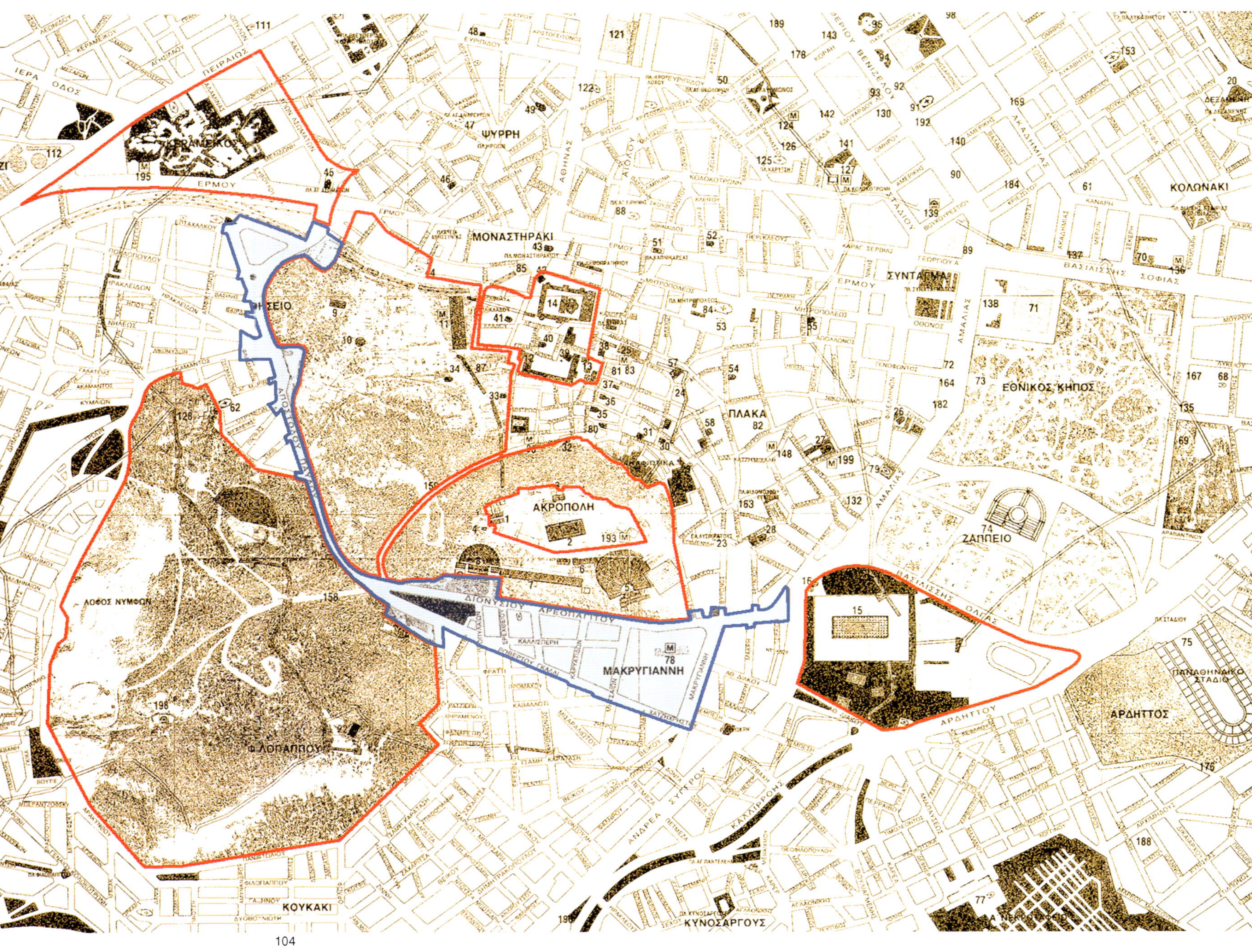

104

«ΚΤΗΜΑ ΕΣΑΕΙ» ΓΙΑ ΤΗΝ ΠΟΛΗ

Κατά τα έτη 2000-2002, με την αρχή του νέου αιώνα, ολοκληρώθηκε, σε σχετικά σύντομο χρονικό διάστημα για την ιδιότυπη φύση του έργου, η δημιουργία του νέου Αθηναϊκού Περιπάτου, με τη μετατροπή των οδών Αποστόλου Παύλου και Διονυσίου Αρεοπαγίτου σε ενιαίο πεζοδρομημένο δημόσιο χώρο με ιδιαίτερη πολιτιστική σημασία.

Ένας υψηλόφρων σχεδιασμός, όραμα φωτισμένων πολεοδόμων και άλλων πνευματικών ανθρώπων φίλων της πόλης, γίνεται επί τέλους μετά από διαβουλεύσεις, προτάσεις και αντιπροτάσεις κατά το διάβα ενός ολόκληρου αιώνα, πραγματικότητα. Η βελτίωση της εικόνας της πόλης στο ιστορικό της κέντρο είναι προφανής: ο Αθηναϊκός Περίπατος αποτελεί, μετά από σειρά δεκαετιών που είδαν την υποβάθμιση του κλίματος ζωής μέσα στην πόλη, το πρώτο αποφασιστικό βήμα για την αποκατάσταση –την οπτική, τη λειτουργική, την ιστορική– του αστικού πυρήνα της Αθήνας. Ο «Αθηναϊκός Περίπατος» είναι «κτήμα εσαεί» για την πόλη.

Βαθμιαία ο αθηναίος πολίτης συνειδητοποιεί την ύπαρξη του νέου αυτού κοσμήματος της δημόσιας ζωής του. Το κέλυφος, ο χώρος ζωής του προσφέρθηκε. Έπεται η δύσκολη φάση της σταδιακής εναρμόνισης των ανθρώπων με το νέο χώρο, η σωστή «οικειοποίησή» του από τους επισκέπτες, η άσκηση νέων –αλλά στην ουσία πανάρχαιων– τρόπων συμπεριφοράς και διακίνησης των πολιτών σε μια άμεση βίωση, πεζή, του ιστορικού χώρου.

Ο σύγχρονος άνθρωπος και κυρίως ο αστός είναι εξοικειωμένος με ανέσεις –μεταξύ άλλων και μηχανοκίνητης μεταφοράς– που τον καθιστούν νωθρό. Συγχρόνως πάσχει από την επιβάρυνση των συνθηκών ζωής μέσα στην πόλη: από την ασύστολη κυκλοφορία, την αφόρητη πυκνότητα κατάληψης των δημόσιων χώρων, το οπτικό και ακουστικό σφυροκόπημα των αισθήσεων, τη διαφήμιση και την άσκοπη υπέρ- αλλά και παραπληροφόρηση. Νοσταλγεί όλο και περισσότερο χώρους αυτοσυγκέντρωσης, αυτάρκειας και «επιστροφής στις ρίζες».

Διευθετήσεις, όπως η διαμόρφωση του Αθηναϊκού Περιπάτου, ανταποκρίνονται στις μύχιες αυτές ανάγκες του πολίτη. Χρέος της Πολιτείας είναι η ενημέρωσή του για τη φύση και τη σημασία του έργου, για τους τρόπους εποικοδομητικής χρήσης του, για την ομορφιά που φέρνει ως βίωμα στην καθημερινή του ύπαρξη.

Η δημιουργία του Αθηναϊκού Περιπάτου υπηρετεί ποικίλους στόχους που η προσέγγισή τους

103. Η οδός Διονυσίου Αρεοπαγίτου μετά την πεζοδρόμησή της (2002). Στο βάθος η Ακρόπολη.

104. Το κεντρικό τμήμα της πολιτιστικής-αρχαιολογικής ζώνης.
Με κυανό χρώμα: η ζώνη του Αθηναϊκού Περιπάτου.

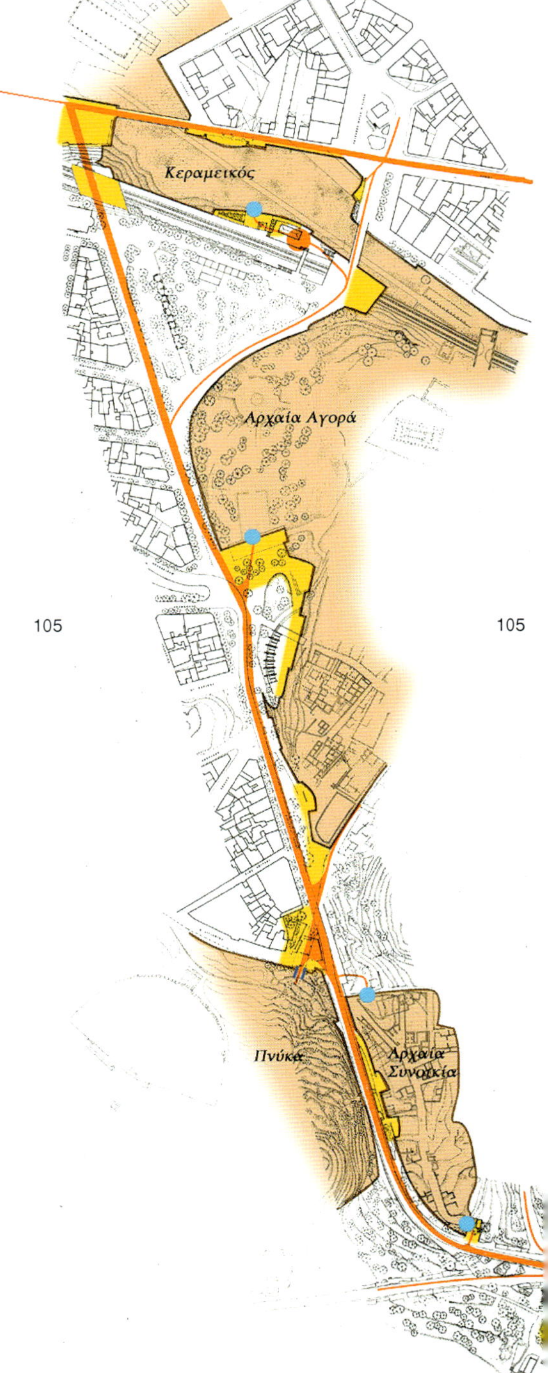

βελτιώνει την ποιότητα ζωής στην πόλη, αλλά που κυρίως τονίζει την πολιτιστική της ταυτότητα.

Έτσι:

- Προσφέρει μια νέα μνημειακή πεζή πρόσβαση προς την Ακρόπολη από την πόλη.
- Δημιουργεί ένα νέο –τον πιο εκτεταμένο– δημόσιο χώρο στο κέντρο της πόλης.
- Αποτελεί το πρώτο τολμηρό βήμα για την οπτική και λειτουργική ενοποίηση των αρχαιολογικών χώρων της Αθήνας.
- Συμβάλλει σε μια ανέλπιστη αποκατάσταση του ιστορικού τοπίου της Ακροπόλεως και των λόφων του Μουσείου, της Πνύκας, των Νυμφών και του Αρείου Πάγου, δημιουργώντας ένα μικρόκοσμο απρόσβλητου αττικού τοπίου, φορτισμένου με ιστορικές μνήμες στην καρδιά της μεγαλούπολης.

105. Το γενικό σχέδιο πεζοδρόμησης του Αθηναϊκού Περίπατου και σκαριφήματα τμημάτων του.

105

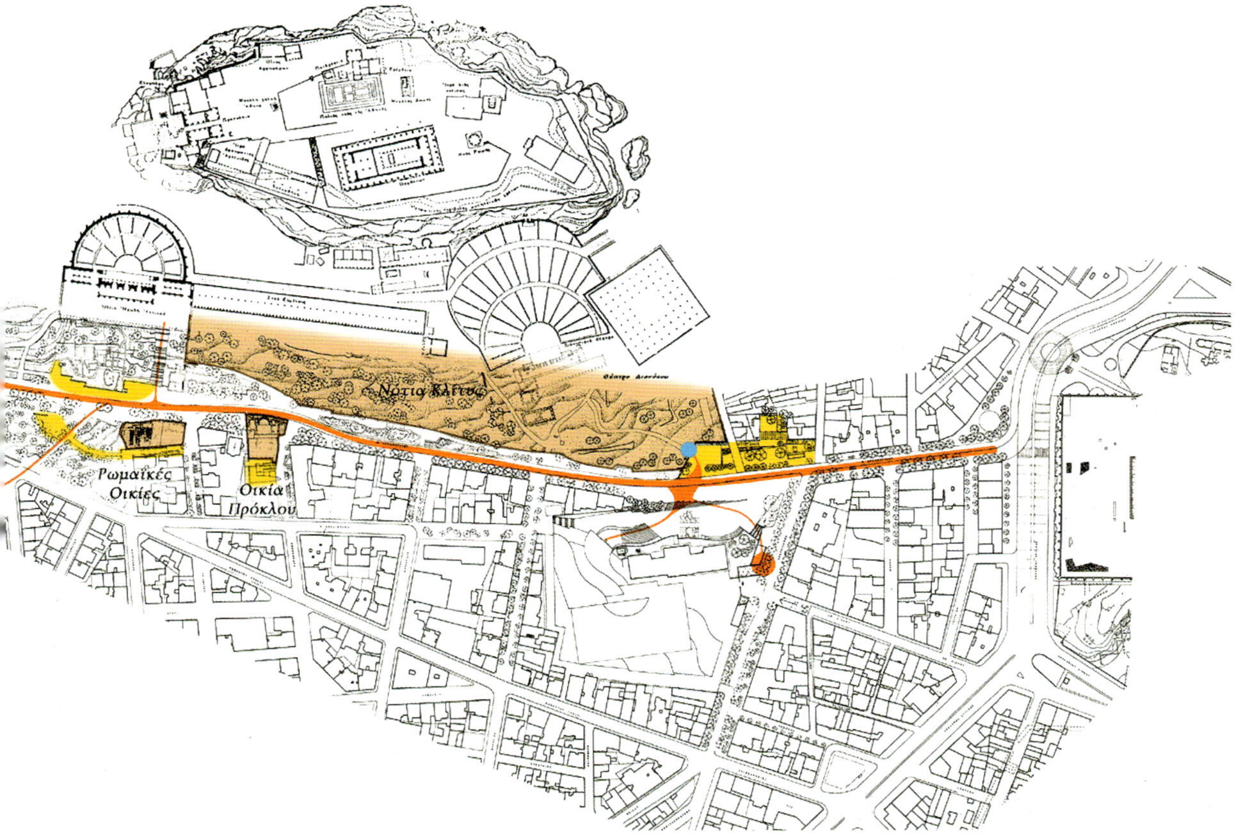

Νότια Κλιτύς

Ρωμαϊκές Οικίες

Οικία Πρόκλου

ΠΟΡΕΙΕΣ ΕΠΙΣΚΕΠΤΩΝ

ΠΕΡΙΦΡΑΓΜΕΝΟΙ ΑΡΧΑΙΟΛΟΓΙΚΟΙ ΧΩΡΟΙ

ΕΙΣΟΔΟΙ ΑΡΧΑΙΟΛΟΓΙΚΩΝ ΧΩΡΩΝ

ΣΤΑΣΕΙΣ ΘΕΑΣΗΣ - ΠΛΗΡΟΦΟΡΗΣΗΣ

106. Η νέα είσοδος προς το χώρο του Θεάτρου του Διονύσου από τον Αθηναϊκό Περίπατο.
Προοπτικό σκαρίφημα (2000).

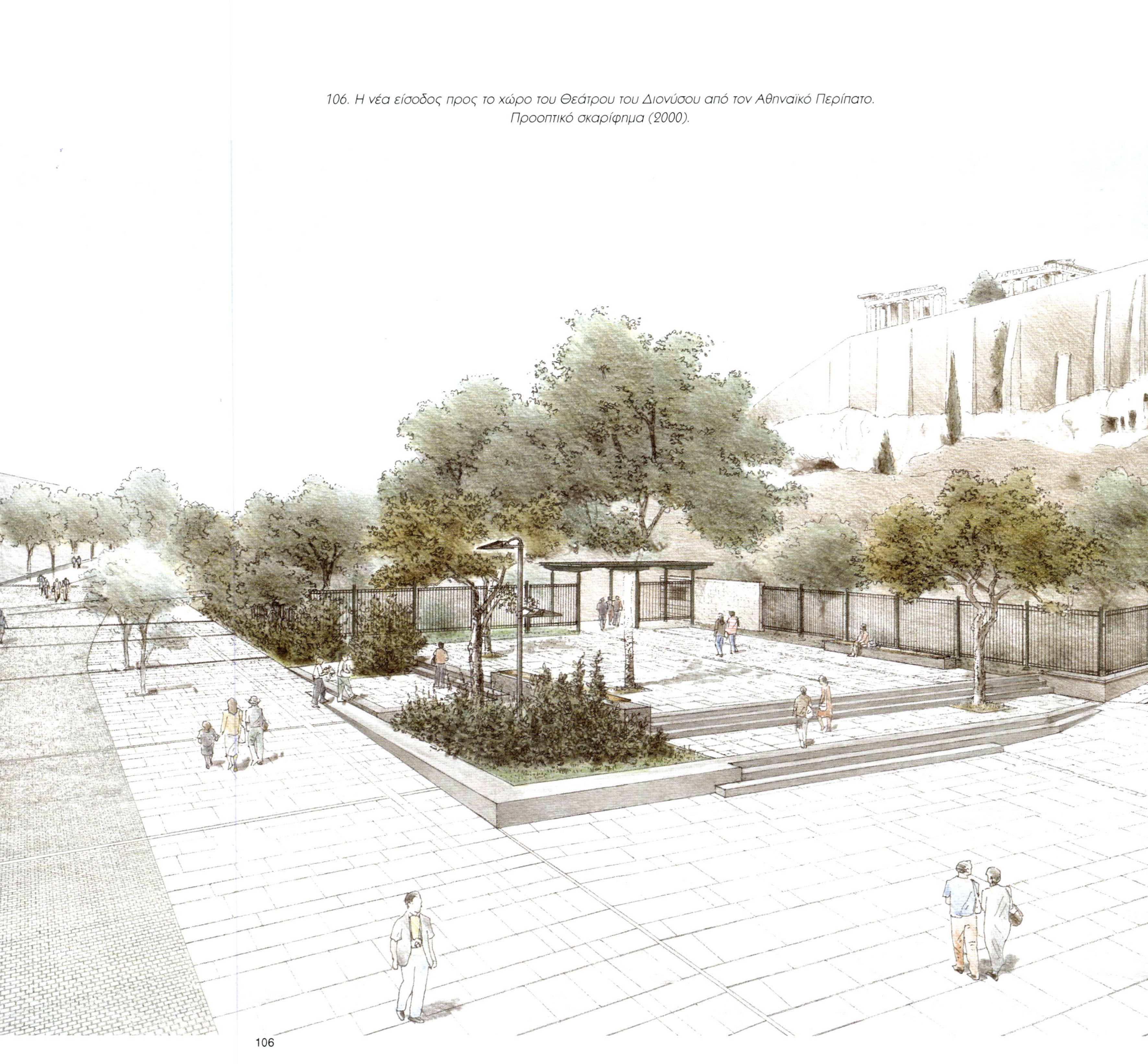

106

ΜΙΑ ΝΕΑ ΜΝΗΜΕΙΑΚΗ ΠΡΟΣΒΑΣΗ ΠΡΟΣ ΤΗΝ ΑΚΡΟΠΟΛΗ

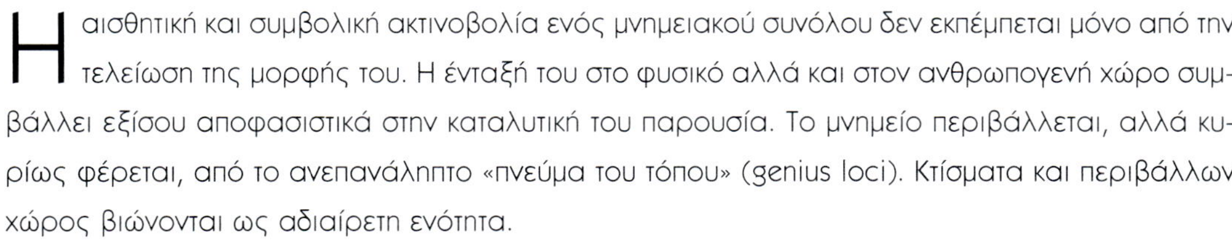

Η αισθητική και συμβολική ακτινοβολία ενός μνημειακού συνόλου δεν εκπέμπεται μόνο από την τελείωση της μορφής του. Η ένταξή του στο φυσικό αλλά και στον ανθρωπογενή χώρο συμβάλλει εξίσου αποφασιστικά στην καταλυτική του παρουσία. Το μνημείο περιβάλλεται, αλλά κυρίως φέρεται, από το ανεπανάληπτο «πνεύμα του τόπου» (genius loci). Κτίσματα και περιβάλλων χώρος βιώνονται ως αδιαίρετη ενότητα.

Υπό τις συνθήκες αυτές η επισήμανση του μνημείου από μακριά, η βαθμιαία πρόσβαση προς αυτό, η συνεχώς εναλλασσόμενη προοπτική του εικόνα από διάφορα σημεία στάσης κατά τη διαδρομή της πεζή προσέγγισής του, η τελική έκπληξη –δέος και θαυμασμός– κατά την εκ του συστάδην αποκάλυψή του, αποτελούν βιώματα καθοριστικά και ισότιμα με την αποτίμηση των λεπτομερειών της αρχιτεκτονικής του ευρυθμίας.

Ο βράχος της αθηναϊκής Ακροπόλεως, αν και δεν είναι ο ψηλότερος λόφος μέσα στην πόλη, τη στεφανώνει. Το ιδιόμορφο επίμηκες σχήμα του με το πλάτωμα, όπου εδράζονται τα μνημεία, η άμεση δεσπόζουσα θέση του, ο απόμακρος αλλά και οικείος χαρακτήρας του μνημειακού χώρου, στην καρδιά αλλά συγχρόνως υπεράνω της πόλης, τον συνδέουν οργανικά με αυτήν. Η Ακρόπολη είναι το διάδημα, το στέμμα της Αθήνας.

Ένας μνημειακός χώρος μέσα στην πόλη και συγχρόνως έξω από την τύρβη της, πώς προσεγγίζεται; Παλιά μιλούσαν για περιήγηση στην Ακρόπολη, για στοχαστική δηλαδή περιδιάβαση στους γύρω ιστορικούς λόφους, στις πλαγιές και στο πλάτωμά της. Αργότερα, στοχαστές αθηναιολάτρες (Renan, Buschor, Πικιώνης) τόνισαν το χαρακτήρα του πνευματικού προσκυνήματος και ταύτισαν την επίσκεψη του χώρου αυτού με μια άσκηση αυτογνωσίας, πεισματική.

Περιήγηση –ελεύθεροι μοναχικοί περίπατοι– και η πορεία-προσκύνημα, είναι υπό τις σημερινές συνθήκες ζωής στη μεγαλούπολη σχεδόν ανέφικτες· οι ώρες περισυλλογής και μόνωσης σπάνιες. Πώς μπορούμε να αντιληφθούμε και να βιώσουμε σήμερα το πλησίασμα της Ακροπόλεως, πώς να επιτύχουμε τη μετάβαση από το χώρο του σύγχρονου καθημερινού βίου στο χώρο της ζωντανής –γιατί απτής– ιστορίας;

Η προσέγγιση σήμερα, για να δώσει χαρά και να εξυψώσει, πρέπει να γίνει αγχιβασία, εγχείρημα πολυδιάστατο που το αναφέρει με αυτήν την εκφραστική λέξη ο Ηράκλειτος. «Αγχιβασία», να έρθουμε δηλαδή «άγχι», να πλησιάσουμε «βαίνοντες», δηλαδή πεζοπορούντες προς το μνημείο, ερχόμενοι από το κέντρο της σύγχρονης πόλης. Η λέξη αυτή φέρει πολλά νοήματα: το πλησίασμα το φυσικό (το αγκάλιασμα με την επί τόπου παρουσία μας), το πλησίασμα το διανοητικό (την εξοικείωσή μας με την ιστορία), το πλησίασμα το υπαρξιακό (την αναγνώριση της συνέχειας ενός κόσμου δικού μας). Πλησιάζοντας συνειδητά, μετέχουμε του «πνεύματος του τόπου», γινόμαστε δεκτικοί για τη συνάντηση με το Μνημείο.

Για τη χάραξη της πορείας αυτής της προσέγγισης στο χώρο και τη δημιουργία του νέου Αθηναϊκού Περιπάτου προσφέρονταν δύο λύσεις: αφενός η διατήρηση της βασικής διαδρομής του παλαιού «εξοχικού Βουλεβαρίου» (δηλ. του άξονα των οδών Διονυσίου Αρεοπαγίτου - Αποστόλου Παύλου), αφετέρου η αποκατάσταση των αρχαίων προσβάσεων από την Αγορά (στα δυτικά) και το Ολυμπιείο (στα ανατολικά) προς την Ακρόπολη. Και οι δύο επιλογές παρουσιάζουν προτερήματα αλλά και μειονεκτήματα:

Η παλαιά (αλλά και νέα) χάραξη του «εξοχικού Βουλεβαρίου» έχει τον κάπως εμφατικό χαρακτήρα μιας πομπικής οδού, με έντονη αξονικότητα και σχετική ακαμψία. Η διατήρησή της εξασφαλίζει μια άνετη διακίνηση μεγάλου αριθμού επισκεπτών, πεζή, προς το Ωδείο του Ηρώδου του Αττικού (θερινές παραστάσεις) αλλά και προς αυτήν την ίδια την Ακρόπολη. Με τη λύση αυτήν αποφεύγονται νέες διαμορφώσεις μέσα στον καθαυτό αρχαιολογικό χώρο της βόρειας και νότιας κλιτύος της Ακροπόλεως και διευκολύνονται –ενδεχομένως στο μέλλον– γενικευμένες αρχαιολογικές ανασκαφές στην αναμορφωμένη έκταση του υφιστάμενου άξονα Διονυσίου Αρεοπαγίτου - Αποστόλου Παύλου. Η πορεία αυτή είναι ωστόσο ελάχιστα εγγεγραμμένη στο ανάγλυφο του χώρου, αποτελεί τομή στο τοπίο και δεν ακολουθεί τις αρχαίες προσβάσεις. Η εναλλακτική επιλογή θα ήταν η συνδυασμένη αναβίωση των αρχαίων προσβάσεων, δηλαδή η αποκατάσταση σε όλο τους το μήκος των οδών των Παναθηναίων (από το Δίπυλο προς την Αγορά και μέχρι τα Προπύλαια της Ακροπόλεως), του αρχαίου Περιπάτου (κυκλοτερής οδός γύρω από το Βράχο της Ακροπόλεως στη βάση του), αλλά και της κλιμακωτής οδού από το Διονυσιακό Θέατρο προς το Ασκληπιείο και, τέλος, τα Προπύλαια (στη νότια κλιτύ). Η λύση αυτή θα προωθούσε σημαντικά την αρχαιολογική έρευνα, θα διευκρίνιζε θέματα της αρχαίας τοπογραφίας και θα ήταν απόλυτα ενταγμένη στο ιστορικό τοπίο. Εξάλλου, θα ήταν και η ιστορικά πιστότερη και αυθεντικότερη επιλογή.

Τελικά, η σημαντικότατη δαπάνη, οι απαιτούμενες πολύχρονες ανασκαφές αλλά ίσως και κάποιος δισταγμός μπροστά στη ριζική αναμόρφωση του αρχαιολογικού χώρου που θα προϋπέθετε η αναβίωση των αρχαίων προσβάσεων, οδήγησε στη διατήρηση της υφιστάμενης χάραξης της πορείας προς την Ακρόπολη. Αναβλήθηκε ωστόσο το σημαντικό έργο της ανασκαφής του υπεδάφους του Αθηναϊκού Περιπάτου (συνολικής έκτασης

107

πέντε εκταρίων!) για τους ίδιους προφανείς λόγους, για τους οποίους εκτελέσθηκε και το έργο του Δ. Πικιώνη πριν από πενήντα χρόνια χωρίς να προηγηθούν γενικευμένες ανασκαφές: έλλειψη συντονισμού του σχεδιασμού και «εσπευσμένη» εκτέλεση των έργων.

Η διατήρηση αναλλοίωτης της χάραξης του Αθηναϊκού Περιπάτου (με μικρές επί μέρους μόνο αλλαγές) επέτρεψε εν τέλει την ταχύτατη εκτέλεση του έργου στο διάστημα μόνο δύο ετών, προσφέρει τον πρώτο περίπατο μεγάλου εύρους και μήκους σε ήρεμο περιβάλλον στο κέντρο της πόλης σε μεγάλο αριθμό επισκεπτών και δεν αποτελεί εμπόδιο για τη μελλοντική αποκατάσταση και των ιστορικών αρχαίων προσβάσεων (Οδός Παναθηναίων, Περίπατος, νότια πρόσβαση από το Διονυσιακό Θέατρο). Η συμπληρωματική και παράλληλη ύπαρξη στο μέλλον των δύο πορειών (ευρείας και αξονικής του Αθηναϊκού Περιπάτου και της περισσότερο «ευρηματικής» των αρχαίων προσβάσεων) θα αποτελέσει μάλιστα κάποτε ιδεώδη λύση εναλλακτικών προσεγγίσεων, διαφόρου χαρακτήρα, προς την Ακρόπολη.

107. Η αρχή του Αθηναϊκού Περιπάτου στο ύψος του μνημείου του Μακρυγιάννη. Προοπτικό σκαρίφημα (2000).

Ο ΑΘΗΝΑΪΚΟΣ ΠΕΡΙΠΑΤΟΣ. ΒΑΣΙΚΕΣ ΕΠΙΛΟΓΕΣ

Ο πεζοδρομημένος άξων έχει γραμμικό χαρακτήρα (ευθύγραμμο και τεθλασμένο), με τρεις αποκλίσεις στην πορεία του (στη θέση Μακρυγιάννη, στην αρχή της τελικής ανάβασης προς την Ακρόπολη και στον κήπο του Θησείου). Το ολικό του μήκος φθάνει τα 1700 μ. και το πλάτος του κυμαίνεται από 14 έως 30 μ. Με τις διάφορες παράπλευρες διαπλατύνσεις του η ολική του επιφάνεια φθάνει τα 50.000 μ^2 και υπερβαίνει έτσι την επιφάνεια της μεγαλύτερης πλατείας της πόλης, της πλατείας Συντάγματος, που ανέρχεται (άνω και κάτω πλατεία με τις παράπλευρες οδούς) σε 40.000 μ^2.

Ο Αθηναϊκός Περίπατος, ως δίαυλος πορείας από το κέντρο της πόλης προς την Ακρόπολη έχει μορφολογηθεί κατά τρόπο συμβατό και προς το αστικό περιβάλλον και προς το ιστορικό τοπίο των λόφων που διασχίζει: οι επιστρώσεις των επιφανειών είναι λιτές τόσο στην επιλογή των υλικών (κυβόλιθοι γνευσίου, μεγάλες ορθογώνιες πλάκες υπόλευκου μαρμάρου, αμμοχάλικο ενισχυμένο με σιμέντο) όσο και στην ενιαία και ομοιόμορφη εμφάνισή τους (αποφυγή μορφολογικών εφευρημάτων και ποικιλμάτων). Ως έδρανα ανάπαυσης διαμορφώθηκαν τοιχίσκοι, μεμονωμένοι μεγάλιθοι αλλά και χαμηλά στηθαία από σκυρόδεμα. Είναι φανερή η προσπάθεια να ενταχθούν όσο το δυνατό λιγότερα στοιχεία βιομηχανικώς προκατασκευασμένα στον ιστορικό χώρο. Μοναδική εξαίρεση αποτελούν οι καλαίσθητοι και άκρως αυστηροί στύλοι του δημόσιου φωτισμού, ύψους 5 μ. καθώς και τα αναπόφευκτα σιδηρά κιγκλιδώματα των παρακείμενων αρχαιολογικών χώρων που σχεδιάσθηκαν με ιδιαίτερη διακριτικότητα.

Η διαμόρφωση του νέου περιπάτου ακολούθησε εξαρχής την πορεία των προϋφιστάμενων οδικών αξόνων και ως εκ τούτου δεν είχε περιθώρια «ευρηματικών» χωρικών λύσεων που θα κινδύνευαν να είναι εξεζητημένες ή αυθαίρετες. Έτσι, το έργο συντάσσεται μεν, με την υφή των υλικών του, προς την παλαιότερη διαμόρφωση των τελικών προσβάσεων προς τα Προπύλαια της Ακροπόλεως και το Λόφο του Μουσείου (έργα Πικιώνη 1954-1957), δεν επαναλαμβάνει όμως ούτε την ελευθερία των οδεύσεων αλλά και ούτε την ποικιλία των ανεπανάληπτων μορφολογικών λύσεων του μεγάλου δημιουργού, πράγμα που θα αποτελούσε άτοπη φαλκίδευσή τους. Η νέα διαμόρφωση είναι διακριτική, σεμνή και αυτόνομη. Οι αρχιτέκτονες που ανέλαβαν το δύσκολο αυτό έργο (τα ονόματά τους μνημονεύονται στην εισαγωγή) χαρακτηρίζουν τη λύση τους με ευστοχία «μινιμαλιστική», δηλαδή λύση των λιτών και σαφών επιλογών.

Ως δημόσιος χώρος εντός αλλά συγχρόνως στην περιφέρεια του κέντρου της πόλης, εντεταγμένος μέσα σε ένα μοναδικό ιστορικό τοπίο που προσφέρει ανάπαυση, περισυλλογή και ανάταση, ο Αθηναϊκός Περίπατος είναι βέβαια κατ' αρχήν ένας άξων πεζή πρόσβασης προς την Ακρόπολη, τον Άρειο Πάγο, την Πνύκα, και το Λόφο του Μουσείου. Συγχρόνως, προσφέρεται και ως απλός περίπατος και ως χώρος πολιτιστικών εκδηλώσεων (εκθέσεις, καλλιτεχνικά θεάματα κ.λπ.)

108

108. Το ανατολικό τμήμα του Αθηναϊκού Περιπάτου. Γενική άποψη από ανατολικά. Δεξιά, η νότια κλιτύς της Ακροπόλεως. Προοπτικό σκαρίφημα (2000).

που θα πρέπει να επιλέγονται ωστόσο με φειδώ και περίσκεψη, για να μη μεταβληθεί ο νέος περίπατος σε τόπο ασυμβίβαστων λειτουργιών που θα τον υποβαθμίσουν.

Ο χαρακτήρας του πεζοδρόμου πρέπει όχι μόνο να διατηρηθεί πάση θυσία αλλά να εξασφαλισθεί με τα κατάλληλα διοικητικά μέτρα. Και τα μέτρα αυτά δεν θα πρέπει να περιορισθούν στην αστυνόμευση του χώρου και στην κατάλληλη διαπαιδαγώγηση του κοινού. Στο πρόβλημα της μηχανοκίνητης προσέγγισης και στάθμευσης λεωφορείων αλλά και ιδιωτικών αυτοκινήτων πρέπει να δοθεί οριστική και βιώσιμη λύση. Μέχρι σήμερα το θέμα αυτό έχει αντιμετωπισθεί ατελώς με ημίμετρα και ο χαρακτήρας του «άβατου» του ιστορικού χώρου για τα μηχανοκίνητα μέσα δεν έχει ακόμη εξασφαλισθεί λυσιτελώς. Εάν τελικώς η παρουσία «ελαφρού» μέσου μηχανοκίνητης συγκοινωνίας θεωρηθεί αναγκαία, η χρήση μόνιππων ή ηλεκτρικών μικρών λεωφορείων θα είναι πολύ προτιμότερη από την εγκατάσταση τροχιοδρόμου.

Η μορφολογική λιτότητα και η απλή χάραξη της διαμόρφωσης δεν σημαίνει κατά κανένα τρόπον και την έλλειψη συγκεκριμένων σχεδιαστικών προθέσεων των μελετητών. Με μεγάλη οξυδέρκεια επεσήμαναν την ανάγκη εξεύρεσης επί μέρους λύσεων, έτσι ώστε ο δίαυλος της πρόσβασης να διασυνδεθεί προς τα παρακείμενα μνημεία και ανασκαφικούς χώρους, προκαλώντας έτσι το ενδιαφέρον του επισκέπτη.

109

109. Κάτοψη του ανατολικού τμήματος του Αθηναϊκού Περιπάτου (περιοχή οδού Διονυσίου Αρεοπαγίτου) και του χώρου ανέγερσης του Νέου Μουσείου Ακροπόλεως (2000).

110

110. Η περιοχή προ της εισόδου πρός το Ωδείο Ηρώδου του Αττικού. Άποψη από δυτικά. Δεξιά, προτεινόμενη ανάδειξη αρχαιολογικών ευρημάτων (μη πραγματοποιηθείσα μέχρι σήμερα). Προοπτικό σκαρίφημα (2000).

111. Η περιοχή της λεγόμενης «οικίας του Πρόκλου», στη νότια παρυφή του Αθηναϊκού Περιπάτου από ανατολικά. Πρόταση ανάδειξης των σήμερα καταχωμένων αρχαιοτήτων. Προοπτικό σκαρίφημα (2000).

111

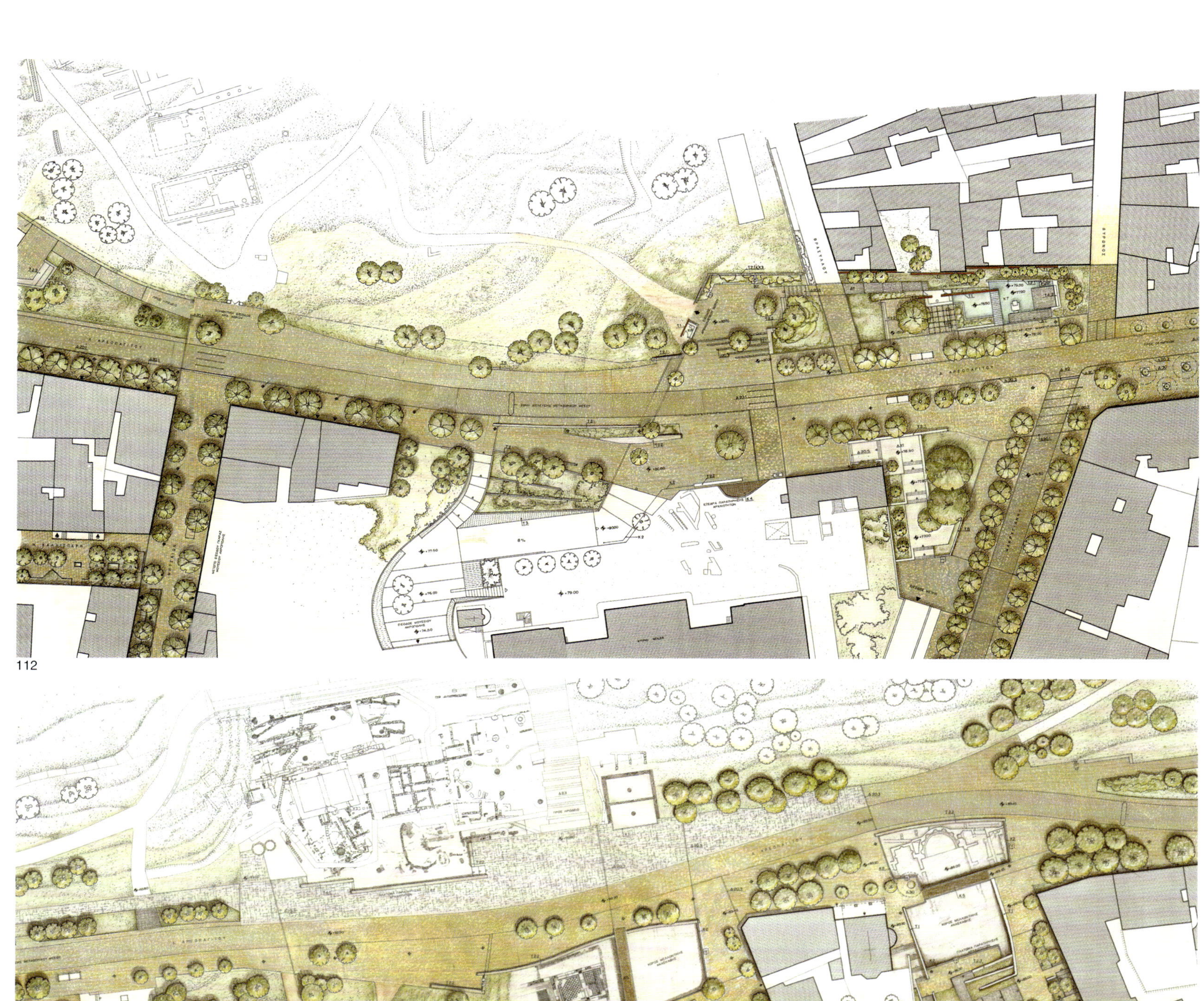

112

113

Ο ΑΘΗΝΑΪΚΟΣ ΠΕΡΙΠΑΤΟΣ. ΜΙΑ ΔΙΑΔΡΟΜΗ

Για τον αναγνώστη με ενδιαφέρον για τον ιστορικό χώρο της Αθήνας, αλλά και για τον πιθανό επισκέπτη και επιθυμητό «προσκυνητή» της Ακροπόλεως χωρίς ειδική αρχιτεκτονική παιδεία, οι επί μέρους λεπτομέρειες χάραξης και κατασκευής του έργου δεν αποτελούν αντικείμενο πρώτου ενδιαφέροντος. Τα θέματα αυτά θίγονται ωστόσο στη συνέχεια του παρόντος κεφαλαίου στη συζήτηση με έναν από τους μελετητές του έργου. Αντίθετα, η λειτουργία της επίσκεψης, ο τρόπος βίωσης του χώρου, τον αφορούν άμεσα. Η περιγραφή της πορείας επιβάλλεται. Είναι το πρώτο βήμα εξοικείωσης των ανθρώπων –αθηναίου ή και ξένου επισκέπτη– με το νέο Αθηναϊκό Περίπατο.

Η όδευση στο χώρο μπορεί να έχει κατ' αρχήν το χαρακτήρα απλής επίσκεψης των ιστορικών λόφων. Κυρίως όμως αποτελεί πρόσβαση προς την Ακρόπολη, το μνημείο του Φιλοπάππου και την Πνύκα. Ένα κομβικό σημείο διαρθρώνει τις διάφορες δυνατές πορείες: πρόκειται για το σημείο διασταύρωσης (στο διάσελο των λόφων κοντά στο κέντρο «Διόνυσος») του Αθηναϊκού Περιπάτου με τους άξονες προσέγγισης προς την Ακρόπολη και το Λόφο του Φιλοπάππου που διαμόρφωσε ο Δημήτρης Πικιώνης προ πενήντα ετών.

Οι επιλογές περιδιάβασης είναι ποικίλες, σε μήκος αλλά και σε θεματικό περιεχόμενο. Οι απλοί περίπατοι πρώτα:

Από το Ολυμπιείο στα ανατολικά μέχρι την πλατεία Θησείου στα δυτικά (ή και αντίστροφα) όλο το μήκος του Αθηναϊκού Περιπάτου, 1700 μ., διάρκεια με άνετη βάδιση, μισή ώρα.

Το μισό τμήμα –ανατολικό ή δυτικό– της διαδρομής του Αθηναϊκού Περιπάτου, ξεκινώντας πεζή από το Ολυμπιείο ή το Θησείο και καταλήγοντας κοντά στο κέντρο «Διόνυσος», από όπου μπορεί να επιστρέψει κανείς στο κέντρο της πόλης με αυτοκίνητο. Ή φθάνοντας στο «Διόνυσο» με αυτοκίνητο και επιστρέφοντας πεζή στο κέντρο της πόλης από τον Αθηναϊκό Περίπατο είτε προς τα ανατολικά (Ολυμπιείο) είτε τα δυτικά (Θησείο). Μήκος περίπου 800 μ., διάρκεια ένα τέταρτο της ώρας.

Αλλά και οι περίπατοι-πρόσβαση προς τα μνημεία: οι περίπατοι δηλαδή στο νέο άξονα όπως τους περιγράψαμε ήδη, συνδυαζόμενοι με τις τελικές αναβάσεις προς τα μνημεία από τους πεζοδρόμους του Πικιώνη: συνολικό μήκος διαδρομής από το Ολυμπιείο ή το Θησείο μέχρι τα Προπύλαια της Ακροπόλεως 1100 μ., διάρκεια πορείας με πολύ άνετη βάδιση 25 λεπτά. Συνολικό μήκος διαδρομής από το Ολυμπιείο ή το Θησείο προς το ταράτσωμα θέας του Φιλοπάππου 1300 μ., διάρκεια πορείας 30 λεπτά της ώρας.

Το αξιοσημείωτο κατά τις διαδρομές αυτές δεν είναι μόνο οι ποικίλες και θεαματικότατες προοπτικές θέες προς την Ακρόπολη, τον Άρειο Πάγο, το χώρο της αρχαίας Αγοράς και το μνημείο του Φιλοπάππου που προσφέρονται στον περιπατητή. Ανεπανάληπτο βίωμα αποτελεί το γεγονός ότι για ένα σημαντικό διάστημα 500 περίπου μέτρων στο κέντρο της διαδρομής επί του Αθηναϊκού Περιπάτου (από

112. Ο Αθηναϊκός Περίπατος. Περιοχή βόρεια του Νέου Μουσείου Ακροπόλεως. Γενικό σχέδιο εκτέλεσης (2000).

113. Ο Αθηναϊκός Περίπατος. Περιοχή προ του Ωδείου Ηρώδου του Αττικού. Γενικό σχέδιο εκτέλεσης (2000).

την είσοδο προς το Ηρώδειο μέχρι τη διασταύρωση της οδού Αιγινήτου κάτω από την Πνύκα) ο επισκέπτης περιβάλλεται αποκλειστικά από το κατάφυτο ιστορικό τοπίο και, προσεγγίζοντας προς το διάσελο μεταξύ των λόφων («νησίδες Πικιώνη») και προς τα μνημεία, στο οπτικό του πεδίο δεν εμφανίζεται κανένα τμήμα της σύγχρονης πόλης. Μέσα στο κέντρο μιας μητρόπολης 4.000.000 κατοίκων βρισκόμαστε ουσιαστικά απομονωμένοι οπτικά από το σύγχρονο περιβάλλον και αιωρούμαστε σε έναν άχρονο χώρο. Το επίτευγμα είναι σπάνιο· πρόσκληση για περισυλλογή, για πνευματική επιστροφή στις πηγές.

Αλλά ας παρακολουθήσουμε την πορεία στον Αθηναϊκό Περίπατο, ξεκινώντας αλληλοδιαδόχως από τα δύο άκρα του και καταλήγοντας στο κομβικό σημείο πριν από την τελική ανάβαση («νησίδες Πικιώνη»).

Βρισκόμαστε βόρεια του Ολυμπιείου, στην Πύλη του Αδριανού. Μια ευρεία υπόγεια διάβαση σε μικρό βάθος αμέσως κάτω από το οδόστρωμα της λεωφόρου (τεχνικά εύκολα εφικτή) θα εξασφαλίσει στο προσεχές μέλλον –ας το ελπίσουμε– την απ' ευθείας πρόσβαση των περιπατητών από το ανατολικό τμήμα του αρχαιολογικού πάρκου (Ολυμπιείο - παριλίσσιοι χώροι) προς το κεντρικό τμήμα (Ακρόπολη και ιστορικοί λόφοι). Σήμερα ο Αθηναϊκός Περίπατος αρχίζει αμήχανα από τη διασταύρωσή του με την πολύβοη λεωφόρο Αμαλίας που δέχεται καθ' όλο το εικοσιτετράωρο το μεγαλύτερο κυκλοφοριακό φόρτο στο κέντρο της πόλης.

Η ευρεία διαπλάτυνση που δημιουργεί μια «κεφαλή» στην αρχή της πορείας είναι διαστρωμένη με μεγάλες ορθογώνιες πλάκες μαρμάρου και θα έπρεπε να τονισθεί ως σημείο εισόδου προς τον ιστορικό χώρο με δύο συστάδες μεγάλων δένδρων –πλατάνων ή αργυρόφυλλων λευκών– που θα σχημάτιζαν σε λίγα χρόνια μια εντυπωσιακή «πύλη» στην αρχή της πορείας. Αντ' αυτού, έχου-

114

114. Ο Αθηναϊκός Περίπατος προ της εισόδου προς το Θέατρο του Διονύσου. Άποψη από δυτικά (2003).

115. Το πλάτωμα στην αρχή του Αθηναϊκού Περιπάτου, απέναντι από την Πύλη του Αδριανού (2003).

116. Η προτομή της Μελίνας Μερκούρη και η έδρα του Ωνάσειου Ιδρύματος στην ανατολική αφετηρία του Αθηναϊκού Περιπάτου (2003).

115

116

με μια αμήχανη λύση (του Δήμου; βεβαίως δεν οφείλεται στους μελετητές του έργου...) ενός εκτεταμένου παρτεριού με διακοσμητικούς ανθοτάπητες και μια δύσμορφη και εκτός κλίμακος προτομή της αείμνηστης Μελίνας Μερκούρη. Κακή υπηρεσία και στη μνήμη της αλλά και στη διαμόρφωση του χώρου που αδικείται. Ας ελπίσουμε σε μια διορθωτική αλλαγή στο προσεχές μέλλον.

Το πρώτο σύντομο και οριζόντιο επίπεδο τμήμα της διαδρομής μήκους 150 μ. από την Πύλη του Αδριανού μέχρι τη γωνία της λεγόμενης «οικίας Μακρυγιάννη» περιβάλλεται και από τις δύο πλευρές από σειρά πολυώροφων σύγχρονων πολυκατοικιών χωρίς ιδιαίτερο αρχιτεκτονικό ενδιαφέρον. Στο τμήμα αυτό που δεν οδηγεί μόνο προς την Ακρόπολη και τους ιστορικούς λόφους αλλά και προς το ιστορικό κτήριο του παλαιού στρατιωτικού νοσοκομείου (αρχιτέκτων W. von Weiler, 1834) και προς το Νέο Μουσείο της Ακροπόλεως, δόθηκε ο μεταβατικός χαρακτήρας αστικού βουλεβάρτου με αμφίπλευρη ρυθμική παράταξη δενδροστοιχιών πλατάνων και διαμόρφωση ευρέων πλακόστρωτων πεζοδρόμων περιπάτου που συνοδεύουν πλευρικά την κεντρική ζώνη (πλάτους 6 μ.) που είναι διαστρωμένη με κυβόλιθους γνευσίου και μπορεί να δεχθεί μελλοντικά (είθε να αποφευχθεί!) και «ελαφρό» μέσο μηχανοκίνητης δημόσιας συγκοινωνίας.

117

118

Η αίσθηση του χώρου αλλάζει ριζικά στη διασταύρωση με την οδό Μακρυγιάννη. Το οπτικό πεδίο διευρύνεται και αντί ενός κλειστού διαύλου μεταξύ κτηρίων επί «προσώπου οδού», μας προσφέρεται ελεύθερο το οπτικό πεδίο. Ο μισός ορίζοντας (180° προς τα δυτικά) ανοίγεται μπροστά μας. Προς τα αριστερά βρίσκεται σε πρώτο επίπεδο, το ωραίο κτήριο του παλαιού στρατιωτικού νοσοκομείου άψογα συντηρημένο και μπροστά του η λεγόμενη «μικρή οικία Μακρυγιάννη». Τα κτήρια αυτά, με την εύρυθμη και εράσμια αρχιτεκτονική τους μορφή, παρακολουθούν την πορεία μας προς τα δυτικά και δημιουργούν ένα ευπρόσδεκτο «παραπέτασμα» μπροστά στο σημαντικό κτηριακό όγκο του Νέου Μουσείου Ακροπόλεως που διαγράφεται, σε δεύτερο οπτικό επίπεδο, νοτιότερα. Η χωροθέτηση του νέου Μουσείου στο οικοδομικό τετράγωνο «Μακρυγιάννη (συνολικής έκτασης 25 στρεμμάτων), απέναντι από το Διονυσιακό Θέατρο, αποτελεί ευτυχή επιλογή! Η θέση βρίσκεται εκτός του αβάτου του ιστορικού χώρου του περιβάλλοντος της Ακροπόλεως, στο νοτιοανατολικό άκρο του, αρκετά κοντά και σε άμεση οπτική διασύνδεση με την Ακρόπολη, αλλά και στο χαμηλότερο σημείο της περιφερειακής της ζώνης. Έτσι το Μουσείο, παρ'όλες τις επιβλητικές του διαστάσεις, εντάσσεται στην παρυφή του δομημένου ιστού της πόλης, τοποθετείται με την επιθυμητή «ταπείνωση» σε σχέ-

119 

 120

117. Η είσοδος προς το Θέατρο του Διονύσου (2003).

118. Ο Αθηναϊκός Περίπατος: η αρχή της πορείας προς το Ηρώδειο (2003).

119. Ο ανδριάς του στρατηγού Μακρυγιάννη.

120. Τμήμα του νέου κιγκλιδώματος του αρχαιολογικού χώρου στην παρυφή του Αθηναϊκού Περιπάτου.

ση με τους ιστορικούς λόφους και την Ακρόπολη, και βρίσκεται σε απόσταση μόλις 15 λεπτών πεζοπορίας από το κέντρο της πόλης (πλατεία Συντάγματος), αλλά και σε άμεση διασύνδεση με το δίκτυο του υπογείου μητροπολιτικού σιδηροδρόμου. Η πρόσβαση προς το Μουσείο γίνεται από ευρεία, άνετη κλίμακα που ξεκινάει από την αριστερή πλευρά του Αθηναϊκού Περιπάτου (απέναντι από την είσοδο προς το χώρο του Διονυσιακού Θεάτρου) δημιουργώντας έτσι και την πρώτη σημαντική στάση για τον επισκέπτη κατά την πορεία του επί του Αθηναϊκού Περιπάτου.

Προς τα δεξιά, πρόσφατες απαλλοτριώσεις έχουν επιτρέψει τη διαμόρφωση ενός μικρού προκηπίου με το άγαλμα του στρατηγού Μακρυγιάννη και κυρίως διευκολύνουν τη διαμόρφωση νέας εισόδου προς το χώρο του Διονυσιακού Θεάτρου από τα ανατολικά. Η νέα είσοδος είναι διατεταγμένη μετωπικά και η πορεία μας προς το Θέατρο είναι πλέον παράλληλη (και όχι κάθετη όπως παλαιότερα) προς την κυρία κατεύθυνση του Αθηναϊκού Περιπάτου.

Εδώ, από τη νοτιοανατολική γωνία της νότιας κλιτύος της Ακροπόλεως ανοίγεται μια μεγαλοπρεπής θέα προς τα μνημεία: στο πρώτο επίπεδο το κοίλο του Θεάτρου του Διονύσου και από πίσω του τα απότομα Κιμώνεια τείχη της Ακροπόλεως με το χορηγικό μνημείο του Θρασύλλου, ψηλά. Ο θριγκός του Παρθενώνα διαγράφεται στο βάθος, προαγγελία και υπόσχεση για τον δεκτικό και ενημερωμένο επισκέπτη. Ο μεγάλος ναός δεν είναι ορατός ως τρισδιάστατο μόρφωμα στην ουσιαστική του υπόσταση από εδώ κάτω και μόνο η στέψη του, ως εικαστική νύξη, μας υποβάλλει την παρουσία του.

Στο μέσο, στον άξονα της πορείας μας, ο νέος Περίπατος εκτυλίσσεται ομαλά με ένα σημαντικό μέσο εύρος περίπου 20 μ., με ελαφρά ανηφορική κλίση που δεν επιτρέπει την απ' ευθείας θέαση του τέρματος της διαδρομής στα δυτικά. Το τέρμα αυτό, τη διασταύρωση του Περιπάτου με τους δρόμους του Πικιώνη προς την Ακρόπολη και το Λόφο του Φιλοπάππου, το ανακαλύπτουμε αργότερα μετά από πορεία 350 περίπου μ. στο ύψος της εισόδου του Ηρωδείου.

Το σημαντικό σε μήκος τμήμα αυτό της διαδρομής παρακολουθεί, σε μια απόσταση 150 μ., από τα νότια τείχη της Ακροπόλεως, το ανάπτυγμα του ιερού Βράχου. Αριστερά, πλευρικά της πορείας, έχουμε την παράταξη των προσόψεων επί μετώπου οδού, τριώροφων κατοικιών που αποτελούν τη βόρεια πλευρά των παρακείμενων οικοδομικών τετραγώνων. Το σχετικά χαμηλό ύψος των κτισμάτων, η σεμνή και λιτή τους μορφολόγηση και κυρίως η ύπαρξη μιας προϋφιστάμενης δενδροστοιχίας πλατάνων, ικανού ύψους, που παρακολουθεί την οικοδομική γραμμή και εξωραΐζει τα κτί-

121

σματα συντείνουν στη δημιουργία ενός ευπρόσδεκτου ουδέτερου μετώπου που στρέφει αποκλειστικά την προσοχή μας προς τα μνημεία προς βορρά, στη νότια κλιτύ.

Εδώ αναπτύσσεται σε μέση απόσταση η αλληλουχία των σημαντικών μνημείων: Διονυσιακό Θέατρο, Ασκληπιείο, Στοά του Ευμένους, Ωδείο Ηρώδου του Αττικού, ενώ στο πρώτο επίπεδο ενοποιεί την οπτική εντύπωση ο πυκνός πευκώνας του αρχαιολογικού χώρου. Στο βάθος, τα απότομα τείχη της Ακροπόλεως σχηματίζουν ένα ήρεμο επιβλητικό φόντο σε μήκος 300 μ.

Ήδη εδώ, στην αρχή της πορείας, βρισκόμαστε αντιμέτωποι με ένα πρόβλημα που έχει παραμείνει άλυτο μέχρι σήμερα, παρ' όλες τις διακηρύξεις περί «ενοποιήσεως» και «προσβασιμότητος» των αρχαιολογικών χώρων. Πρόκειται για την αυστηρή περίφραξη του καθ' εαυτού χώρου ανασκαφών από την Αρχαιολογική Υπηρεσία που, αντί να εγκαταλείπεται βαθμιαία με την εξασφάλιση του κατάλληλου φωτισμού και τη φύλαξη και αστυνόμευση των ιστορικών χώρων, εντείνεται παράλληλα προς τα έργα της σκοπούμενης «ενοποιήσεως» και εξωραϊσμού. Πρόκειται για ένα αληθινό οξύμωρο που αποδεικνύει με εύγλωττο τρόπο τη συνύπαρξη αντιθέτων θεωριών –αλλά και πρακτικής– διαμόρφωσης του ιστορικού-αρχαιολογικού τοπίου, που ποτέ μέχρι σήμερα δεν αντιμετωπίσθηκαν κριτικά από την Πολιτεία, έτσι ώστε να φθάσουμε σε ένα δημιουργικό συμβιβασμό: στην κατά περίπτωση ελεύθερη προσβασιμότητα ή περίφραξη των αρχαιολογικών χώρων.

Έτσι και στην περίπτωση του Αθηναϊκού Περιπάτου, ενώ οι μελετητές είχαν προτείνει και τη χάραξη ενός διαγώνιου πεζοδρόμου που θα οδηγούσε από τη θέση Μακρυγιάννη μέσα από τον πευκώνα της νότιας κλιτύος (σε χώρο ακόμη μη ανασκαμμένο) στο ταράτσωμα προ του Ωδείου του

122 

 123

Ηρώδου του Αττικού και θα προϋπέθετε τη μερική μετατόπιση της περίφραξης προς τα βόρεια, η λύση δεν έγινε δεκτή από την πλευρά της Πολιτείας. Έτσι, εμποδίζεται σημαντικά η διαπλοκή της πορείας του Περιπάτου με τη βίωση του παρακείμενου αρχαιολογικού χώρου. Το παλαιό σχήμα εμπεδώνεται και πάλι, ως κανόνας απόλυτος: τα μνημεία και τα ευρήματα μέσα, το φιλοθεάμον κοινό απ' έξω. Πρόσβαση με εισιτήριο. Παράλληλα προς το νέο Περίπατο βρίσκουμε και το νέο κιγκλίδωμα, σιδερένιο, ψηλό, κομψό αλλά και απωθητικό.

Στη μέση της απόστασης, μεταξύ κτηρίου Weiler και της εισόδου προς το Ωδείο του Ηρώδου, ο δρόμος διχάζεται σε δύο παράλληλες πορείες, η χάραξη των οποίων τοπικά διαγράφεται με ένα απαλό τόξο προς τα δεξιά. Στο ανώτερο επίπεδο δεξιά (προς τα βόρεια) δημιουργείται ένα

121. Η είσοδος του Νέου Μουσείου Ακροπόλεως, την οποία προσεγγίζει κανείς απ'ευθείας από τον Αθηναϊκό Περίπατο. Στο γυάλινο τοιχοπέτασμα της αίθουσας των παρθενώνιων μαρμάρων αντικατοπτρίζεται ο ιερός Βράχος και ο Παρθενώνας.

122, 123. Το παράλληλο μονοπάτι, χωματόστρωτο και με αναβαθμούς, που σκιάζεται από τα πεύκα της νότιας κλιτύος της Ακροπόλεως (2003).

124-126. Στο μέσο της διαδρομής του Αθηναϊκού Περιπάτου, στο τμήμα της οδού Διονυσίου Αρεοπαγίτου (2004).

127, 128. Το καμπυλωμένο τμήμα του Αθηναϊκού Περιπάτου στη θέση της αρχαίας «οικίας Πρόκλου» (2004).

124

125

126

ευρύ μονοπάτι (2 μ. πλάτους) χωματόστρωτο με αναβαθμούς από παλαιά μαρμάρινα ρείθρα. Το μονοπάτι αυτό, στην παρυφή του αρχαιολογικού χώρου, σκιάζεται από τα πεύκα και δίνει την αίσθηση περιδιάβασης σε φυσικό τοπίο.

Παράλληλα, προς τα νότια, παρακολουθεί το μονοπάτι σε περίπου σταθερή απόσταση λίγων μέτρων η κυρία λιθόστρωτη οδός που σε αυτό το σημείο κάμπτεται και αυτή ελαφριά σε μήκος 100 περίπου μ., ενώ συγχρόνως η στάθμη της ανέρχεται απαλά περί το 1,5 μ. Ένας απλός, χθαμαλός και ελαφρά καμπύλος τοίχος αντιστήριξης από πελεκημένο σκυρόδεμα υψώνεται στην αριστερή (νότια) πλευρά της κύριας όδευσης. Η καμπυλότητα που δόθηκε στη χάραξη της πορείας δεν είναι αυθαίρετη. Αποσκοπεί στη δημιουργία ενός αρκετά ευρέως ελεύθερου χώρου, στον οποίο επρόκειτο να αποκαλυφθούν τα γνωστά από την ανασκαφή του 1955 ερείπια της λεγόμενης μεγάλης αρχαίας οικίας «Πρόκλου». Οι μελετητές του έργου είχαν προτείνει μάλιστα και την απαλλοτρίωση μιας ιδιοκτησίας του γειτονικού προς τα νότια οικοδομικού τετραγώνου, έτσι ώστε να δημιουργηθεί ένας άνετος αρχαιολογικός τομεύς, άμεσα εμπλεκόμενος με την πορεία του Αθηναϊκού Περιπάτου και ορατός εκ του σύνεγγυς από τους περιπατητές. Στόχος της λύσης αυτής ήταν αφ' ενός η αναίρεση

127

128

129

130

129, 130. Ο Αθηναϊκός Περίπατος. Η περιοχή προ του Ωδείου Ηρώδου του Αττικού.

131, 132. Αμφιλεγόμενες απόπειρες «ζωντανέματος» του νέου Αθηναϊκού Περιπάτου με διάφορα «δρώμενα».

133. Υπαίθριοι μουσικοί στη σκιά των πρόσφατα φυτευμένων πλατάνων, απέναντι από το Ιερό της Νύμφης επί του Αθηναϊκού Περιπάτου.

131

132

133

της αυστηρής ευθύγραμμης και μονότονης χάραξης της πορείας, αφ' ετέρου η διδακτική αλλά και εικαστικά ελκυστική παρουσία των αρχαίων καταλοίπων στη νότια παρυφή του Περιπάτου.

Η σκοπούμενη απαλλοτρίωση αλλά και η αποκάλυψη των αρχαιοτήτων δεν πραγματοποιήθηκε – άγνωστο για ποιους λόγους – και στο σημείο αυτό της πορείας έχουμε σήμερα την παρουσία ενός χωμάτινου πλατώματος που αμήχανα και αδικαιολόγητα παρεισφρύει στη σύνθεση. Απόλυτη ανάγκη τα έργα να ολοκληρωθούν εδώ στο αμέσως προσεχές μέλλον.

Ήδη πλησιάζουμε προς την είσοδο του Ηρωδείου. Προς τα δεξιά της πορείας ανοίγεται η περιοχή του Ιερού της Νύμφης και πριν από αυτό και κάθετα προς τον Περίπατο η άνετη μνημειακή κλιμακωτή οδός, πλάτους 6-8 μ., που οδηγεί προς το άνω πλάτωμα μπροστά από το Ωδείο του Ηρώδου του Αττικού. Με μεγάλη αίσθηση σεβασμού για τη διαδοχική τμηματική διαμόρφωση του ιστορικού τοπίου στη θέση αυτή, οι μελετητές του νέου πεζοδρόμου διατήρησαν αναλλοίωτα τόσο το έργο του Δημήτρη Πικιώνη (κλιμακωτή οδός προσπέλασης προς το Ωδείο, 1957) όσο και τη διαμόρφωση της κλιτύος μπροστά απ' αυτό (έργο των αρχιτεκτόνων Χ. Λεμπέση και Α. Παπαγεωργίου-Βενετά, 1960), όπου βρίσκονται τα ερείπια του Ιερού της Νύμφης, αρχαίων κατοικιών και των μεγάλων δεξαμενών συλλογής των όμβριων υδάτων του κοίλου του Ωδείου. Ο χώρος αυτός διαπλέκεται άμεσα προς το νέο Αθηναϊκό Περίπατο και η διαμόρφωσή του επιτρέπει την επίσκεψη των αρχαίων καταλοίπων από κοντά και την ανάβαση προς την είσοδο του Ηρωδείου μέσω μιας γραφικής τεθλασμένης πορείας. Επί σαράντα έτη ο χώρος, παρ' όλη την αρχικά πολύ επιμελημένη διαμόρφωσή του, έχει παραμείνει εγκαταλελειμμένος και σε αχρησία, αν και προσβάσιμος· χαρακτηριστικό δείγμα της έλλειψης καθοδήγησης και προσανατολισμού των επισκεπτών. Και όμως έχουμε εδώ το μόνο παράδειγμα διασύνδεσης της πορείας προς την Ακρόπολη, με έναν αρχαιολογικό τομέα αμέσως επισκέψιμο με μικρή τοπική απόκλιση της περιήγησης και άμεση επάνοδο στον κυρίως Περίπατο.

134

Ανάλογες λύσεις προς αυτήν επεδίωξαν αρχικά και οι αρχιτέκτονες του νέου Περιπάτου, όχι μόνο στην περιοχή της οικίας «Πρόκλου» αλλά και νότια του Περιπάτου και ακριβώς κατάντη προς το Ιερό της Νύμφης (όπου πρότειναν την επέκταση του μικρού υφιστάμενου χώρου ανασκαφών και τη δημιουργία ελαφριάς εξέδρας και πεζογέφυρας πάνω από τις αρχαιότητες) χωρίς όμως να εισακουσθούν.

Μεταξύ της εισόδου προς το Ηρώδειο και των λεγόμενων «νησίδων Πικιώνη», και αριστερά (νότια) του Περιπάτου αναπτύσσεται ο επιμήκης, τριγωνικού σχήματος, ελεύθερος χώρος, όπου βρισκόταν μέχρι το 1964 η οικία Παρθένη. Ο χώρος αυτός είχε φυτευθεί πρόχειρα, χωρίς κηποτεχνικό σχέδιο, με πυκνά διατεταγμένες αγριελιές (μικρός ελαιώνας), οι οποίες με ελάχιστη ύδρευση επέζησαν και αναπτύχθηκαν μέσα σε σαράντα χρόνια σε ένα πυκνό αλσύλλιο. Η ελαφρά κατωφερική

134. Η ανασκαφή της αρχαίας «οικίας Πρόκλου» (1956).

135. Η μαρμαρόστρωτη ανάβαση προς το Ηρώδειο, έργο του Δημήτρη Πικιώνη (1960).

135

αυτή επιφάνεια αξιοποιήθηκε με τρόπο ιδεώδη κατά τη διαμόρφωση του νέου Περιπάτου και αποτελεί σήμερα ένα σημαντικό σημείο της όλης σύνθεσης. Η θέση είναι ιδιαίτερα κρίσιμη, διότι διασταυρώνονται εδώ δύο ρεύματα επισκεπτών: αφ' ενός οι επισκέπτες επί της πορείας του Περιπάτου, αφ' ετέρου οι ομάδες των επισκεπτών της Ακροπόλεως που μεταφέρονται με τουριστικά λεωφορεία μέχρι του πλατώματος στάθμευσης του περιπτέρου «Διόνυσος» και από εκεί προχωρούν πεζή και κάθετα προς τον Περίπατο (διασχίζοντάς τον) προς τη λιθόστρωτη ατραπό που οδηγεί προς τα Προπύλαια. Η ατραπός αυτή διαμορφώθηκε δέκα χρόνια μετά την ολοκλήρωση των έργων Πικιώνη, σε μια προσπάθεια συντόμευσης της πρόσβασης προς την Ακρόπολη. Η σοφά μελετημένη ανάβαση του Πικιώνη από τον άνετο λιθόστρωτο ανηφορικό δρόμο, με σταδιακή οπτική αποκάλυψη της Ακροπόλεως, παραμελήθηκε και σήμερα ελάχιστα χρησιμοποιείται. Σημείο και αυτό των καιρών!

Η διασταύρωση αυτή των δύο κινήσεων σε ένα σημείο του Περιπάτου έπρεπε να διευθετηθεί κατά το δυνατόν. Μία λύση, επιδεικτική και άτεχνη, θα ήταν η δημιουργία ενός μεγάλου πλατώματος, μιας «στάσης» στον άξονα του Περιπάτου ως ξεκίνημα για την ανάβαση προς την Ακρόπολη. Αυτό ευτυχώς αποφεύχθηκε και οι μελετητές του έργου με περισσή σοφία προσπάθησαν και πέτυχαν να μετατρέψουν το αλσύλλιο (μικρό ελαιώνα) στη θέση της οικίας Παρθένη σε ένα διακριτικό «προεισαγωγικό χώρο», όπου διασταυρώνονται ποικίλες πορείες λιθόστρωτων ατραπών που οδηγούν, μέσα από σκιασμένο περιβάλλον, τους επισκέπτες από τη θέση «Διόνυσος» προς την αρχή της ανάβασης προς την Ακρόπολη. Το αλσύλλιο γίνεται έτσι χώρος συγκέντρωσης και

136

136. Ο Αθηναϊκός Περίπατος προ της ανόδου προς το Ωδείο Ηρώδου του Αττικού (2004).

137. Ο Αθηναϊκός Περίπατος προ της ανόδου προς το Ωδείο Ηρώδου του Αττικού: προσχέδιο Αλεξάνδρου Παπαγεωργίου - Βενετά για τη διαμόρφωση του χώρου (1997).

138-140. Ο Αθηναϊκός Περίπατος: η περιοχή των «νησίδων Πικιώνη» (2004).

138

139

140

ανάπαυσης με λίθινα καθιστικά και μικρά πλατώματα κάτω από τα δέντρα, που ανακόπτει και διοχετεύει τη μαζική πρόσβαση των επισκεπτών.

Πλησιάζουμε τώρα στο τέρμα της ευθύγραμμης πορείας του άξονος της πρώην οδού Διονυσίου Αρεοπαγίτου που βρίσκεται περίπου στο μέσο της όλης διαδρομής μεταξύ Ολυμπιείου και πλατείας Θησείου. Το κομβικό αυτό σημείο συμβολής πέντε σημαντικών πορειών (οδοί Ροβέρτου Γκάλλι, πρώην Διονυσίου Αρεοπαγίτου, πρώην Αποστόλου Παύλου, ανάβαση προς την Ακρόπολη, ανάβαση προς το Λόφο του Φιλοπάππου) βρίσκεται ακριβώς στο διάσελο μεταξύ των λόφων της Ακροπόλεως, τη Πνύκας και του Μουσείου (Φιλοπάππου) και είχε τονισθεί από τον Δημήτρη Πικιώνη με τη διαμόρφωση τριών μικρών κυκλοφοριακών νησίδων που με τρόπο υποτυπώδη ρύθμιζαν την πορεία των αυτοκινήτων στη διασταύρωση, κυρίως όμως είχαν σκοπό να τονίσουν το ρόλο στρατηγικής εποπτείας ολόκληρου σχεδόν του ιστορικού χώρου που αποδίδεται στο σημείο αυτό. Οι νησίδες ποικίλθηκαν από τον Πικιώνη με πλήθος μαρμάρινα μέλη και λίθινες διαστρώσεις που, ενώ δεν απαιτούνταν καθόλου για το λειτουργικό ρόλο τους ως νησίδων κυκλοφορίας, τόνιζαν το σημαντικό χαρακτήρα του τόπου ως κομβικού σημείου.

Το χαρακτήρα αυτόν ανεγνώρισαν σωστά και οι αρχιτέκτονες του Αθηναϊκού Περιπάτου και ενέταξαν στη νέα διαρρύθμιση του χώρου τις νησίδες Πικιώνη, εντελώς αναλλοίωτες, μετατρέποντάς τις από αμφιβόλου σημασίας νησίδες κυκλοφοριακής ρύθμισης σε τοπόσημα που τονίζουν διακριτικά τη στάση στο μέσο της όλης πορείας. Η στάση αυτή στο διάσελο, που προσφέρει όχι μόνο ανεμπόδιστη θέα προς όλες τις κατευθύνσεις, αλλά είναι και αφετηρία για την τελική επιλο-

141

142

141-143. Ο Αθηναϊκός Περίπατος: λεπτομέρειες διαμορφώσεων του Πικιώνη στην περιοχή των «νησίδων».

143

144

144, 145. Λεπτομέρειες πλακοστρώσεων, τοίχων αντιστήριξης και μαρμάρινων πάγκων, από τη διαμόρφωση του Δημήτρη Πικιώνη.

146. Η κοιλάδα της Μελίτης χιονισμένη και ο Παρθενώνας από δυτικά (2004).

145

γή πορείας για την προσέγγιση των μνημείων, αποτελεί πραγματικά στάση περισυλλογής και προσανατολισμού και θα έπρεπε να τονισθεί ακόμη περισσότερο στο μέλλον με τη φύτευση (όχι επί των νησίδων αλλά κοντά σε αυτές) ορισμένων συστάδων υψηλόκορμων δένδρων.

Στο τμήμα του Περιπάτου μεταξύ Ωδείου του Ηρώδου και των «νησίδων Πικιώνη» συναντούμε και δεξιά της πορείας, στη βάση της κλιτύος της Ακροπόλεως, πολύ επιτυχείς επιμέρους μορφολογικές και κηποτεχνικές λύσεις. Έτσι, ένας χαμηλός τοίχος αντιστήριξης έχει διαμορφωθεί από φυσικούς ασβεστόλιθους ακανόνιστου σχήματος και αδρής επιφανείας, κτισμένων «εν ξηρώ» (χωρίς κονίαμα). Ο τοίχος αυτός συντίθεται αρμονικά προς την επιφάνεια του Περιπάτου που σε αυτό το σημείο παρουσιάζει μία εναλλαγή από διαστρώσεις πλακών μαρμάρου και πατητού αμμοχάλικου. Απλοί μαρμάρινοι πάγκοι-έδρανα και μεμονωμένα νεαρά πλατάνια δημιουργούν έναν παράπλευρο χώρο ανάπαυσης για τους περιπατητές.

Σε όλη τη διαδρομή του Αθηναϊκού Περιπάτου το έμπειρο βλέμμα ανακαλύπτει πλήθος τέτοιων επιτυχών λύσεων στις λεπτομέρειες των διαμορφώσεων, που χωρίς να αποβλέπουν σε μία άτοπη και κακώς εννοούμενη «ευρηματικότητα», τονίζουν αντίθετα και αναδεικνύουν διακριτικά τον ήρεμο και μεγαλειώδη χαρακτήρα του ιστορικού τοπίου. Η αναγνώριση και ορθή αποτίμηση των λύσεων αυτών από το συνειδητό περιπατητή αποτελεί μία πρόσθετη θετική εμπειρία της περιδιάβασης.

Η πορεία μας μέχρις εδώ, σε μήκος 800 μ. περίπου, ήταν στην αρχή ελαφρά ανηφορική και μετά σχεδόν σε επίπεδο χώρο. Από το διάσελο (τη θέση νησίδων Πικιώνη) και μετά από σαφή στροφή προς τα δεξιά, η πορεία ευθυγραμμίζεται και πάλι και οδεύει με αρκετά έντονη κατωφερική κλίση προς την

146

147

147. Ο Αθηναϊκός Περίπατος στο ύψος της οικίας Πρόκλου, χιονισμένος (2004).

148. Η μεγάλη κλίμαξ προς το Ηρώδειο (έργο του Δημήτρη Πικιώνη, 1960) και ο πευκώνας της νότιας κλιτύος της Ακροπόλεως, χιονισμένα (2004).

149. Ο Παρθενώνας και ο πευκώνας της νότιας κλιτύος της Ακροπόλεως, χιονισμένα.

148

149

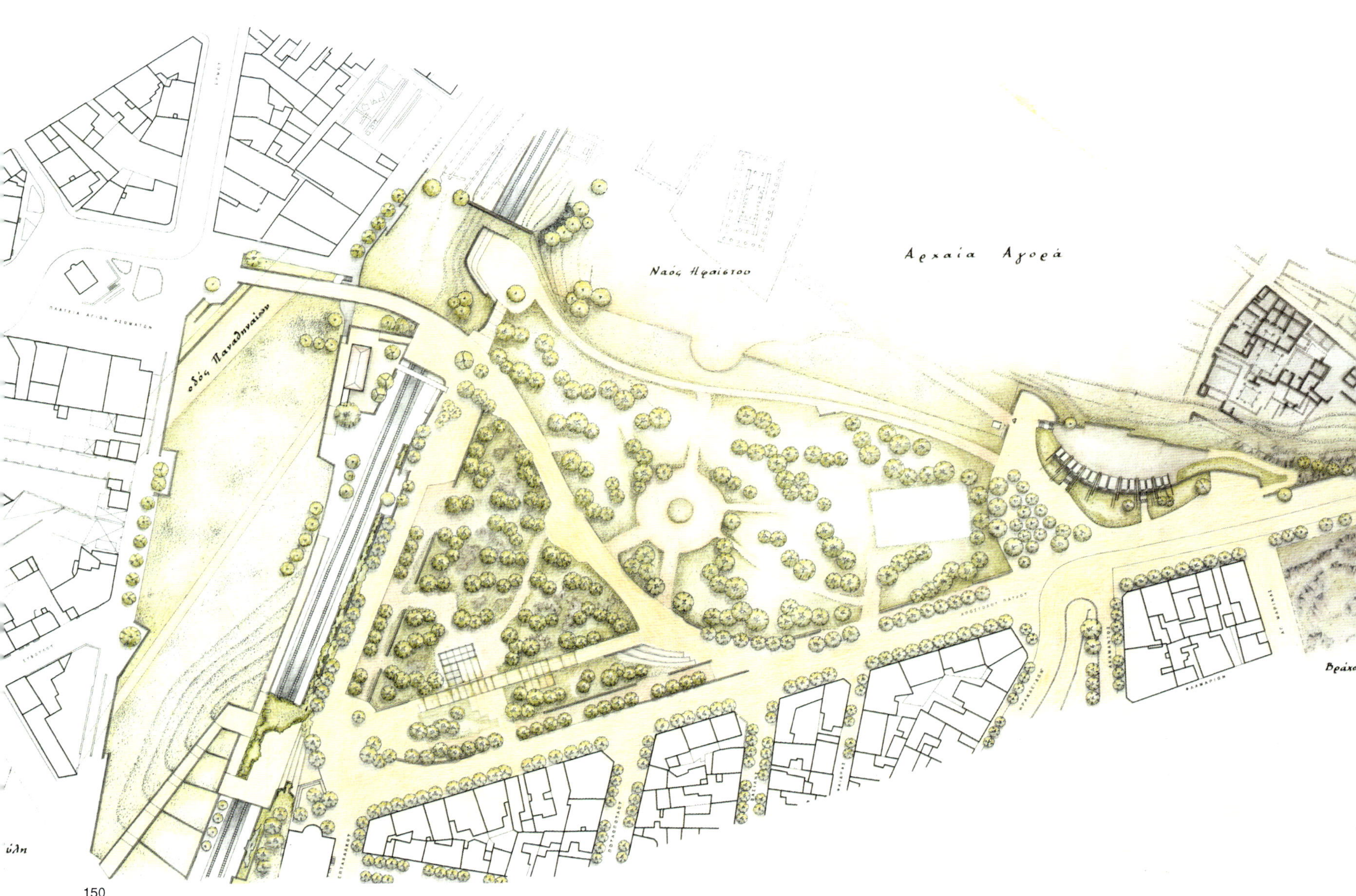

πλατεία νότια του Ηφαιστείου (Θησείου), για να συνεχίσει μετά μέχρι την οδό Ερμού. Το δεύτερο αυτό μισό του Αθηναϊκού Περιπάτου θα το διατρέξουμε όμως στην περιγραφή μας κατά την αντίθετη κατεύθυνση, ξεκινώντας από την πλατεία των Αγίων Ασωμάτων και ανηφορίζοντας προς την Ακρόπολη.

Εάν η ανατολική αφετηρία του Αθηναϊκού Περιπάτου στην περιοχή της πύλης του Αδριανού δεν έχει ακόμη λάβει (όπως είδαμε ήδη) την επιθυμητή και τελική της μορφή, η δυτική αφετηρία στον ευρύ χώρο μπροστά στο σταθμό «Θησείο» του ηλεκτρικού σιδηροδρόμου είναι σήμερα ακόμη τελείως αδιαμόρφωτη. Εδώ βρίσκονται σε εξέλιξη τα έργα πεζοδρόμησης του δυτικού τμήματος της οδού Ερμού, ενώ οι κυκλοφοριακές ρυθμίσεις στην περιοχή δεν είναι ακόμη γνωστές. Η κομψή μικρή βυζαντινή εκκλησία των Αγίων Ασωμάτων και μερικές προσόψεις νεοκλασικών οικιών αποτελούν τα

150. Κάτοψη του δυτικού τμήματος του Αθηναϊκού Περιπάτου (περιοχή οδού Αποστόλου Παύλου) και του πάρκου του Θησείου (2000).

151. Το υψηλότερο νότιο τμήμα της οδού Αποστόλου Παύλου. Δεξιά, ο παλαιός αναλημματικός τοίχος και η κοιλάδα της Μελίτης. Διακρίνονται προσωρινώς εκτεθειμένα γλυπτά καλλιτεχνικής έκθεσης (2003).

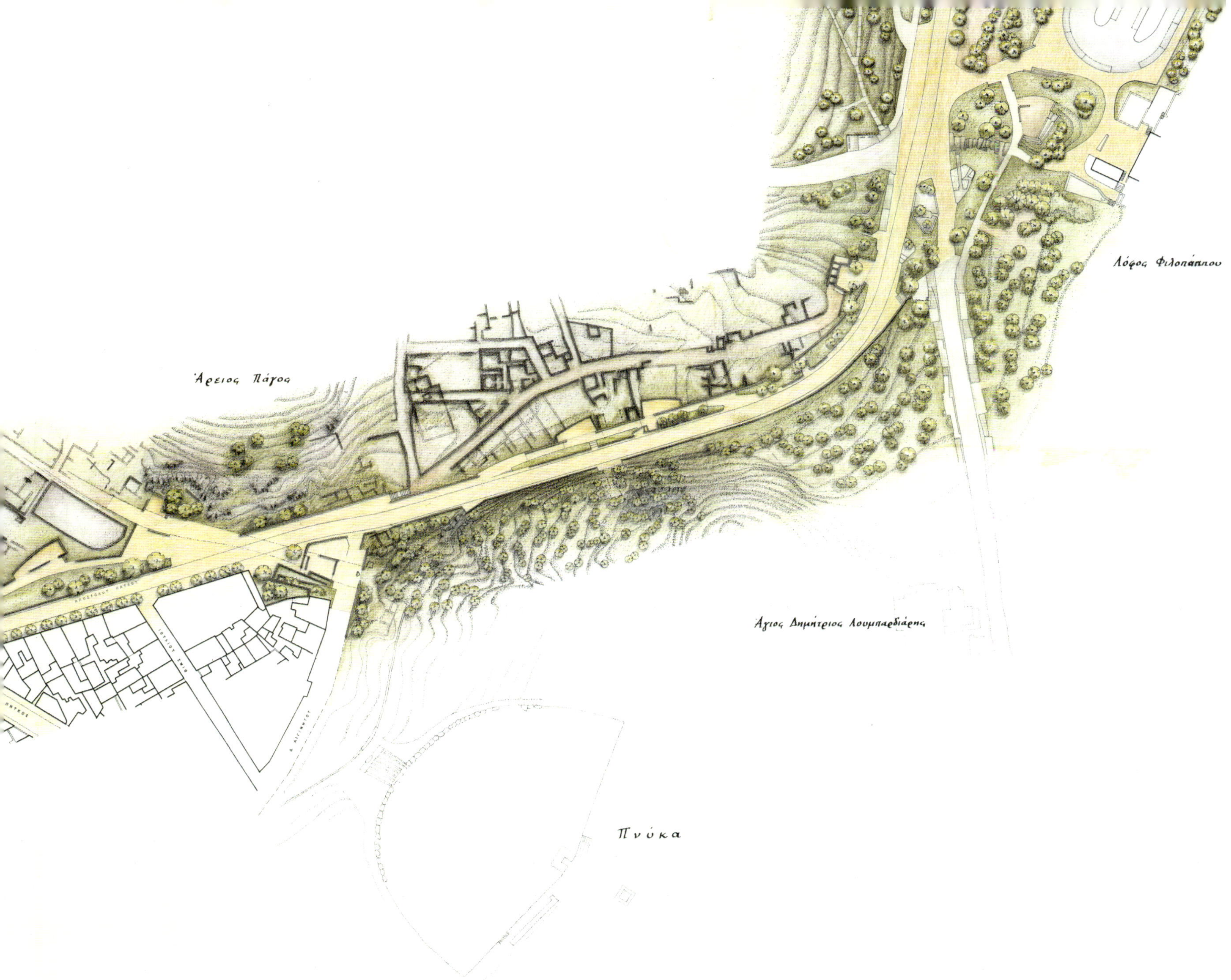

Λόφος Φιλοπάππου

Άρειος Πάγος

Άγιος Δημήτριος Λουμπαρδιάρης

Πνύκα

151

152. Πρόταση δημιουργίας ταρατσώματος θέας της αρχαίας Αγοράς με στέγαστρο (μη πραγματοποιηθείσα). Προοπτικό σκαρίφημα (2000).

μόνα στοιχεία οπτικής αναφοράς στην κατά τα άλλα μάλλον χαοτική κατάσταση, στην οποία βρίσκεται η διπλή (ένθεν και εκείθεν της οδού Ερμού) πλατεία. Δεδομένου ότι η επιθυμητή διαγώνια διασύνδεση των αρχαιολογικών τομέων της Αγοράς και του Κεραμεικού με την αποκάλυψη του ακόμη μη ανασκαμμένου τμήματος της αρχαίας Οδού των Παναθηναίων μεταξύ Πομπείου και Ποικίλης Στοάς δεν έχει αποφασισθεί μέχρι σήμερα, παραμένει όμως μία από τις μελλοντικές προτεραιότητες της αρχαιολογικής έρευνας στην Αθήνα, η δυτική αφετηρία του Αθηναϊκού Περιπάτου είναι βέβαιο ότι θα αναμορφωθεί ριζικά στο μέλλον. Αυτό που ωστόσο είναι δυνατό να επιτευχθεί άμεσα είναι η απομάκρυνση της αφετηρίας των λεωφορείων μπροστά από το σταθμό του Θησείου, ο ευπρεπισμός της πλατείας και η εγκατάσταση ενός περιπτέρου με πληροφορίες και οδηγίες για τους επισκέπτες των παρακείμενων αρχαιολογικών χώρων και του Αθηναϊκού Περιπάτου.

Στην αρχή της ανηφορικής πορείας μας προς τα νότια, προς την περιοχή του Θησείου (Ηφαιστείου), το οπτικό μας πεδίο καλύπτεται σχεδόν σε όλο του το εύρος από ένα παραπέτασμα υψηλού αστικού πρασίνου. Πρόκειται για το μικρό πάρκο του Θησείου, το δεύτερο σε παλαιότητα αστικό πάρκο της πόλης (μετά τον Εθνικό Κήπο), το οποίο φυτεύθηκε (όπως είδαμε ήδη στην ιστορική αναδρομή) το 1869 και οριστικοποιήθηκε ως προς την τελική του χάραξη το 1890. Το πάρκο έχει ωραίο και ποικίλο φυτικό υλικό και αιωνόβια δένδρα (κυρίως πεύκα και ευκαλύπτους). Σήμερα χωρίζεται σε δύο τμήματα μετά τη χάραξη της νέας απόληξης της πρώην οδού Αποστόλου Παύλου κατά τη δεκαετία του 1960. Η απόληξη αυτή, με διπλή ανάκαμψη (πρώτα προς τα δεξιά και ύστερα προς τα αριστερά), έχει μήκος περίπου 200 μ. (από την πλατεία Αγίων Ασωμάτων μέχρι την αρχή της ευθείας της πρώην οδού Αποστόλου Παύλου) και σημαντικό εύρος περί τα 20 μ.

Το ανατολικό, και μεγαλύτερο τμήμα, του πάρκου του Θησείου (έκτασης περίπου 4 εκταρίων) παραμένει περιφραγμένο όχι μόνο προς τον αρχαιολογικό χώρο της Αγοράς αλλά και χωρίς προφανή λόγο και προς τον Αθηναϊκό Περίπατο προς τα δυτικά. Είναι φανερό ότι ως (δημοτικός;) χώρος πρασίνου στο μεταίχμιο μεταξύ του χώρου της αρχαίας Αγοράς και του άξονος του Περιπάτου δεν έγινε δυνατό να ενταχθεί στο σχεδιασμό του νέου μνημειακού δημόσιου χώρου της πρόσβασης προς την Ακρόπολη. Αντίθετα, το δυτικό και μικρότερο τμήμα του πάρκου (έκτασης 1,5 εκταρίων) διαμορφώθηκε με πολύ επιτυχία σε έναν όχι περιφραγμένο, άμεσα προσβάσιμο, μεταβατικό χώρο που εκτονώνει τον περιπατητή από την ένταση της περιήγησης στο κέντρο της πόλης και τον προδιαθέτει για την επίσκεψη του ιστορικού χώρου. Με απόλυτο σεβασμό του υφιστάμενου φυτικού υλικού, οι μελετητές δημιούργησαν ένα «πράσινο προαύλιο» τόσο για τους επισκέπτες του Αθηναϊκού Περιπάτου όσο και για τους κατοίκους της περιοχής.

Στο αρχικό αυτό τμήμα του Περιπάτου, μέχρι το τριγωνικό πλάτωμα νότια του Θησείου, εισάγεται με επιτυχία και ένα νέο στοιχείο στη διαμόρφωση του χώρου. Πρόκειται για μία ευρεία ζώνη (4-5 μ.) του καταστρώματος της οδού που διαστρώνεται με ειδικό αμμοχάλικο (ενισχυμένο με μικρή ποσότητα σιμέντου) και που παρουσιάζει μία ανθεκτική επιφάνεια με την όψη φυσικού γήινου υποστρώματος. Η λωρίδα αυτή, με αραιούς αναβαθμούς μαρμάρινων κρασπέδων, προσφέρει μια άκρως ευτυχή οπτική μετάβαση από τα σύδενδρα του πάρκου προς τη «σκληρή» επιφάνεια του λιθοστρώτου του κυρίως Περιπάτου και τονίζει τη «φυσικότητα» του ιστορικού τοπίου. Η λύση αυτή έχει ωστόσο και τους κινδύνους της. Εάν δεν εξασφαλισθεί η συνεχής συντήρηση των ευπαθών αυτών επιφανειών (με συμπίεση και μικροεπισκευές της «μαλακής» διάστρωσης), η παραμόρφωση του καταστρώματος του Περιπάτου στο μέλλον είναι αναπόφευκτη.

153

153. Ο Αθηναϊκός Περίπατος: το υψηλότερο, νότιο τμήμα της οδού Αποστόλου Παύλου. Αριστερά, η ανασκαφή Dörpfeld και η κοιλάδα της Μελίτης. Δεξιά, η αναδασωμένη ανατολική κλιτύς της Πνύκας. Προοπτικό σκαρίφημα (2000).

Κατά τα πρώτα διακόσια μέτρα της ευθείας, ελαφρά ανηφορικής, χάραξης της πορείας (μέχρι της συμβολής της οδού Ηρακλειδών) δημιουργείται μία εισαγωγική διάταξη μετάβασης από το χώρο της πόλης προς την ιστορική περιοχή, αντίστοιχη με εκείνη που έχουμε στο πρώτο μισό της πρώην οδού Διονυσίου Αρεοπαγίτου. Ο περιπατητής έχει δεξιά του (προς τα δυτικά) μία συνέχεια διώροφων προσόψεων νεοκλασικών ιδιωτικών οικιών «επί μετώπου οδού», οι οποίες, άψογα συντηρημένες, αποτελούν την ιδεώδη αντιπαράθεση του δομημένου τμήματος της πόλης με τον ευρύ και ελεύθερο ιστορικό χώρο. Προς τα αριστερά (δηλαδή προς τα ανατολικά), αντίθετα, η πορεία του Περιπάτου πλαισιώνεται από το υψηλό πράσινο του πάρκου του Θησείου.

Πλησιάζουμε ήδη στο κομβικό σημείο της τριγωνικής πλατείας (διαστάσεων 100 μ. Χ 60 μ.) νότια του Θησείου, που εκτείνεται ανατολικά του Περιπάτου και δεσπόζει (με υψομετρική διαφορά 5-8 μ.) του χώρου ανασκαφής της αρχαίας Αγοράς. Ο πολυδιάστατος χαρακτήρας του χώρου αυτού τονίζεται και από τη συμβολή (από δυτικά) των τριών οδών, Ηρακλειδών, Νηλέως και Ακάμαντος, που

154

155

συγκλίνουν και απολήγουν στον Περίπατο στο σημείο αυτό. Στη συμβολή τους δημιουργείται μία δεύτερη ιδιόμορφη πλατεία σε δύο επίπεδα που χωρίζονται από έναν παλαιό ωραίο τοίχο αντιστήριξης ύψους 3-4 μ. από ορθογωνισμένους πωρόλιθους. Η περιοχή αυτή που ορίζεται από ενδιαφέροντα αστικά οικήματα κλασικιστικού ρυθμού με παλαιά καφενεία, εντάχθηκε στην όλη σύνθεση του Περιπάτου ως αστικός χώρος συγκέντρωσης και αναψυχής τόσο των κατοίκων όσο και των περιπατητών.

Εδώ δημιουργείται μία ευπρόσδεκτη αντίθεση αλλά και σύνθεση μεταξύ του δομημένου περιβάλλοντος – ταπεινής κλίμακος – δυτικά της πορείας του Περιπάτου και του αναπεπταμένου ελεύθερου χώρου της τριγωνικής πλατείας ανατολικά. Η αρχική πρόταση των μελετητών προέβλεπε πολύ εύστοχα μία διπλή χρήση του χώρου αυτού: στο ανατολικό άκρο τη δημιουργία ενός ταρατσώματος θέασης των αρχαιοτήτων, 2,5 μ. χαμηλότερα από τη στάθμη της πλατείας, με ένα καμπύλο ελαφρύ στέγαστρο και πάγκους ανάπαυσης. Η διάταξη αυτή εξασφάλιζε αφ' ενός την άμεση εποπτεία του αρχαιολογικού χώρου, αφ' ετέρου – λόγω της χαμηλότερης στάθμης του χώρου θέασης – και την απρόσκοπτη θέα της Αγοράς για τους επισκέπτες κατά την πορεία του Περιπάτου. Το δυτικό τμήμα της πλατείας αποτελούσε μία διεύρυνση του Περιπάτου με φύτευση μεμονωμένων δένδρων για τη σκίαση του χώρου.

Δυστυχώς το Κεντρικό Αρχαιολογικό Συμβούλιο δεν ενέκρινε τη διάταξη αυτή, η οποία θα προσέφερε μία μεγαλοπρεπή γενική θέα προς την Αγορά και θα εξασφάλιζε, χωρίς να παραβιασθεί ο χώρος των ανασκαφών, αυτό που τόσο λείπει μέχρι σήμερα: την αντιληπτική ένταξη των καταλοίπων του αρχαίου κόσμου στη ζωή της πόλης.

Η πλατεία νότια του Θησείου διαμορφώθηκε τελικά ως χώρος υπαίθριας παραμονής και ανάπαυσης και κατακλύζεται από τα καθίσματα και τα τραπέζια των γειτονικών καφενείων. Επισκέπτες, πε-

154. Η νέα πλατεία βόρεια του Ηφαιστείου, στην αρχή του Αθηναϊκού Περιπάτου (2003).

155. Γενική άποψη του αρχαιολογικού πάρκου της αρχαίας Αγοράς (2000).

156. Προσόψεις συντηρημένων παλαιών οικιών στη δυτική παρυφή του Αθηναϊκού Περιπάτου επί της οδού Αποστόλου Παύλου.

157. Ο παλιός καλοκαιρινός κινηματογράφος «Θησείον» επί της οδού Αποστόλου Παύλου.

156

157

158

ριπατητές και αργόσχολοι χαίρονται το ωραίο περιβάλλον, στρέφοντας ωστόσο – κυριολεκτικώς και μεταφορικώς – τα νώτα τους προς την αρχαία Αγορά και το Θησείο. Η πλατεία φυτεύθηκε με σειρές ελεύθερα ιστάμενων δένδρων, πλακοστρώθηκε και εξοπλίσθηκε με χαμηλό πάγκο-στηθαίο ανατολικά, παραμένει εν τούτοις ένας χώρος ουδέτερος. Το κομβικό αυτό σημείο της πορείας δεν έγινε δυστυχώς και σημείο αναφοράς του Περιπάτου, σημείο λειτουργικά τονισμένο και αξιοποιημένο.

Απέναντι από την πλατεία νότια του Θησείου καταλήγει, επί μετώπου 60 μ. περίπου επί του Περιπάτου, μια επιμήκης επικλινής σφήνα του βραχώδους αναγλύφου της βάσης του Λόφου της Πνύκας. Πρόκειται για το γυμνό αλλά εξαιρετικά πλαστικό τοπίο των βράχων της Αγίας Μαρίνας που ανοίγει έναν οπτικό δίαυλο προς το Λόφο των Νυμφών και το κομψό κτίσμα του Αστεροσκοπείου (1842) του Θεόφιλου Hansen που τον στεφανώνει.

Συνεχίζοντας την ανηφορική πορεία, έχουμε δεξιά μας τα δύο οικοδομικά τετράγωνα χαμηλών (διώροφων) οικιών που παρεισφρύουν ως ξένα σώματα στο ιστορικό τοπίο στο κρίσιμο αυτό σημείο της διαδρομής και αποκρύπτουν το άνδηρο της Πνύκας, τον τόπο συνάθροισης της εκκλησίας του δήμου της αρχαίας Αθήνας. Τα οικήματα αυτά άρχισαν ήδη από τα μέσα του 19ου αιώνα να ανεγείρονται στο σημείο αυτό, το καθεστώς της ιδιοκτησίας των ιδιωτών είναι κατοχυρωμένο και η προοπτική απαλλοτρίωσής τους πολύ αμφίβολη. Η ζημία που προκαλεί η παρουσία τους τόσο για την οπτική ενοποίηση του ανασκαφικού χώρου της Αγοράς με τους δυτικά κείμενους ιστορικούς λόφους, όσο και για τον αισθητικό και λειτουργικό χαρακτήρα του Αθηναϊκού Περιπάτου είναι σημαντική.

158. Νεοκλασικό κτίσμα με καφενείο στη συμβολή των οδών Ηρακλειδών, Νηλέως και Ακάμαντος στη δυτική παρυφή του Αθηναϊκού Περιπάτου.

159. Η τριγωνική φυτευμένη πλατεία νότια του Ηφαιστείου, μεταξύ αρχαίας Αγοράς και Αθηναϊκού Περιπάτου (2003).

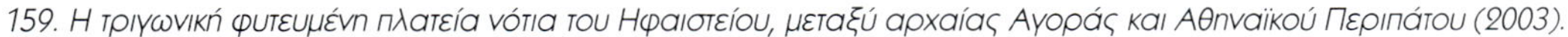

159

160

160. Πρόσοψη νεοκλασικής οικίας επί του Αθηναϊκού Περιπάτου, στην οδό Αποστόλου Παύλου.

161, 162. Γλυπτά, προσωρινώς εκτεθειμένα επί του Αθηναϊκού Περιπάτου (2002).

163. Το τμήμα της οδού Αποστόλου Παύλου ανατολικά της Πνύκας. Διακρίνονται τα νέα κιγκλιδώματα και τα διακριτικά νέα φωτιστικά σώματα (2003).

161

162

163

Μετά από τα δύο αυτά οικοδομικά τετράγωνα, στη γωνία της οδού Αιγηνίτου, η οποία οδηγεί προς το Αστεροσκοπείο, εμφανίζεται δεξιά (δυτικά) της πορείας και επί μετώπου 250 μ. η αναδασωμένη ανατολική κλιτύς του Λόφου της Πνύκας που εκτείνεται μέχρι το διάσελο των λόφων στη θέση των «νησίδων Πικιώνη». Η απόληξη του λόφου δίπλα στο κατάστρωμα του Περιπάτου είναι βραχώδης και μάλλον απότομη, δεδομένου ότι η οδός Αποστόλου Παύλου είχε χαραχθεί με σταθερή κλίση, πράγμα που προκάλεσε τομή στο φυσικό ανάγλυφο του λόφου. Η τομή αυτή που δημιούργησε μία υψομετρική διαφορά 2-5 μ., κατά περίπτωση, μεταξύ της επιφάνειας του λόφου και του Περιπάτου είναι σήμερα οδυνηρά αντιληπτή και θα πρέπει να γίνει κάθε προσπάθεια στο μέλλον για να μειωθεί η αίσθηση οπτικού αλλά και λειτουργικού φραγμού που προκαλεί.

Για να επιτευχθεί αυτό θα πρέπει να εκσκαφθούν λάκκοι στο μαλακό βράχο (κιμιλιά) και να φυτευθούν θάμνοι που θα εξωραΐσουν την πλαγιά. Αυτό όμως που κυρίως πρέπει να εξασφαλισθεί είναι η μεταφορά του κιγκλιδώματος περίφραξης του αρχαιολογικού χώρου αρκετά μέτρα δυτικότερα, έτσι ώστε να καλυφθεί οπτικά από τα δέντρα και να απομακρυνθεί από τον Περίπατο τον οποίο «εγκλωβίζει» σήμερα επιδεικτικά. Απαραίτητη επίσης είναι η διάνοιξη απ' ευθείας εισόδου από τον Περίπατο προς την Πνύκα από τη γωνία της οδού Αιγηνίτου, όπου βρίσκονται ορατοί εντυπωσιακοί αρχαίοι αναβαθμοί απηργασμένοι στο βράχο που αποτελούν την απαρχή της αρχαίας πεζή πρόσβασης από την Αγορά προς τη μεγάλη κλίμακα του αναλήμματος στη βόρεια πλευρά του ανδήρου της Πνύκας.

Αριστερά (ανατολικά) του τελευταίου αυτού τμήματος της ανάβασης εκτείνεται η ανασκαφή Dörpfeld (1892-1897) σε μήκος 200 περίπου μ. στο χαμηλότερο σημείο της κοιλάδας μεταξύ Αρείου Πάγου και Πνύκας. Η ανασκαφή αυτή, ιδιαίτερα σημαντική για τις γνώσεις μας για τη διάρθρωση των συνοικιών κατοικίας στην αρχαία (κλασική) Αθήνα, βρισκόταν επί έναν αιώνα σε άθλια κατάσταση εγκατάλειψης. Πρόσφατα έγιναν επί τέλους εργασίες καθαρισμού, συντήρησης και κοπής της τυχαίας φύτευσης, με την προοπτική ο κύριος δρόμος της αρχαίας αυτής συνοικίας της

164, 165. Ο Αθηναϊκός Περίπατος στο νότιο τερματικό σημείο της οδού Αποστόλου Παύλου (2003).

166. Εργασία αρχαιολογικής έρευνας, στην ανατολική παρυφή του Λόφου της Πνύκας κατά τη διαμόρφωση του Αθηναϊκού Περιπάτου (2002).

164

165

Μελίτης να γίνει προσβάσιμος για τους επισκέπτες, επιτρέποντας μια άμεση εξοικείωση και ανάγνωση των κατόψεων των αρχαίων οικιών.

Η ανατολική παρυφή της τομής της οδού Αποστόλου Παύλου προβλεπόταν να διαμορφωθεί σε δύο επίπεδα, με τη διαμόρφωση ενός παράλληλου μονοπατιού και δύο μικρών πλατωμάτων θέασης των αρχαιοτήτων στην κοιλάδα της Μελίτης. Η προσπάθεια των μελετητών αποσκοπούσε εδώ, αφ' ενός στη μείωση της αίσθησης τομής που προκαλεί η χάραξη της οδού Αποστόλου Παύλου στο φυσικό ανάγλυφο, αφ' ετέρου στην άμεση εποπτεία αλλά και προσβασιμότητα των αρχαιοτήτων.

Οι διαμορφώσεις αυτές δεν πραγματοποιήθηκαν και η παλαιά υφιστάμενη κατάσταση διατηρήθηκε αναλλοίωτη. Ως και ο παλαιός τοίχος αντιστήριξης της οδού προς την κοιλάδα, ύψους 3-4 μ., με το ογκώδες συμπαγές του στηθαίο από εμφανή λιθοδομή, ύψους 90 εκ., έμεινε ανέπαφος, ενώ θα ήταν εύκολο τουλάχιστον το στηθαίο αυτό να αποξηλωθεί και να διαμορφωθεί ένα συνεχές χαμηλό στηθαίο-πάγκος που θα επέτρεπε μια αμεσότερη επαφή με τις αρχαιότητες.

Το τελευταίο αυτό τμήμα της ανάβασης μήκους 250 μ., έχει μια σταθερή και αρκετά έντονη κλίση 6% και καθώς παραμένει εγκλωβισμένο μεταξύ του σιδηρού κιγκλιδώματος στα δυτικά και του συμπαγούς στηθαίου στα ανατολικά, τονίζεται σήμερα ο αυστηρός του χαρακτήρας ενός διαύλου πεζή προσέγγισης, μιας πομπικής οδού προς τα μνημεία. Ιδιαίτερη σημασία έχει εδώ και η δυνατότητα συνεχούς ενατένισης προς ανατολάς της δυτικής πλευράς της Ακροπόλεως που υψώνεται στο βάθος σε όλη της τη μεγαλοπρέπεια.

Την κατάληξη της πορείας (νησίδες Πικιώνη) ανακαλύπτει ο περιπατητής ξαφνικά στο τέλος της ανάβασης μετά μια έντονη στροφή προς τα αριστερά. Εδώ, του προσφέρεται εναλλακτικά η δυνατότητα της περαιτέρω εξερεύνησης του ιστορικού τοπίου των λόφων, αλλά και της συνέχισης της πορείας στον Αθηναϊκό Περιπάτου προς τα ανατολικά ή και της ανάβασης προς την Ακρόπολη.

Πολλά επί μέρους θέματα που αναφέρονται στο σχεδιασμό, στις μορφολογικές επιλογές, στις τεχνικές εκτέλεσης και στους στόχους του έργου δεν έχουν θιγεί στη γενική αυτήν παρουσίαση. Για να προσφέρουμε στους ειδικούς επιστήμονες ωστόσο μια πρόσθετη τεκμηρίωση αλλά για να έχουμε και μίαν απ' ευθείας κατάθεση απόψεων από τους μελετητές του έργου, προσθέτουμε στο παρόν κεφάλαιο μία διερευνητική συνδιάλεξη:

166

Ο ΑΘΗΝΑΪΚΟΣ ΠΕΡΙΠΑΤΟΣ

ΣΧΕΔΙΑΣΜΟΣ, ΕΚΤΕΛΕΣΗ, ΠΡΟΒΛΗΜΑΤΙΣΜΟΙ

Μία διερευνητική συνδιάλεξη του Αλεξάνδρου Παπαγεωργίου-Βενετά
με τον αρχιτέκτονα Δημήτρη Διαμαντόπουλο, έναν εκ των μελετητών του έργου

167

Α.Π.-Β. Πώς έγινε η ανάθεση της μελέτης του νέου Αθηναϊκού Περιπάτου και ποιο ήταν το αντικείμενό της, ακριβώς;

Δ.Δ. Το Υπουργείο Περιβάλλοντος (Υ.ΠΕ.ΧΩ.Δ.Ε) προκήρυξε πανευρωπαϊκό αρχιτεκτονικό διαγωνισμό, κατόπιν προεπιλογής μελετητικών ομάδων βάσει τυπικών και ουσιαστικών προσόντων, για την εκπόνηση σχετικής ειδικής προκαταρκτικής μελέτης. Η αξιολόγηση έγινε από εννεαμελή κριτική επιτροπή την άνοιξη του 1997, η οποία ανέδειξε με μεγάλη πλειοψηφία τη μελέτη της ομάδας μας ως την καλύτερη. Τον Οκτώβριο του 1998, η νεοϊδρυθείσα Εταιρεία Ενοποιήσεως Αρχαιολογικών Χώρων Αθήνας μας ανέθεσε την εκπόνηση της συνολικής μελέτης.

Σκοπός της μελέτης ήταν η μετατροπή του οδικού άξονα Διονυσίου Αρεοπαγίτου- Αποστόλου Παύλου σε πεζόδρομο και η διαμόρφωση των κοινόχρηστων ελεύθερων αστικών χώρων που αρθρώνονται γύρω από αυτόν. Βασικός στόχος ήταν να αναβαθμισθεί λειτουργικά και αισθητικά το περιβάλλον, φυσικό και ανθρωπογενές, και η περιοχή να αποτελέσει το συνεκτικό ιστό – τη «σπονδυλική στήλη», όπως συχνά αποκαλείται – της ενοποίησης των αρχαιολογικών χώρων. Να λειτουργήσει δηλαδή ως ενοποιητικό στοιχείο για τη «συρραφή» του κατακερματισμένου ιστορικού τοπίου.

Α.Π.-Β. Το έργο της τελικής ανάβασης προς τα μνημεία είχε συντελεσθεί προ πενήντα ετών από τον Δημήτρη Πικιώνη. Αντιμετωπίσατε το έργο σας ως συνέχιση λειτουργική του έργου του Πικιώνη ή ως ανεξάρτητο εγχείρημα;

Δ.Δ. Το έργο βρίσκεται σε στενή λειτουργική συνάφεια με το έργο του Πικιώνη, όπως και με τις διαμορφώσεις των επί μέρους αρχαιολογικών χώρων, προς τους οποίους εφάπτεται και έτσι είναι φυσικό να αποτελεί λειτουργική επέκτασή τους. Αποτελεί ωστόσο και ανεξάρτητο εγχείρημα λόγω του μεγαλύτερου μεγέθους του αλλά κυρίως και του γεγονότος ότι περιλαμβάνει και οικοδομημένα τμήματα της πόλης. Στο έργο του Αθηναϊκού Περιπάτου έπρεπε να σχεδιάσουμε με συνοχή τμήματα του φυσικού τοπίου αλλά και περιοχές αστικού τοπίου με πολύ διαφορετικά προβλήματα και χαρακτηριστικά. Τα αστικά τμήματα έπρεπε να διασυνδεθούν και να εναρμονισθούν με το αρχαιολογικό τοπίο.

Οι κυκλοφοριακές ρυθμίσεις, τα δίκτυα υποδομής, οι παρόδιες χρήσεις και ποικίλες δεσμεύσεις από τις προϋπάρχουσες διαμορφώσεις ήταν καθοριστικά για το νέο σχεδιασμό. Ας σημειωθεί ότι επιλογές μας για ποικίλα θέματα έπρεπε ν' αξιολογηθούν και με το κριτήριο της σχετικά εύκολης εφαρμογής τους, αλλά και της συμβατότητάς τους με άλλες υπερτοπικές διαμορφώσεις στην ευρύτερη περιοχή της ενοποίησης των αρχαιολογικών χώρων.

Γίνεται λοιπόν φανερό ότι πρόκειται για ένα αυτεξούσιο εγχείρημα σημαντικής και πολύπλευρης από κάθε άποψη πολεοδομικής ανάπλασης που βεβαίως έπρεπε να εναρμονισθεί και με τις παλαιότερες διαμορφώσεις του Πικιώνη για την τελική ανάβαση προς τα μνημεία.

Α.Π.-Β. Σε συνδυασμό με την προηγούμενη ερώτηση: Σας προβλημάτισε η μορφολογική αντιπαράθεση του νέου έργου προς το έργο του Πικιώνη; Αισθανθήκατε δεσμευμένοι (μερικά ή ολικά) από τις επιλογές του, τις μορφολογικές, τις χωροδομικές, της κηποτεχνικές;

Δ.Δ. Μαζί με το εύλογο δέος που μας προκαλούσε η συνειδητοποίηση της μεγάλης μας ευθύνης προ του εγχειρήματος να σχεδιάσουμε και να υλοποιήσουμε έργο στο ιστορικό τοπίο, μας απασχόλησε έντονα και το πρόβλημα του πώς θα αντιπαρατεθούν αλλά και θα εναρμονισθούν τα νέα έργα με τον αρχιτεκτονικό λόγο που είχε καταθέσει στο χώρο αυτόν με το έργο του ο μεγάλος μύστης, στοχαστής, ποιητής και άνθρωπος Δημήτρης Πικιώνης.

Πιστεύω ότι όλοι προσπαθήσαμε να φαντασθούμε το πώς θα προσέγγιζε ο Πικιώνης σή-

168

μερα ένα έργο αυτής της κλίμακος με τα σημερινά μέσα. Προσπαθήσαμε να κάνουμε κάτι που, αν το έβλεπε, θα του άρεσε ή τουλάχιστον δεν θα αισθανόταν ότι το έργο του δεν μας άγγιξε, ότι δεν τον κατανοήσαμε. Θεωρώ ότι ο Πικιώνης δεν θα ήθελε αυτό το νέο έργο ομοιόμορφο με τις διαμορφώσεις των αναβάσεων προς τα μνημεία. Πιστεύω ότι και εκείνος, με σύγχρονα υλικά και τεχνικά μέσα, αλλά χωρίς εκπτώσεις στις συνθετικές του αρχές, θα ολοκλήρωνε το έργο του. Ίσως αυτός να το έκανε με μεγαλύτερη τόλμη απ' ότι εμείς, καθώς, επεκτείνοντας το δικό του έργο, δεν θα είχε, ως προς αυτό, τις δικές μας αναστολές.

Ποτέ δεν μας πέρασε βέβαια από το νου ότι θα μπορούσαμε να μιμηθούμε το χειροποίητο έργο του. Παρατηρήσαμε, ωστόσο, προσεκτικά μεταξύ άλλων:

- Την ποικιλία των ειδών και των χρωμάτων των πετρωμάτων που χρησιμοποίησε κατά περίπτωση.
- Την εναρμόνιση των κατασκευών του με το φυσικό τοπίο.
- Τα τελειώματα στα όρια των λιθόστρωτων και των πλακόστρωτων εκεί που αυτά με τεθλασμένες αποτμήσεις συναντούν τους σχηματισμούς του τοπίου με ευαίσθητη προσαρμογή, όπως και τα αυλάκια των νερών της βροχής που με τους πλαστικούς εναγκαλισμούς τους ενοποιούνται με τα φυσικά πρανή, με τα βράχια και τα φυτά.
- Τις χαράξεις που υποδιαιρούν και συνθέτουν τις επιφάνειες των πλακόστρωτων και ορίζουν κατευθύνσεις, καθώς και τις χαράξεις της πορείας προς τα μνημεία με τις εναλλασσόμενες οπτικές φυγές.
- Τις προσπάθειες διατήρησης του πνεύματος της συλλογικής τοπικής μνήμης.

169

Επιλέξαμε γενικά αλλά και ειδικότερα για τις περιοχές κοντά στις διαμορφώσεις του Πικιώνη, μια ήπια, σχετικά ουδέτερη αρχιτεκτονική γραφή, καθώς δεν θέλαμε αυτή η γραφή να ανταγωνίζεται το χειροποίητο έργο του και πολύ περισσότερο το τοπίο και τις αρχαιότητες. Επιλέξαμε το λιθόστρωτο, το πελεκητό σκυρόδεμα, το πατημένο χώμα και προσπαθήσαμε να τα συνθέσουμε, χωρίς να γίνεται εμφανής κάποια σχεδιαστική πρόθεση.

Κεντρικό ζήτημα και αντικείμενο του πιο βασανιστικού προβληματισμού ήταν η επιλογή του υλικού του λιθόστρωτου που αποτελεί καθοριστικό στοιχείο της νέας διαμόρφωσης και αναπόφευκτα αντιπαρατίθεται και συγκρίνεται με τις βατές επιφάνειες του έργου του Πικιώνη. Ο Πικιώνης, δουλεύοντας στους λόφους, χρησιμοποίησε ασβεστολιθικά πετρώματα, λαξευμένα με το χέρι, επεξεργασμένες μαρμαρόπετρες και μαρμαρόπλακες. Μαρμαρόπετρες κυρίως από ένα λιοπεσίτικο νταμάρι και μαρμαρόπλακες τηνιακές από τις αποξηλώσεις των πεζοδρομίων της οδού Σταδίου μαζί με καπάκια και καδρόνια πεντελικού μαρμάρου. Χρησιμοποίησε ακόμα λίθινα στοιχεία από κατεδαφίσεις νεοκλασικών κτηρίων. Στη συνέχεια, το ποικιλόμορφο αυτό υλικό ενσωματωνόταν στο έργο από εξειδικευμένους μαστόρους με τη συνεχή παρουσία του επί τόπου και με τις προσωπικές του οδηγίες από το 1954 έως και το 1957.

Δεδομένου ότι δεν μας προσφέρονται σήμερα ανάλογες δυνατότητες τρόπου κατασκευής και τα ασβεστολιθικά πετρώματα δεν έχουν τις ιδιότητες που είναι αναγκαίες για τις προδιαγραφές των σύγχρονων αστικών λιθόστρωτων, και εξ άλλου χρειάζονται περιοδικώς νέα επιφανειακή επεξεργασία, οδηγηθήκαμε, μετά από συστηματική διερεύνηση των ελληνικών πετρωμάτων, στην κατασκευή του λιτού και απέριττου λιθόστρωτου με γνεύσιο που τον θέλαμε και τον είχαμε προδιαγράψει ανοιχτόχρωμο σε γαιώδεις αποχρώσεις, έτσι ώστε να αντιπαρατίθεται διακριτικά στο έργο του Πικιώνη και να εναρμονίζεται με τις αποχρώσεις του τοπίου και των βράχων.

Α.Π.-Β. Είδατε στη δημιουργία του Αθηναϊκού Περιπάτου κυρίως την πεζοδρόμηση ενός κυκλοφοριακού άξονα και τη δημιουργία ενός χώρου περιδιάβασης για τους Αθηναίους μέσα στο ιστορικό τοπίο, ή σας απασχόλησε περισσότερο ο τρόπος πρόσβασης προς την Ακρόπολη και τους ιστορικούς λόφους του Μουσείου, της Πνύκας και των Νυμφών;

Δ.Δ. Οι βασικές προσβάσεις προς την Ακρόπολη και τους ιστορικούς λόφους είναι ήδη καθορισμένες με τις προγενέστερες διαμορφώσεις. Με εξαίρεση τις προσβάσεις Πικιώνη, οι υπόλοιπες υποτάσσονται στον κατακερματισμό του ευρύτερου αρχαιολογικού χώρου στις επί μέρους ενότητες. Με στόχο η πεζοδρόμηση να αποτελέσει παρέμβαση που θα έδινε τη δυνατότητα ενοποίησης του ιστορικού-αρχαιολογι-

170

171

κού αλλά και του φυσικού τοπίου, με πολλαπλές δυνατότητες περιδιάβασης κάναμε προτάσεις και για νέες προσβάσεις, με κυριότερες:

- Τη νέα είσοδο προς τις αρχαιότητες της νότιας κλιτύος και το Διονυσιακό Θέατρο στην ανατολική απόληξη του αρχαιολογικού χώρου (Διονυσίου Αρεοπαγίτου και Θρασύλλου) που θα συνδυάζεται και με την πορεία των επισκεπτών από και προς το νέο Μουσείο της Ακροπόλεως.
- Την παράπλευρη ανάβαση από τη θέση που βρισκόταν η παλαιά είσοδος του αρχαιολογικού χώρου στη Διονυσίου Αρεοπαγίτου, προς το πλάτωμα του Ηρωδείου.
- Την πορεία προς τον αρχαίο δρόμο της συνοικίας των κλασικών χρόνων στην κοιλάδα μεταξύ Αρείου Πάγου και Πνύκας (Μελίτη).
- Την οπτική και λειτουργική σύνδεση του νότιου τμήματος της αρχαίας Αγοράς και του λόφου

172

173

174

της Πνύκας – στην περιοχή της οδού Αιγηνίτου, που απαιτούσε και λίγες απαλλοτριώσεις.

- Τις προσβάσεις, από την πλευρά του Κεραμεικού και την αρχαία Αγορά, στην περιοχή του σταθμού του Θησείου.

Από τις προσβάσεις αυτές η μόνη που υλοποιήθηκε είναι η νέα είσοδος προς το Διονυσιακό Θέατρο. Τώρα που έγινε το πρώτο βήμα, ήρθε η ώρα να γίνει ένα ρυθμιστικό σχέδιο ενοποίησης του ιστορικού κέντρου της Αθήνας και των αρχαιολογικών της χώρων με βραχυχρόνιους και μακροχρόνιους τολμηρούς στόχους, γιατί όχι και με σημαντικές απαλλοτριώσεις.

Α.Π.-Β. Είχατε διαμορφωμένες εκ των προτέρων μορφολογικές απόψεις για το έργο; Υπήρχε προαποφασισμένη επιλογή «μορφολογικού λεξιλογίου» (νεοκλασικού, λαϊκότροπου, ουδέτερα χρηστικού, τονισμένα μεταμοντέρνου – ντεκονστρουβιστικού ή άλλου;) για τις επιμέρους κατασκευές του έργου;

Δ.Δ. Η όλη διαμόρφωση αποτελεί μία συνειδητή προσπάθεια επανασυρραφής του κατακερματισμένου, οπτικά και λειτουργικά, ιστορικού χώρου. Η συνοχή επιτυγχάνεται με ένα λιτό λεξιλόγιο μορφών που χαρακτηρίζει το ύφος όλων των διαμορφώσεων στο συχνά μεταβαλλόμενο τοπίο της περιοχής (το οποίο ποικίλλει από το αμιγώς αστικό μέχρι το τελείως φυσικό περιβάλλον). Η λιτότητα και η ομοιογένεια αφορούν όλα τα στοιχεία της διαμόρφωσης, τα υλικά, τη δομή και τη μορφή. Για το σκοπό αυτόν, όλες οι προτεινόμενες λύσεις είναι εξαιρετικά διακριτικές και ό,τι σχεδιάσθηκε, σχεδιάσθηκε για να υπηρετήσει και να αποκαταστήσει την ενότητα, για να αναδείξει και όχι για να αναδειχθεί.

Για να προκύψει μια κοινή άποψη ως προς τις μορφολογικές επιλογές, χρειάσθηκαν χρονοβόρες συζητήσεις, σχέδια, δοκιμές, παρατηρήσεις και μορφολογικές μελέτες επί τόπου. Πρέπει να τονισθεί πάντως ότι κανένα μέλος της μελετητικής ομάδας δεν είχε προτίμηση για ένα νεοκλασικό ή μεταμοντέρνο - ντεκονστρουβιστικό ή ακόμη λαϊκότροπο μορφολογικό λεξιλόγιο, ενώ το «ουδέτερα χρηστικό λεξιλόγιο» γι' αυτό το ιερό ιστορικό τοπίο μας φαινόταν ανεπαρκές και φτωχό.

Πιστεύω ότι αυτό που ήταν καθοριστικό για

175

τις επιλογές που κάναμε, ήταν η ανθρωπιστική μας παιδεία και η πεποίθηση ότι το λεξιλόγιο και το σχεδιαστικό ήθος της αυθεντικής σύγχρονης οργανικής αρχιτεκτονικής υπηρετεί ορθά τον πρακτικό (αλλά και τον ποιητικό) σχεδιασμό. Καθοριστική υπήρξε εν τέλει και μία στάση δέους κάτω από το βάρος της μεγάλης ευθύνης που επέβαλε μέτρο, σεβασμό και ευλάβεια και κυρίως την αναζήτηση του «ουσιαστικού και του κυρίου» στις επεμβάσεις μας.

Παραθέτω μερικές φράσεις και λέξεις-κλειδιά που εκφράζουν συνοπτικά τις προθέσεις μας:

- Διαχρονικότητα και λιτότητα της μορφής, μέτρο, χάρη, αυστηρότητα αλλά και γενναιοδωρία των διατάξεων.
- Εξασφάλιση της γαλήνιας θέασης του τοπίου που επιτρέπει το στοχασμό.
- Διακριτική αρχιτεκτονική παρουσία, ύφος και ήθος σχεδιασμού που αναδεικνύει το τοπίο, τα μνημεία, τα τοπόσημα και μαζί με αυτά την ιστορία και τις πολιτιστικές αξίες.
- Αποφυγή κάθε εφήμερου ναρκισσιστικού σχεδιαστικού πειραματισμού.

Α.Π.-Β. Πώς κρίνετε την κατ' αρχήν απόφαση να προβλεφθεί μελλοντική δυνατότητα ένταξης ελαφρού μέσου μαζικής μεταφοράς στον Αθηναϊκό Περίπατο; Θεωρείτε μια τέτοια παρουσία συμβατή με τον αποσκοπούμενο χαρακτήρα του έργου, ως μνημειακής πρόσβασης της Ακροπόλεως;

Δ.Δ. Σύμφωνα με τις οδηγίες που δόθηκαν στους μελετητές, η δυνατότητα διέλευσης συγκοινωνιακού μέσου μαζικής μεταφοράς (σε πρώτη φάση mini bus και σε δεύτερη φάση τραμ) στην περιοχή ήταν βασικός και απαράβατος όρος των προδιαγραφών της μελέτης. Ο όρος αυτός, που ήταν εξαιρετικά δεσμευτικός για το σχεδιασμό, προβλημάτισε τους περισσότερους μελετητές που συμμετείχαν στο διαγωνισμό, οδηγώντας τους στην αναζήτηση και διατύπωση διαφόρων εναλλακτικών λύσεων (εκτός του Περιπάτου), καμία από τις οποίες δεν κρίθηκε λειτουργικά ικανοποιητική και σύμφωνη με τις προδιαγραφές.

Τελικά και με την επιμονή της Εταιρείας Ενοποιήσεως Αρχαιολογικών Χώρων της Αθήνας (ΕΑΧΑ), ο τελικός σχεδιασμός του Περιπάτου έγινε με αυτό το δεδομένο. Ειδικότερα, διαμορφώθηκε κατά μήκος όλης της διαδρομής μια ζώνη πλάτους 6,0 μ., με την κατάλληλη γεωμετρική χάραξη και κατασκευαστική υποδομή, έτσι ώστε οποτεδήποτε απαιτηθεί, αφού αποξηλωθεί μία ζώνη του λιθόστρωτου, να μπορεί να δεχθεί τις βάσεις και τις διπλές τροχιές (για τραμ δύο κατευθύνσεων) χωρίς επιπτώσεις στις εκατέρωθεν διαμορφώσεις και στα υπόγεια δίκτυα υποδομών που για αυτόν το λόγο έπρεπε να ενταχθούν έξω από τα όρια της ζώνης αυτής.

Αφού έχουμε σήμερα πια όλοι βιώσει τον πεζόδρομο και το πόσο έχει γίνει αποδεκτός για μια ευχάριστη και στοχαστική περιδιάβαση σε ένα ήρεμο περιβάλλον, με τους σταθμούς του υπόγειου μητροπολιτικού σιδηροδρόμου σε κοντινές αποστάσεις που εξυπηρετούν καλά όλο τον κόσμο, η διέλευση μηχανοκίνητων μέσων (λεωφορείων ή τραμ) που θα διαταράξουν αυτήν την αρμονία είναι κατά τη γνώμη μου σχεδόν πια για όλους ανεπιθύμητη αλλά και άχρηστη. Εάν αυτό γίνει κατανοητό, τότε ένα μέρος της ζώνης των 6,0 μ. που έχει διατεθεί για τον τροχιόδρομο (αυτό που δεν χρειάζεται για τα οχήματα ειδικών αναγκών – ασθενοφόρα, πυροσβεστικά κ.λπ.) μπορεί και πρέπει σε επιλεγμένες θέσεις και με σωστό σχεδιασμό να φυτευθεί.

Α.Π.-Β. Δεν σας προβλημάτισε ο αποκλεισμός εκ των προτέρων της επιλογής μιας νέας πιο ελεύθερης χάραξης, ενδεχομένως πιο μικρού εύρους και πιο ευρηματικής πορείας με έντονη την ένταξή της στο φυσικό ανάγλυφο του τοπίου; Ποιες οι αρετές και ποια τα μειονεκτήματα της διατήρησης της παλαιάς χάραξης;

176

177

Δ.Δ. Πιστεύω ότι η πρόβλεψη δυνατότητας μελλοντικής ένταξης ελαφρού μέσου μαζικής μεταφοράς πράγματι εμπόδισε να υλοποιηθούν πιο ελεύθερες και μικρότερου πλάτους οδεύσεις σκληρών επιφανειών διαστρώσεων σε περιοχές που αυτό είναι ενδεδειγμένο για τη συρραφή του αρχαιολογικού και φυσικού τοπίου και την ανάδειξη του φυσικού αναγλύφου. Είναι επίσης κρίμα ότι δεν υλοποιήθηκαν οι προτάσεις της μελέτης ως προς την κλιμάκωση του Περιπάτου σε επίπεδα που παρακολουθούν την κλίση του φυσικού εδάφους και ως προς τη μείωση του ύψους του αναλημματικού τοίχου ανατολικά του Λόφου της Πνύκας. Δεν επετεύχθη ακόμη – και ίσως αυτό είναι και το κυριότερο – το να επεκταθούν οι ανασκαφές αλλά και να αποκαλυφθούν κατά μήκος της διαδρομής αρχαιότητες που θα είχαν ως συνέπεια, εκτός από το πρόσθετο ενδιαφέρον τους, και την ενδυνάμωση του βιώματος του Περιπάτου αυτού καθ' εαυτού.

Κατά την εκτέλεση του έργου, μετά την αποξήλωση της ασφάλτου και κατά την περίοδο που διεξήγοντο αρχαιολογικές ερευνητικές τομές αλλά και επιμέρους ανασκαφές, ήταν συγκινητικό το βίωμα της μεταμόρφωσης του τοπίου, όταν η γη με τις αρχαιότητες ήταν ορατή σε όλο το πλάτος του δρόμου. Ήθελε κανείς να κρατήσει τα ευρήματα ορατά και να αρχίσει το σχεδιασμό από την αρχή. Θυμάμαι ακόμα, όταν αποκαλύφθηκε το Νυμφαίο κοντά στην παλαιά είσοδο του αρχαιολογικού χώρου του Διονυσιακού Θεάτρου. Επιθυμία μας ήταν να παραμείνει ορατό, αυτό ωστόσο δεν έγινε δεκτό για να μη γίνουν αλλαγές με οικονομικές και χρονικές επιπτώσεις στις εργολαβίες. Όλα αυτά καταδεικνύουν ότι αυτού του είδους τα έργα δεν μπορούν να γίνονται με εργολαβίες και διαδικασίες που αποκλείουν αναθεωρήσεις και δεύτερες αποφάσεις, σαν να επρόκειτο για οποιοδήποτε δημόσιο τεχνικό έργο.

Υπάρχουν ωστόσο και αρκετές περιπτώσεις, όπου η αυστηρότητα της γραμμικής διαμόρφωσης σε ικανό εύρος ήταν επιθυμητή και ενδεδειγμένη, όπως συμβαίνει π.χ. στο δομημένο τμήμα της οδού Διονυσίου Αρεοπαγίτου που με τον τρόπο αυτόν αποκτά σε ένα βαθμό χαρακτήρα βουλεβάρτου.

Α.Π.-Β. Ποιες ήταν οι βασικές επιλογές σας στον καθορισμό του τρόπου επίστρωσης των προσβάσιμων, για τους πεζούς, τμημάτων του έργου, δηλαδή της κύριας οδού, των παράπλευρων μονοπατιών, των ταρατσωμάτων στάσεως; Γιατί αποκλείσατε ενδεχομένως ορισμένες επιστρώσεις και γιατί συνδυάσατε περισσότερες της μιας;

178

Δ.Δ. Οι βασικές επιλογές της μελέτης για τις διαστρώσεις των βατών επιφανειών ήταν:

- Λιθόστρωτα για τις περιοχές του πεζόδρομου με βαριά χρήση και περιοδική διέλευση οχημάτων ειδικών αναγκών.
- Μαρμάρινα πλακόστρωτα, αυτόνομα ή σε συνδυασμό με το λιθόστρωτο, επιλεκτικά σε χαρακτηριστικές θέσεις, όπως μπροστά στα κτήρια των περιοχών με πιο αστικό χαρακτήρα, στα πλατώματα των διαμορφώσεων, στα μονοπάτια και στις σκάλες του τριγωνικού ελαιώνα (στην περιοχή του Ηρωδείου).

179

- Γαρμπιλόδεμα γαιώδους απόχρωσης με πελεκητή αδρή επιφάνεια, κυρίως για τις θέσεις όπου υποδηλώνονται αρχαίοι δρόμοι, αλλά και σε επιφάνειες, κράσπεδα, πεζούλια και βαθμίδες που συνδυάζονται με τα λιθόστρωτα και τα πλακόστρωτα.
- Έδαφος με διαβαθμισμένα και συμπιεσμένα αδρανή υλικά, για τα μονοπάτια στις παρυφές των αρχαιολογικών χώρων και τα πλατώματα του ελαιώνα και του πάρκου του Θησείου, που αποτελούν χωμάτινες επιφάνειες.

Τα λιθόστρωτα κατασκευάσθηκαν από γνεύσιο Νάξου, πέτρωμα σχιστολιθικής σύνθεσης, από το οποίο με απλή θραύση παράγονται κυβόλιθοι με επιφάνεια που έχει φυσική αδρότητα, είναι επίπεδη, αντιολισθηρή, εξαιρετικά ανθεκτική στην τριβή και δεν χρειάζεται τεχνητή επιφανειακή επεξεργασία, όπως συμβαίνει με τα ασβεστολιθικά ή τα γρανιτικά πετρώματα. Χρησιμοποιήθηκαν κυβόλιθοι με διάσταση επιφανείας κατά κανόνα 10,0 x 10,0 εκ. και σε ειδικές περιπτώσεις 10,0 x 20,0 εκ. Το πάχος τους είναι 8,0 έως 10,0 εκ., όταν τοποθετούνται εν ξηρώ, και 4,0 έως 6,0 εκ., όταν τοποθετούνται με λάσπη επάνω σε σκυρόδεμα.

Όπως για τα λιθόστρωτα, έτσι και για τα μαρμάρινα πλακόστρωτα έγιναν δείγματα, προκειμένου να επιλεγούν οι αποχρώσεις, τα μεγέθη των πλακών και των αρμών, η επιφανειακή επεξεργασία και ο τρόπος διάταξης των πλακών, αυτοτελώς ή σε συνδυασμό με το λιθόστρωτο. Για το πλακόστρωτο που συνδυάζεται με το λιθόστρωτο μπροστά στα κτήρια και σε πλατώματα σε αστικό περιβάλλον, η μελέτη προέβλεπε ορθογωνισμένες μεγάλες πλάκες (πάχους 5,0 εκ.) από υπόλευκο (άσπρο με γκρίζα νερά) μάρμαρο Τήνου με την επιφάνειά τους αδροποιημένη χειροποίητα με θραπίνα και χονδρό βελόνι, έτσι ώστε να είναι αντιολισθηρές και να εναρμονίζονται αισθητικά με την επίσης αδρή επιφάνεια του λιθόστρωτου. Η διάστρωση έγινε με πλάκες ποικίλου μήκους κατά ζώνες με προκαθορισμένα πλάτη πολλαπλάσια του μεγέθους των κυβόλιθων, έτσι ώστε κατά περίπτωση το λιθόστρωτο να διεισδύει μέσα στο πλακόστρωτο και αντίστροφα.

Για τα πλακόστρωτα σε πλατώματα κοντά

στους αρχαιολογικούς χώρους και το φυσικό τοπίο, όπως και για τα μονοπάτια του μικρού ελαιώνα απέναντι από το Ωδείο, έγινε επαναχρησιμοποίηση των ορθογωνισμένων, αλλά με ακανόνιστα μεγέθη, μαρμάρινων πλακών και κρασπέδων που ήταν τοποθετημένα στον πεζοδρόμιο της οδού Διονυσίου Αρεοπαγίτου, έξω από τον αρχαιολογικό χώρο. Οι ωραίες αυτές ασπρόγκριζες αδρές πλάκες με χειροποίητα επεξεργασμένη μόνο τη μία επιφάνειά τους, είχαν αποξηλωθεί πριν τοποθετηθούν εκεί στις αρχές της δεκαετίας του '50 από πεζοδρόμια του ιστορικού κέντρου της πόλης. Επειδή η ποσότητα δεν ήταν επαρκής, το πλάτωμα της νέας εισόδου του αρχαιολογικού χώρου του Διονυσιακού Θεάτρου διαστρώθηκε με όμοιες μαρμάρινες πλάκες Τήνου φυσικής αδρής επιφάνειας.

Η μεγάλη πλακοστρωμένη κλιμακωτή ανάβαση που βρίσκεται στον ελαιώνα απέναντι από το κέντρο «Διόνυσος» κατασκευάσθηκε με πλάκες και ολόσωμες βαθμίδες από πωρόλιθο Εδέσσης, υλικό με γαιώδη απόχρωση και αδρή υφή που κατά την κρίση μας εντάσσεται αρμονικά στις αποχρώσεις του τοπίου. Είναι αξιομνημόνευτο ότι αρχικά υπήρχε η σκέψη το υλικό αυτό να χρησιμοποιηθεί ευρύτερα στα πλακόστρωτα, επειδή χρωματικά ταιριάζει με τις αποχρώσεις των βράχων. Ωστόσο, τελικά δεν έγινε αυτή η επιλογή, επειδή δεν βρέθηκαν λίθοι αντίστοιχης απόχρωσης και επειδή ως υλικό δεν είναι εγγεγραμμένο στη συλλογική μνήμη, όπως π.χ. οι ασπρόγκριζες μαρμάρινες πλάκες των αθηναϊκών αστικών πλακόστρωτων.

Το γαρμπιλόδεμα περιέχει στη μάζα του λευκές και έγχρωμες μαρμάρινες ψηφίδες γαιώδους απόχρωσης που με την επεξεργασία της επιφάνειας αναδεικνύονται σαν ψηφιδωτά. Οι γήινες χωμάτινες επιφάνειες από συμπιεσμένα και διαβαθμισμένα αδρανή υλικά, στις περισσότερες περιπτώσεις κατά την κατασκευή διαφοροποιήθηκαν ως προς τη σύνθεσή τους με έξωθεν πα-

180

181

182

ρεμβάσεις, σε ορισμένες περιπτώσεις μάλιστα χρησιμοποιήθηκε 3Α ανακατεμένο με σιμέντο.

Ειδικά σ' ότι αφορά τα κριτήρια που οδήγησαν σε αυτές τις επιλογές καθώς και σε αποκλεισμό άλλων: Αποφασιστική υπήρξε η αναζήτηση ενός βασικού υλικού για την ενιαία διάστρωση των περισσότερων σκληρών επιφανειών, έτσι ώστε να υπάρξει ομοιογενές ύφος και να αποφευχθεί ο κατακερματισμός του χώρου από την εναλλαγή πολλών υλικών με άλλοτε αυστηρό και άλλοτε γραφικό ύφος. Ως τέτοιο συνδετικό στοιχείο προτάθηκε ο ενιαίος τάπητας από φυσικό κυβόλιθο που συνδυάζεται (κατά περίπτωση) με ζώνες από μαρμάρινα κράσπεδα που τον τέμνουν κάθετα καθώς και με ζώνες από γαρμπιλόδεμα ειδικής σύνθεσης και επεξεργασίας που κατά κανόνα υποδηλώνουν τις θέσεις των αρχαίων δρόμων αλλά και μαρμάρινα πλακόστρωτα. Ήταν ακόμα επιθυμητό το λιθόστρωτο αυτό να έχει σχετικά ουδέτερη μορφή, έτσι ώστε να μην αποσπά τη ματιά από την παρατήρηση των αρχαιοτήτων και να μην ανταγωνίζεται τις διαμορφώσεις του Δημήτρη Πικιώνη.

Για την επιλογή του λιθόστρωτου που παρέχει τη δυνατότητα της «εν ξηρώ» τοποθέτησης των κυβόλιθων συνηγορούσε και η απαιτούμενη αναστρεψιμότητα, η οποία ήταν επιβεβλημένη, δεδομένου ότι η διάστρωση θα κάλυπτε και περιοχές που δεν είχαν ακόμα ανασκαφεί. Ένας άλλος καθοριστικός παράγοντας για την απόφαση να κατασκευασθεί τάπητας από λιθόστρωτο ήταν το ότι είναι και η μόνη κατασκευή που μπορεί να κατασκευασθεί «εν ξηρώ» επάνω σε συμπιεσμένο έδαφος και είναι σε θέση να ανθέξει φορτία οχημάτων, χωρίς να καταστραφεί, όπως συμβαίνει με τα μαρμάρινα πλακόστρωτα που θρυμματίζονται.

Με ένα ανάλογο σκεπτικό αποφυγής καινοτομιών έγινε και η επιλογή των μαρμάρινων πλακόστρωτων καθώς αυτά στη λιτή τους μορφή είναι εγγεγραμμένα στη συλλογική μνήμη. Στην Ελλάδα είχαμε σχεδόν πάντα λιθόστρωτα καλντερίμια και απέριττες πλακόστρωτες πλατείες, συνήθως χωρίς διακοσμητικά μοτίβα. Τα πεζοδρόμια, οι πλατείες και τα πλακόστρωτα μπροστά από τα νεοκλασικά κτήρια της Αθήνας ήταν στρωμένα με μαρμάρινες πλάκες. Το ευγενικό αυτό υλικό του τόπου μας θελήσαμε να το χρησιμοποιήσουμε με μέτρο ως προς την ποσότητα και γενναιόδωρα ως προς τις διαστάσεις του, όπως αρμόζει στη φύση του. Θεωρήσαμε τους κώδικες της κατασταλαγμένης συλλογικής εμπειρίας σημαντικότερους από κάθε πρόθεση ατομικής έκφρασης.

Α.Π.-Β. Από ό,τι γνωρίζω, είχατε προβλέψει επί της διαδρομής της πρώην οδού Διονυσίου Αρεοπαγίτου την ανάδειξη ορισμένων αρχαιολογικών χώρων (όπως π.χ. της οικίας Πρόκλου), οι οποίοι θα ζωντάνευαν οπτικά και θεματικά τη διαδρομή. Συγχρόνως αυτό έδινε την αφορμή και για μια ελαφρά κύρτωση της χάραξης του κύριου δρόμου. Και η μεν «κύρτωση» έγινε, οι μικροί αρχαιολογικοί χώροι της διαδρομής επιχώθησαν όμως και η λύση φαίνεται εδώ αδικαιολόγητη σήμερα. Γιατί συνέβη αυτό; Μπορεί

183

να ελπίζουμε στο μέλλον στην αποκάλυψη των αρχαίων; Θέλετε να περιγράψετε τις λύσεις που είχατε προτείνει εδώ;

Δ.Δ. Κύριος στόχος μας ήταν η δημιουργία ενός περιβάλλοντος που να προκαλεί το στοχασμό και να λειτουργεί καταλυτικά σ' ό,τι αφορά την αποκρυπτογράφηση και την κατανόηση της ιστορίας του χώρου. Στην αρχική μας μελέτη υπήρχαν πολλές και ολοκληρωμένες προτάσεις προς αυτήν την κατεύθυνση. Προβλέπονταν παρακλάδια της κύριας διαδρομής που έφερναν τον περιπατητή κοντά στις αρχαιότητες των κλιτύων της Ακροπόλεως, υπήρχαν επίσης σε επιλεγμένες θέσεις πλατώματα διακριτικά ενταγμένα στο αρχαιολογικό τοπίο με πινακίδες ενημέρωσης και θέα προς τις αρχαιότητες της κοιλάδας της δυτικής κλιτύος, της αρχαίας Αγοράς και του Κεραμεικού. Η αρχικώς προβλεπόμενη διαμόρφωση της τριγωνικής πλατείας νότια του Θησείου (έναντι της οδού Ηρακλειδών) ήταν ένα τέτοιο πλάτωμα θέασης της αρχαίας Αγοράς. Για να γίνει αυτό, έπρεπε να κοπούν μόνο λίγα δένδρα που αποκλείουν τη θέα και το επίπεδο της πλατείας να υποβιβασθεί όσο θα το επέτρεπαν οι αρχαιότητες.

Δυστυχώς, δεν ενεργοποιήθηκαν οι αναγκαίες διαδικασίες ολοκληρωμένης συνεργασίας της ΕΑΧΑ με όλους τους μελετητές της ενοποίησης και κυρίως την Αρχαιολογική Υπηρεσία, ώστε συναινετικά να γίνουν αποδεκτά τα έργα εκείνα που θα αναδείκνυαν την ουσία της ενοποίησης. Οι αρχαιολόγοι από την πλευρά τους φοβήθηκαν παρατηρώντας την ταχύτητα εξέλιξης του έργου, γεγονός που τους έκανε διστακτικούς ως προς οποιαδήποτε καινοτομία. Τελικά, υλοποιήθηκαν κυρίως τα έργα της πεζοδρόμησης. Τα περισσότερα έργα της ουσιαστικής ενοποίησης πρέπει να γίνουν στο μέλλον.

Για τους ίδιους λόγους νομίζω ότι δεν υλοποιήθηκαν μέχρι σήμερα οι διαμορφώσεις ανάδειξης της οικίας του Πρόκλου και των αρχαίων κατοικιών που πράγματι θα ποίκιλλαν και θα ζωντάνευαν τη διαδρομή και θα αναδείκνυαν την ενότητα του αρχαιολογικού χώρου, όπως προβλεπόταν και στις προδιαγραφές της μελέτης και κυρίως θα πρότειναν σύγχρονους και ευρηματικούς τρόπους σύζευξης των αρχαιοτήτων με το δημόσιο χώρο.

Προϋπόθεση για την ουσιαστική αποκάλυψη της οικίας Πρόκλου ήταν η απαλλοτρίωση του γωνιακού οικοπέδου Διονυσίου Αρεοπαγίτου 43 με το μικρό κτήριο των προσκόπων, έτσι ώστε να επεκταθεί η αρχαιολογική έρευνα σ' έναν ευρύτερο χώρο που με την κατάλληλη αρχιτεκτονική διαμόρφωση θα μπορούσε να ενοποιηθεί με το προαύλιο της μικρής εκκλησίας της Αγίας Σοφίας και τον κήπο της διατηρητέας οικίας Καλλισπέρη. Η κύρτωση του δρόμου έγινε με την προοπτική της υλοποίησης του έργου αυτού, όταν θα είχε ολοκληρωθεί η απαλλοτρίωση και η ανασκαφή. Μέχρι τότε κρίθηκε ότι είναι καλλίτερο τα αρχαία να καλυφθούν. Το περίγραμμα της κάτοψής τους έχει ωστόσο αποτυπωθεί με επεξεργασμένο γαρμπιλόδεμα στην επιφάνεια του εδάφους.

184

Α.Π.-Β. Μέχρι ποίου σημείου μελετήθηκε η διάταξη των νέων φυτεύσεων; Η μέχρι σήμερα φύτευση των ιστορικών λόφων ήταν τυχαία, ασυντόνιστη και κυρίως χωρίς σαφή σχεδιασμό φύτευσης του τοπίου. Συνεχίσατε αυτήν την κακή αθηναϊκή παράδοση των τυχαίων φυτεύσεων ή προτείνατε συγκεκριμένες θέσεις, διατάξεις και είδη φυτών;

Δ.Δ. Το θέμα αυτό βρέθηκε στο κέντρο του προβληματισμού μας, καθώς θέλαμε το αποτέλεσμα να είναι αισθητικά ικανοποιητικό αλλά και λειτουργικά και ιστορικά σωστό.

Δύσκολο αντικείμενο λοιπόν η φύτευση του χώρου, καθώς το ζητούμενο δεν ήταν μόνο το «πρασίνισμα» των νέων επιφανειών μετά την αποξήλωση της ασφάλτου, αλλά κυρίως η βελτίωση μιας εξαιρετικά υποβαθμισμένης και επί δεκαετίες παραμελημένης και συχνά (όπως π.χ. στο μικρό ελαιώνα) τυχαίας βλάστησης. Λάβαμε υπόψη μας σοβαρά τα λόγια του Ralph Griswold, του αρχιτέκτονα που σχεδίασε και εξετέλεσε τη δενδροφύτευση του άλσους της αρχαίας Αγοράς πριν από πενήντα χρόνια: *Η καλλιέργεια φυτών και δένδρων έπαιξαν, όπως και τα κτήρια, σπουδαίο ρόλο εις την ιστορίαν της Αγοράς [...]. Αντιθέτως προς τους κίονες της στοάς του Αττάλου, οι οποίοι θα μείνουν αμετάβλητοι μετά την τοποθέτησίν τους, τα φυτά θα εξακολουθήσουν να μεγαλώνουν, άλλα πιο γρήγορα, άλλα πιο αργά και άλλα καθόλου. Είναι αδύνατον λοιπόν να κρίνη κανείς από τώρα το τελικόν αποτέλεσμα. Πάντως μπορεί ήδη να λεχθή ασφαλώς ότι θα αυξηθή η επιστημονική και αισθητική σπουδαιότης της Αγοράς, διότι θα συνδυάζεται εκεί το βοτανολογικόν και το αρχαιολογικόν ενδιαφέρον.*

Τα φυτά που επιλέξαμε είναι κατά κανόνα της ελληνικής χλωρίδος, τα περισσότερα από τα οποία αναφέρονται και στα αρχαία κείμενα. Λιγοστές εξαιρέσεις έγιναν με αισθητικά κριτήρια. Τα κυριότερα φυτά είναι:

Δένδρα: πλάτανοι, ελιές, ροδιές, κουτσουπιές, δάφνες Απόλλωνος, γαζίες, αμυγδαλιές, κυπαρίσσια, αριές, λεύκες.

Θάμνοι: λυγαριές, μυρτιές, πικροδάφνες, ροδοδάφνες, κουμαριές, δενδρολίβανα, σχοίνος, σπάτα, φασκόμηλο και πολλών ειδών αρωματικά φυτά καθώς και κισσοί και άκανθοι.

Είχε προβλεφθεί επίσης μεγάλη ποικιλία αγριολούλουδων που ευδοκιμούν στην Αττική. Επιλεκτικά και κατ' εξαίρεση φυτεύθηκαν σε μικρό αριθμό και μερικά είδη που δεν υπήρχαν στην αρχαιότητα, αλλά έχουν εγκλιματισθεί στον ελληνικό χώρο: μία μανώλια κοντά στον ανδριάντα του Μακρυγιάννη και γιακαράντες σε δενδροστοιχία στην απόληξη της Αποστόλου Παύλου, αλλά και γιασεμιά και λιγοστοί θάμνοι που ανθίζουν με ιδιαίτερους χρωματισμούς, όπως κασσίες, ιβίσκοι, σολάνιουμ, βερβερίς κ.λπ.

Μελετήσαμε προσεκτικά τις εξαίρετες φυτεύσεις του αμερικανού αρχιτέκτονα τοπίου Ralph Griswold στην αρχαία Αγορά (1955), τις επιλογές του Δημήτρη Πικιώνη, καθώς επίσης και αυτές που έχουν γίνει στο άλσος γύρω από το μοναστήρι της Καισαριανής. Χρήσιμη και πολύτιμη υπήρξε η πλούσια εμπειρία του Δ. Παπαδήμα που είναι για πολλά χρόνια υπεύθυνος των φυτεύσεων του Δήμου Αθήνας. Αντιμετωπίσαμε τις φυτεύσεις ισότιμα με τις πιο σημαντικές αρχιτεκτονικές διαμορφώσεις και έτσι, τουλάχιστον στο τμήμα της οδού Διονυσίου Αρεοπαγίτου που το επιβλέψαμε οι ίδιοι κατά τη φάση της κατασκευής, τίποτα δεν έχει γίνει τυχαία. Καταγράψαμε τα υπάρχοντα φυτά, ένα προς ένα, τα δένδρα και τους θάμνους, αυτά που θα έπρεπε να απομακρυνθούν ή να μεταφυτευθούν, κυρίως για να ανοιχθούν οπτικές φυγές προς τα μνημεία, και εν τέλει τοποθετήσαμε μόνοι μας, με τα χέρια μας, τα νέα φυτά που είχαμε επιλέξει στις θέσεις που κρίναμε ότι έπρεπε ακριβώς να βρεθούν, διορθώνοντας, όταν έπρεπε, τα σχέδια, σύμφωνα με επί τόπου παρατηρήσεις.

185

Όπως είπα με αφορμή προηγούμενο ερώτημα, θεωρώ αναγκαίο να προστεθούν ορισμένα δένδρα σε επιλεγμένες θέσεις για τη σκίαση του δρόμου σε τμήματα της ζώνης που έχει αφεθεί για τον τροχιόδρομο, με μέτρο όμως, διότι, όταν τα δένδρα που έχουν ήδη φυτευθεί αναπτυχθούν, η εντύπωση θα είναι ολότελα διαφορετική. Ωστόσο, είναι αναγκαίο να υπάρχει σωστή συντήρηση, καθώς ήδη πολλοί θάμνοι και κυρίως αρωματικά φυτά έχουν μαραθεί. Επίσης, όλα τα φυτά θα πρέπει να αποκτήσουν ταυτότητα, με μικρή πινακίδα, που να ενημερώνει τους επισκέπτες για το είδος τους. Σε ό,τι αφορά τα θέματα αυτά, είναι βέβαιο ότι το *Σχέδιο εγχειριδίου συντηρήσεως του άλσους της Αρχαίας Αγοράς* που είχε συντάξει ο Ralph Griswold το 1955 είναι πάντα επίκαιρο και γι' αυτό είναι καλό να θυμηθούμε τις οδηγίες του.

186

167. Ταράτσωμα θέας παραπλεύρως του Αθηναϊκού Περιπάτου.

168. Αναβαθμοί και τοιχίσκοι αντιστήριξης στο μικρό ελαιώνα προ του κέντρου «Διόνυσος» (θέση πρώην οικίας Παρθένη).

169, 170. Βαθμιδωτοί δρομίσκοι στο χιονισμένο μικρό ελαιώνα.

171, 172. Τμηματική άποψη του μικρού ελαιώνα.

173, 174. Πλακοστρωμένοι δρομίσκοι και μαρμάρινοι πάγκοι στο μικρό ελαιώνα.

175-179, 185. Η σύνθεση των λιθοστρώτων (κυβολίθων) με τις μαρμαροστρώσεις. Λεπτομέρειες λύσεων.

180-184, 186-187. Φυτεύσεις (ελαιώνας, συστάδες θάμνων) που διακοσμούν τον Αθηναϊκό Περίπατο.

187

4 Η ΒΙΩΣΗ ΤΟΥ ΙΣΤΟΡΙΚΟΥ ΧΩΡΟΥ

189

Η ΕΠΙΣΚΕΨΗ ΤΗΣ ΑΘΗΝΑΣ ΚΑΙ ΤΗΣ ΑΚΡΟΠΟΛΕΩΣ ΚΑΤΑ ΤΟ ΠΑΡΕΛΘΟΝ

Η επίσκεψη των αθηναϊκών μνημείων κατά τους νεώτερους χρόνους έχει μια μακρά παράδοση. Ξένοι σπανίως επισκέπτονταν την Ελλάδα κατά τους χρόνους της Τουρκοκρατίας (1453-1833). Ελάχιστες εξαιρέσεις αποτέλεσαν ορισμένοι διπλωμάτες στην οθωμανική αυλή και περιηγητές ή ερασιτέχνες καλλιτέχνες του 18ου αιώνα. Οι ταξιδιωτικές επαφές αναπτύχθηκαν αργά, αλλά σταθερά, στα πρώτα πενήντα χρόνια της εθνικής ανεξαρτησίας. Η ίδρυση τακτικής ατμοπλοϊκής συγκοινωνίας μεταξύ Τεργέστης και Πάτρας/ Πειραιά στα πρώτα χρόνια της βασιλείας του Όθωνος και η ταχεία ανάπτυξη του ελληνικού εμπορικού στόλου κατά το 19ο αιώνα δημιούργησε τις προϋποθέσεις για το άνοιγμα του νεοσύστατου κράτους προς τη Δύση.

Η ύπαρξη μιας ξενόφερτης αυλής και περισσότερων από 6.000 Βαυαρών (στρατιωτικό προσωπικό και δημόσιοι υπάλληλοι) στην Ελλάδα, και ειδικότερα στην Αθήνα, κατά τη διάρκεια της πρώτης δεκαετίας (1833-1843) της οθωνικής περιόδου, προκάλεσε την ενεργό συμμετοχή ξένων λογίων και καθηγητών (π.χ. L. Ross, G. Müller, H. Ulrichs, A. Brandis, G. Finlay, N.L. Fraas κ.ά.) στην κοινωνική και επιστημονική ζωή της νεοσύστατης αθηναϊκής κοινωνίας και συνέβαλε αποφασιστικά στην προσέγγιση της Ελλάδος προς την οικογένεια των ευρωπαϊκών κρατών. Η έλλειψη όμως συγκοινωνιακών μέσων, υποδομής και ξενοδοχειακών εγκαταστάσεων, καθώς και η ανασφάλεια που επικρατούσε στην ύπαιθρο χώρα εκείνη την εποχή εμπόδιζαν την ανάπτυξη σταθερής εισροής ενδιαφερόμενων επισκεπτών. Τις σπάνιες αξιόπιστες πληροφορίες για την κατάσταση που επικρατούσε τότε στην Ελλάδα τις χρωστούμε κυρίως σε ξένους αρχαιολόγους που εργάζονταν και ζούσαν στην Αθήνα και είχαν γνωρίσει καλά τον τρόπο ζωής των Ελλήνων. Τα έργα των Ludwig Ross, August Brandis και Edmond About θεωρούνται αξιόπιστες αλλά συχνά προκατειλημμένες αναφορές στη χώρα.

Έτσι, ο Edmond About δίνει την ακόλουθη ειρωνική περιγραφή για τα ξενοδοχεία και τα συγκοινωνιακά μέσα της Αθήνας κατά το έτος 1852:

Τα ξενοδοχεία των Αθηνών είναι ακριβά και άθλια, γιατί οι περιηγητές είναι λίγοι. Κάποιοι τουρίστες καταφθάνουν την άνοιξη και το φθινόπωρο, κι αυτή είναι η κίνηση για όλη τη χρονιά. Όταν η Αθήνα γίνει συχνό πέρασμα όλες τις εποχές του έτους, οι ξενοδόχοι θα πάρουν τα 'πάνω τους και οι συνθήκες για τους ταξιδιώτες θα καλυτερέψουν [....].

188. Ο Λόφος των Νυμφών και το Αστεροσκοπείο (αρχιτέκτων Theophil Hansen). Η Αγία Μαρίνα και το βραχώδες τοπίο της. Αριστερά, σύγχρονα κτίσματα διασπούν την ενότητα του ιστορικού τοπίου (μεταξύ Πνύκας και αρχαίας Αγοράς).

189. Η Ακρόπολη, η αρχαία Αγορά, η Πλάκα και το κέντρο των Αθηνών (1966). Αεροφωτογραφία (βορράς κάτω).

190. Τοπογραφικό διάγραμμα των λόφων του Μουσείου, της Πνύκας και του Αρείου Πάγου (από το χάρτη του Judeich, 1905).

191. Άποψη του κέντρου των Αθηνών από το πλάτωμα της Ακροπόλεως (1860).

192. Η πλατεία του Συντάγματος και τα παλαιά Ανάκτορα από δυτικά, γύρω στα 1900.

190

191

192

Omonia Platz
Bahnhof
Konstantin-Strasse
Konstantin-K.
Odeion
Demarchie
Städt. Theater
National-Bank
Post u. Telegraph
Orient-Bank
Börse
Warwakion
Markthalle (Agora)
Johannes-Kolóna-K.
Athanasios-K.
Findelhaus
Arsakion
Bibliothek
Universität
Hospital
Froschmaul
Akademie d. Wiss.
Lyzeum
Röm.-Kath. Kirche
Philadelphia
Archäol. Ges.
Ion. Bank
Athen. Bank
Min. des Innern
Finanz Min.
Marine Min.
Parnassos
Parlament
Sophokles-Strasse
Kolokotrones-Strasse
Apollo-Strasse
Zoodochos Pegé-K.
Deutsch. Archäol. Inst.
Chem. Inst.
Nikolaos-K.
Deutsche Schule
Pevkákia Wäldchen
Französ. Archäol. Schule
Asómati-K.
Theseion Bahnhof
Monastéraki-K.
Monastéraki Bahnhof
Philippos
Bibliothek des Hadrian
Metropolis
Kl. Metropolis
Attalos-Stoa
Theseion (Hephaisteion)
Turm der Winde
Gefängnis
Andreas-K.
Syntagma Platz
(Konstitutions Platz)
ehem. Königl. Schloss
Schlossgarten
Kriegs-Min.
Engl. K.
Russ. K.
Zappion (Ausstellungsbau)
Zappion-Garten
Olympieion
Hadriansbogen
Byron
Akropolis
Parthenon
Museum
Asklepieion
Odeion des Herodes
Dionysos-Theater
Enneakrunos
Beulé-Tor
Militär-Hospital
Ital. Arch. Inst.
Griech. ev. K.
Gefängnis des Sokrates
Philopappos-Denkmal
Säule
Stadtmauerspuren
Stadion
Ardettos
Museion
193

Οι Έλληνες μέσης οικονομικής καταστάσεως ταξιδεύουν έχοντας μαζί το κρεβάτι τους, που τις περισσότερες φορές αποτελείται από μια κουβέρτα. Επομένως, από τους πανδοχείς δεν ζητάνε παρά έξι πόδια χώρο για να ξεκουράσουν το κορμί τους. Υπάρχουν τριάντα χάνια μέσα στην Αθήνα που μπορούν να τους τον προσφέρουν. Αλλά, επειδή δεν φαντάζομαι οι αναγνώστες μου να έχουν την περιέργεια να κοιμηθούν κατάχαμα ανάμεσα σε τέσσερις Έλληνες, είναι ανώφελο να επιμένω περισσότερο στα βρώμικα κονάκια, όπου ποτέ δεν θα φύτρωναν κρίνα. Εκτός από τα τέσσερα ξενοδοχεία για τα οποία μίλησα ήδη, δεν υπάρχει καμιά σωτηρία. [....]

Τα αμάξια στην Αθήνα δεν είναι σπάνια, και βρίσκει κανείς άφθονα για μετάβαση στην πόλη ή στην εξοχή. Είπα πιο πάνω πως η εξοχή εκτείνεται τέσσερις λεύγες γύρω από την πόλη. Τίποτα δεν είναι πιο άχαρο απ' αυτά τα ταλαίπωρα ιππήλατα αμάξια της Αθήνας, τα σαραβαλιασμένα, βρώμικα και κακοσυντηρημένα. Σπάνια έχουν τζάμια, και δεν ξέρω αν έχουν πάντα τέσσερις ρόδες. [....]

Έγινε λόγος να εγκαταστήσουν άμαξες-λεωφορεία με δρομολόγιο Αθήνα-Πειραιά. Οι συγκοινωνιακές ανάγκες είναι έντονες και το ταξίδι με το αμάξι ακριβό: εκ πρώτης όψεως η επιχείρηση φαινόταν να έχει άριστες προοπτικές. Αλλά πήγε άσχημα και τελικά χρεοκόπησε. Ο ναύλος

193. Ακρόπολη, Πλάκα και το κέντρο των Αθηνών (οδηγός Baedeker 1908).

194. Μόνιππα προ της πύλης Beulé, γύρω στα 1890.

194

στα λεωφορεία δεν μπορούσε να στοιχίζει λιγότερο από 50 λεπτά για δύο λεύγες κούρσα. Οι Έλληνες όμως βρήκανε τρόπο να πηγαίνουν στον Πειραιά με 25 λεπτά: ο πρώτος που θέλει να πάει στον Πειραιά παίρνει ένα αμάξι στην πιάτσα, θρονιάζεται μέσα και περιμένει: φθάνει δεύτερος, τον καλεί ο πρώτος, κάθεται κι αυτός: έρχεται τρίτος: οχτώ νοματέοι, άγνωστοι μεταξύ τους, στοιβάζονται στο ίδιο όχημα, που εκ των πραγμάτων γίνεται λεωφορείο. Τα άλογα του αμαξιού έχουν τα χάλια τους, μα δεν σταματούν ποτέ τον καλπασμό τους.

Ορισμένοι επισκέπτες, όπως για παράδειγμα ο γερμανός συγγραφεύς και τοπιογράφος Fürst Pückler-Muskau (στην Αθήνα το 1836), ο γάλλος μυθιστοριογράφος Gustave Flaubert (στην Αθήνα το 1851) και ο γάλλος φιλόσοφος Ernest Renan (στην Αθήνα το 1865), είχαν με δική τους πρωτοβουλία κάνει μια στάση στην ελληνική πρωτεύουσα, ταξιδεύοντας προς τη Μέση Ανατολή. Αυτοί ήταν καλλιεργημένοι επισκέπτες, με αργό ταξιδιωτικό ρυθμό, που ήθελαν να συλλέξουν προσωπικές εμπειρίες εμπλουτισμένες με εξωτική γεύση. Την ίδια εποχή, λίγοι φωτογράφοι (π.χ. G. M. Bridges, 1848, J. Robertson, 1850, A. Normand, 1851, F. A. Beato, 1857), επιχείρησαν τις πρώτες φωτογραφικές λήψεις στην Αθήνα, με κύριο σκοπό την τεκμηρίωση των αρχαίων μνημείων της πόλης.

Την εποχή εκείνη του ατομικού τουρισμού (όπου οι οργανωμένες εκδρομές ήταν σπάνιο φαινόμενο) διαδέχθηκε, από την τελευταία δεκαετία του 19ου αιώνα, η εποχή του ομαδικού (όχι όμως και μαζικού!) τουρισμού. Η σχετική πολιτική σταθερότητα κατά την πρωθυπουργία του Χαριλάου Τρικούπη, η βελτίωση των συγκοινωνιών και οι σημαντικές αρχαιολογικές ανασκαφές που είχαν διεξαχθεί το τελευταίο τέταρτο του 19ου αιώνα, είχαν ως αποτέλεσμα να γίνει η Ελλάδα πόλος έλξης για τους τότε τουριστικούς πράκτορες. Στο βιβλίο του *La Grèce d' aujourd' hui*, ο Gustave Deschamps λέει ότι, ήδη από το 1892, η «εισαγωγή τουριστών» αποτελούσε για την Ελλάδα το δεύ-

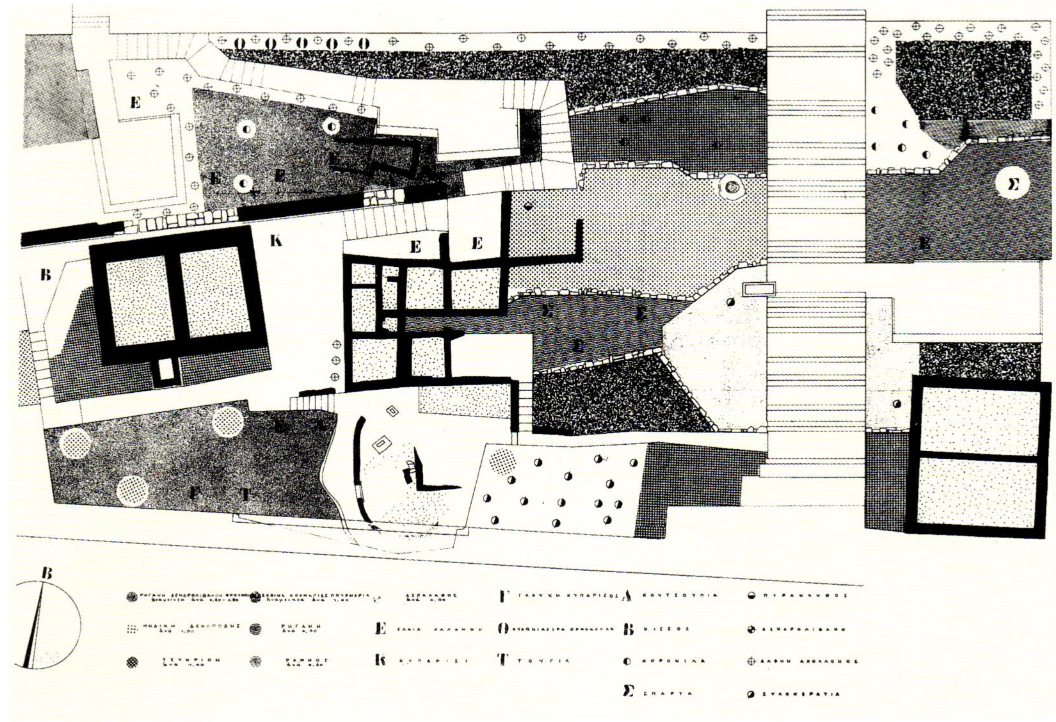

195

195. Κάτοψη διαμόρφωσης του αρχαιολογικού χώρου προ του Ωδείου Ηρώδου του Αττικού (αρχιτέκτονες Χ. Λεμπέσης και Α. Παπαγεωργίου-Βενετάς, 1960).

196-198. Η κηποτεχνική διαμόρφωση του αρχαιολογικού χώρου προ του Ωδείου Ηρώδου του Αττικού.

196

197

198

τερο πιο σημαντικό πόρο εσόδων μετά τα τελωνειακά τέλη! Οι ομάδες επισκεπτών, αποτελούμενες σχεδόν αποκλειστικά από Άγγλους, Γάλλους και Γερμανούς, αρχικά κατευθύνονταν προς τις αρχαιότητες της Αθήνας. Στη συνέχεια, συμπεριλήφθηκε εκδρομή στην Αργολίδα (Μυκήνες και Επίδαυρος) υπό την αιγίδα του διεθνούς φήμης πρακτορείου «Cook and Son», που ήταν το πιο σημαντικό τουριστικό πρακτορείο από το 1890 έως το 1930. Η «ελληνική περιπέτεια», όπως ονομάσθηκε η περιήγηση στη χώρα, διαρκούσε συνολικά από δύο έως και τέσσερις εβδομάδες.

Στον τουριστικό οδηγό του Baedeker για την Ελλάδα (έκδοση 1908, στα Αγγλικά) βρίσκουμε το ακόλουθο χαρακτηριστικό απόσπασμα στο κεφάλαιο «Practical Preliminary remarks» (Προκαταρκτικές πρακτικές παρατηρήσεις): *Όσο περισσότερο χρόνο αφιερώνεις στην αναψυχή, τη χαρά και τη μελέτη, τόσο καλύτερο θα βρεις το ταξίδι σου, αναλογιζόμενος το κόστος του και την κούρασή σου.* Αυτές οι υποδείξεις απευθύνονταν σε επισκέπτες που ανήκαν στις ανώτερες αστικές τάξεις των χωρών καταγωγής τους και που ήταν διατεθειμένοι να κάνουν αυτό το κοπιαστικό και ακριβό ταξίδι, επιδιώκοντας μια αισθητική και πολιτιστική εμπειρία. Η βασική πληροφόρησή τους προερχόταν από τους έντυπους ταξιδιωτικούς οδηγούς. Οι οδηγοί των Joanne, Murray και Baedeker ήταν οι απαραίτητοι ταξιδιωτικοί σύντροφοι. Συγκρίνοντάς τους με τους αντίστοιχους σημερινούς οδηγούς, μας καταπλήσσει το υψηλό επίπεδό τους. Πέρα από τις εμπεριστατωμένες και πρακτικές οδηγίες για διαμονή, συγκοινωνίες, κλίμα, τοπικές συνήθειες και πανηγύρια, το κύριο βάρος αυτών των «ταξιδιωτικών συντρόφων» αποσκοπούσε στη λεπτομερή – σχεδόν επιστημονική – παρουσίαση του αρχαιολογικού και καλλιτεχνικού πλούτου της χώρας, ειδικότερα της Αθήνας. Οι χάρτες και τα αρχιτεκτονικά σχέδια με την υψηλή ακρίβειά τους είναι, ακόμα και σήμερα, τα καλύτερα τεκμήρια για την εξέλιξη της πόλης κατά τις τελευταίες δεκαετίες του 19ου και τα πρώτα χρόνια του 20ού αιώνα.

Τον καιρό εκείνο δεν υπήρχαν εκπαιδευμένοι ξεναγοί παρά μόνο αυτοδίδακτοι δραγουμάνοι, που έδιναν απλοϊκές εξηγήσεις και έκαναν αστεία σχόλια κατά τη διάρκεια των επισκέψεων στους αρχαιολογικούς χώρους. Προσέφεραν περισσότερο πρακτικές οδηγίες για τον προσανατολισμό στο χώρο παρά επιστημονικές πληροφορίες. Το είδος αυτό των «ξεναγών» επεβίωσε έως το 1960! Ο Gaston Deschamps αναφέρεται με ειρωνεία στις υπηρεσίες που προσέφεραν:

Μερικοί προχωρούν καθ' ομάδας οδηγούμενοι, διατασσόμενοι και κατηχούμενοι από κάποιον ξεναγό του ξενοδοχείου τους, για δεκαπέντε δραχμές την ημέρα. Αν πλησιάσουμε, ακούμε σκόρπιες φράσεις από την διδαχή του, πιάνουμε κάποιες λέξεις που προφέρονται με ρωμαίικη προφορά και που μοιάζουν σαν φρικτά μαρσεγιέζικα: «Για πλησιάστε για να καταλάβετε! Ο Ικτίνος δεν ήταν κουτός! Νομίζετε πως η γραμμή του κρηπιδώματος είναι ευθεία; Λοιπόν όχι: είναι καμπύλη!».

Αλλά ήδη από το 1890, ο Cook είχε επισκεφθεί αυτοπροσώπως την Ελλάδα και είχε καταστρώσει ένα μεγάλο πρόγραμμα με τακτικές εκδρομές, βασισμένο σε άρτια εξοπλισμένη ξενοδοχειακή αλυσίδα και μέσα συγκοινωνίας που συνέδεαν απ' ευθείας τις σημαντικότερες «γραφικότητες» της Ελλάδας. Από πολύ νωρίς όμως, προκλήθηκαν ανησυχίες για τις συνέπειες του μαζικού τουρισμού στο μέλλον. Ο Deschamps δηλώνει πως «μια χώρα σαν την Ελβετία είναι αρκετή για την Ευρώπη» και ότι «μια τουριστική εισβολή θα κατέστρεφε την γοητεία της Ελλάδος». Αργότερα, στη δεκαετία του 1920, ο Stephan Zweig, στο άρθρο του «Reisen oder gereist werden» (Να ταξιδεύεις ή να σε ταξιδεύουν), από τη συλλογή του *Die Monotonisierung der Welt* (1926), παρουσιάζει όλους τους κινδύνους που είναι συνυφασμένοι με τον ερχομό της εποχής των μαζικών

199

199. Το Ηφαιστείον (Θησείον), ο κήπος του και η συνοικία της Βλασσαρούς πριν από τις ανασκαφές της αρχαίας Αγοράς (1900).

200. Η αρχαία Αγορά μετά το πέρας των ανασκαφών και τη δεδροφύτευσή της (1980).

200

μετακινήσεων: την απώλεια της αίσθησης της περιπέτειας, της ατομικής εμπειρίας και της προσωπικής πρωτοβουλίας, με αντιστάθμισμα την άνεση και την ασυδοσία.

Το κείμενο του Zweig είναι προφητικό:

Προσπάθησα να φαντασθώ τον εαυτό μου μέσα σ' ένα τέτοιο μπουλούκι: υπάρχει αναμφίβολα μια κάποια άνεση. Όλες σου οι αισθήσεις είναι ελεύθερες για να βλέπεις και να απολαμβάνεις, δεν σε τριβελίζουν οι λιλιπούτειες μεν, αλλά αδιάκοπες, έγνοιες του ύπνου και του φαγητού, δεν νοιάζεσαι για τα δρομολόγια των τρένων ή μήπως χαθείς στα στενοσόκακα, μη σε κοροϊδέψουν ή πώς θα ψελλίσεις κάποιες λέξεις στην ξένη γλώσσα· όλες σου οι αισθήσεις είναι ελεύθερες, ανοιχτές για να γνωρίσεις το καινούργιο. Το «καινούργιο», που εδώ και χρόνια φαίνεται να έχει συρρικνωθεί στο «αξιοθέατο»: πράγματι, σ' ένα τέτοιο «ομαδικό» ταξίδι βλέπει κανείς μόνο τα πιο σημαντικά. Επιπλέον, δεν λείπει και η συντροφιά σ' εκείνους που μόνο τότε απολαμβάνουν κάτι, όταν το απολαμβάνουν μαζί με άλλους. Εκτός αυτού, το ομαδικό ταξίδι είναι φθηνό, πρακτικό και κυρίως άνετο, γι' αυτό θα είναι αναμφίβολα ο μελλοντικός τρόπος ταξιδιού. Δεν θα ταξιδεύουμε πια, θα μας ταξιδεύουν. Ναι, αλλά δεν χάνεται η μαγεία του ταξιδιού, όταν ταξιδεύεις μέσα σ' αυτήν την τυχαία συντροφικότητα; Ήδη από τα πανάρχαια χρόνια η λέξη «ταξίδι» ανέδιδε ένα άρωμα περιπέτειας και κινδύνου, μια πνοή άστατης τύχης και προκλητικής αβεβαιότητος. Όταν ταξιδεύουμε, δεν ταξιδεύουμε απλώς για να πάμε μακριά, αλλά για να φύγουμε μακριά από τον οικείο, καθημερινό, τακτοποιημένο και καταγεγραμμένο κόσμο του σπιτιού, για να μην είμαστε «σπίτι» και επομένως να μην είμαστε «ο εαυτός μας». Θέλουμε να σπάσουμε την καθημερινότητα βιώνοντας καινούργιες εμπειρίες. Εκείνοι όμως που «τους ταξιδεύουν» έτσι, απλώς περνάνε μπροστά από καινούργια πράγματα, χωρίς να προλαβαίνουν ν' αποκτήσουν εμπειρία αυτών των καινούργιων πραγμάτων. Ό,τι ιδιαίτερο και χαρακτηριστικό έχει μια χώρα, αναγκαστικά τους διαφεύγει όσο τους ταξιδεύουν και τους οδηγούν, και δεν αφήνονται να κατευθύνονται από τον πραγματικό θεό των ταξιδιωτών, την τύχη.

Στην Αθήνα ωστόσο η εισροή τουριστών είχε αργή εξέλιξη. Παρ' όλο που η σημασία και οι δυνατότητες του τουρισμού είχαν από νωρίς αναγνωρισθεί, η σχετικά περιθωριακή γεωγραφική θέση της Ελλάδος και η πολιτική αναστάτωση, που ξεκίνησε με τους Βαλκανικούς πολέμους (1912), συνεχίσθηκε με τον Πρώτο Παγκόσμιο πόλεμο (1914-1918) και κορυφώθηκε με τη Μικρασιατική καταστροφή (1922), εμπόδισαν την εντυπωσιακή ανάπτυξη της «τουριστικής βιομηχανίας». Το 1914 ιδρύθηκε ειδικό γραφείο τουρισμού, το οποίο ακολούθησε, στη δεκαετία του 1930, ένα Υπουργείο Τύπου και Τουρισμού. Ήδη στα τέλη της δεκαετίας του 1920 είχαν εγκαινιασθεί αεροπορικές συνδέσεις μεταξύ της Αθήνας και ορισμένων ευρωπαϊκών πόλεων (π.χ. Άμστερνταμ, Βουδαπέστη, Κωνσταντινούπολη, Μπρίντιζι). Εκδόθηκαν τα πρώτα τουριστικά φυλλάδια και, για πρώτη φορά, ξαναζωντάνεψαν οι αρχαιολογικοί χώροι. Πολιτιστικά γεγονότα με διεθνή αντίκτυπο διαδραματίσθηκαν στην Αθήνα (παραστάσεις αρχαίου δράματος στο Ωδείο Ηρώδου του Αττικού τη δεκαετία του 1930), στους Δελφούς (οι Δελφικές εορτές 1927, 1930) και στην Ολυμπία (εορτές στην ιερή Άλτη με την ευκαιρία των Ολυμπιακών Αγώνων του 1936).

Ο ελιτιστικός χαρακτήρας της τουριστικής εισροής στην Αθήνα συνεχίσθηκε ωστόσο έως το Δεύτερο Παγκόσμιο πόλεμο. Μέχρι τότε, η Ελλάδα είχε μόνο ωφεληθεί από τον «πολιτιστικό τουρισμό» και δεν είχε νιώσει τις αρνητικές συνέπειες της παρουσίας μεγάλων μαζών. Αμέσως μετά τον πόλεμο, αναπτύχθηκε σταδιακά στην Αθήνα η αντίληψη ότι το άνοιγμα της χώρας προς το μαζικό τουρισμό ήταν αναπόφευκτο. Ήδη από το 1946, είχε ζητηθεί από τον καθηγητή Δημήτρη Πικιώνη να διατυπώσει οδηγίες για μια εθνική τουριστική πολιτική, ως εκπρόσωπος ειδικής επιτροπής. Ο Πικιώνης δήλωσε ότι ο τουρισμός θα έπρεπε να θεωρηθεί μια παιδευτική εμπειρία που θα είχε ως αποτέλεσμα *τη θρησκευτική κοινωνία με την φύσιν, την γνήσια γνωριμία με το βαθύτερον πνεύμα μιας χώρας κι ενός λαού.* Γι' αυτόν το λόγο οι τουριστικές εγκαταστάσεις θα έπρεπε να πάρουν μια αρχιτεκτονική μορφή απλή, που θα ήταν εναρμονισμένη με το περιβάλλον, και να τοποθετούνται μακριά από τους αρχαιολογικούς χώρους.

Κατά τις πρόσφατες δεκαετίες η εξέλιξη της τουριστικής ανάπτυξης στράφηκε προς την ταχεία μεταμόρφωση της Ελλάδος σε πόλο έλξης τουριστών. Ακολουθώντας το παράδειγμα της Ιταλίας και της Ισπανίας, ο νεοσύστατος Ελληνικός Οργανισμός Τουρισμού (ΕΟΤ) πήρε μέτρα για τη δημιουργία της κατάλληλης τουριστικής υποδομής και προώθησε έντονα την Ελλάδα στο διεθνές προσκήνιο. Αρχίζοντας με 100.000 επισκέπτες το 1954, η ετήσια τουριστική εισροή ξεπερνάει σήμερα τα 10 εκατομμύρια! Οι συνθήκες άλλαξαν ριζικά.

201. Η αρχαία Αγορά: το κεντρικό της τμήμα και στο βάθος η συνοικία του Μοναστηρακίου (2003).

201

Η ΠΟΛΙΤΙΣΤΙΚΗ ΕΜΠΕΙΡΙΑ ΣΤΟ ΠΛΑΙΣΙΟ ΤΟΥ ΙΣΤΟΡΙΚΟΥ ΤΟΠΙΟΥ ΤΗΣ ΑΘΗΝΑΣ ΣΗΜΕΡΑ

Ποιος είναι ο τρόπος βίωσης των ιστορικών μνημείων και των αρχαιολογικών χώρων της Αθήνας σήμερα; Πώς μπορεί να είναι αντιληπτοί και προσβάσιμοι οι χώροι αυτοί στους κατοίκους, αλλά και στους επισκέπτες της πόλης; Στη σημερινή εποχή του μαζικού τουρισμού τι απέγιναν οι πολιτιστικοί στόχοι που ωθούσαν αρχικά και κατά κύριο λόγο στην απόφαση του ταξιδιού; Πώς μπορεί η τέχνη, η ιστορία και το τοπίο να βιωθούν σήμερα κάτω από τις υφιστάμενες συνθήκες; Και ακόμα πώς μπορεί να μας αποκαλυφθούν και να μεταδώσουν τα μηνύματά τους; Ο πολιτικός, αλλά και πολιτιστικός, στόχος της εξασφάλισης της προσβασιμότητας των μνημείων σε όσο το δυνατό περισσότερους επισκέπτες έχει επιτευχθεί στις ανεπτυγμένες δυτικές κοινωνίες αλλά με τίμημα σημαντικές και αναπόφευκτες ηθικές και υλικές ζημίες.

Τα προγράμματα οργανωμένων ταξιδίων υπόσχονται σήμερα στον ταξιδιώτη, κατά ένα γελοίο τρόπο, τα πάντα μέσα σε δύο μέρες, με μια «εκδρομή-πακέτο» που συμπεριλαμβάνει ξεναγήσεις στο κέντρο της Αθήνας και στα μουσεία της, και επιπλέον νυκτερινές εξόδους για να γνωρίσει την «αληθινή ζωή» της πόλης. Επίσης πρέπει να συνδυάζεται πάντα η «αναψυχή» με την «εμπειρία» (η λέξη «καλλιέργεια» αποφεύγεται επιμελώς!). Έτσι, οι επισκέπτες μεταφέρονται το συντομότερο δυνατό μακριά από την Αθήνα στους τόπους παραθερισμού.

Η δυνατότητα απόλαυσης ενός αγαθού (δηλαδή, του ταξιδιού) που προηγουμένως επιφυλασσόταν στους κοινωνικά προνομιούχους ωθεί πολύ κόσμο στο να κάνει χρήση των προσφερόμενων δυνατοτήτων. Το γενικό αυτό άνοιγμα επέφερε βεβαίως το αναμενόμενο αποτέλεσμα, αφενός της ριζικής αλλαγής του χαρακτήρα πολλών πολιτιστικών παροχών, και αφετέρου του ουσιαστικού ευτελισμού κάποιων άλλων. Καθώς τα φλυαρούντα πλήθη συνωστίζονται στο πέρασμα των Προπυλαίων, η πορεία προς το πλάτωμα της Ακροπόλεως γίνεται ένας εκνευριστικός αγώνας παραγκωνισμού μάλλον, παρά ένα προσκύνημα. Το πρόβλημα αυτό έχει και άλλες πτυχές, όπως την έκθεση των μνημείων στους κινδύνους της παρουσίας μεγάλου πλήθους επισκεπτών και στην οπτική μόλυνση που εκμηδενίζει την αισθητική ακτινοβολία τους.

Η ιδιαίτερη αξία και η ακτινοβολία ενός αυθεντικού έργου τέχνης, σε αντίθεση προς ένα αντίγραφο, έγκειται στη μοναδικότητα και γνησιότητά του, την άμεση και αναντίρρητη παρουσία του. Οι ιδιότητες αυτές δεν χάνονται, αλλά βεβαίως αλλοιώνονται κάτω από τις συνθήκες που επιβάλλει ο μαζικός τουρισμός. Ενώ σε προηγούμενους καιρούς η ακτινοβολία του έργου τέχνης προκαλούσε την πνευματική ενδοσκόπηση στον παρατηρητή, το μνημείο μετατρέπεται σήμερα σε ένα στερεότυπο σύμβολο, σε αντικείμενο παράλογης ειδωλολατρίας. Αλλά και ο τρόπος έκθεσης των έργων τέχνης στα μουσεία τονίζει σήμερα εμφανώς τη διαδικασία φετιχιστικής προβολής με τη βοήθεια δραματικού φωτισμού, με επίπεδα βάθους ειδικά σχεδιασμένα για να απομονώνουν τα αντικείμενα, με εμπόδια που ενισχύουν την αίσθηση της απόστασης κ.λπ. Η κατάσταση αυτή είναι

202. Η βορειοανατολική γωνία του Παρθενώνος με τα ικριώματα των εργασιών συντήρησης (2003).

203 

απογοητευτική για τον αισθαντικό επισκέπτη που αποζητάει συνθήκες γαλήνης και ηρεμίας, προκειμένου να βιώσει θετικές εμπειρίες. Οποιαδήποτε προσπάθεια διασφάλισης μιας σχετικώς ανενόχλητης επίσκεψης είναι καταδικασμένη εκ των προτέρων, αφ' ενός λόγω της εξουθενωτικής παρουσίας του πλήθους, αφ' ετέρου λόγω της συχνά ακόμη περισσότερο παρενοχλητικής προσπάθειας διασφάλισης της τάξης εκ μέρους των φυλάκων.

Και τώρα τίθεται το ερώτημα: είναι τα συμπτώματα αυτά μια βεβήλωση της κληρονομιάς ή σηματοδοτούν μια καινούργια προσέγγιση που δεν καθοδηγήθηκε έως τώρα προς την ενδεδειγμένη κατεύθυνση; Εφόσον το αντικείμενο – ιστορικό μνημείο ή έργο τέχνης – διατηρεί την αρχική του λειτουργία, εύκολα υιοθετείται από το κοινό. Για παράδειγμα, ένα κτήριο εν λειτουργία επιβάλλεται στον παρατηρητή και μόνο από το γεγονός ότι βιώνεται, οι εικαστικές του αρετές έχουν δευτερεύουσα σημασία. Αλλά όταν η λειτουργία έχει εκλείψει και το αντικείμενο έχει περιέλθει στην κατηγορία του μνημείου ή του μουσειακού εκθέματος, χάνει την άμεση χρηστική σχέση του με τον άνθρωπο και καθίσταται προβληματικό.

Η συμβατική προσέγγιση προς τα έργα της τέχνης, ειδικότερα εκείνα της ελληνικής και ρωμαϊκής αρχαιότητος, αποκρυσταλλώθηκε στην Ευρώπη από το 18ο αιώνα και μετά. Η προσέγγιση αυτή συνίστατο στη στοχαστική θεώρηση, σε έναν εικαστικό ρεμβασμό δηλαδή, κατά τον οποίο η αισθητική εμπειρία αναμειγνυόταν αόριστα με ερμηνείες σχετικά με το νόημα του έργου. Η διαδικασία αυτή, βέβαια, δεν έχει πια καμία σχέση με τον τρόπο με τον οποίο επεδίωκε αρχικά ο καλλιτέχνης να επιδρά το έργο του στον παρατηρητή. Ο συνεπαγόμενος τρόπος βίωσης της τέχνης που υπερίσχυσε στο δυτικό κόσμο κατά τους δύο τελευταίους αιώνες υπήρξε μάλλον αφηρημένος και ιδεαλιστικός. Ως εκ τούτου, στη συνείδηση πολλών ευαίσθητων ανθρώπων τα μουσεία και οι χώροι ανασκαφών δεν είναι μόνον ιεροί τόποι αλλά και κοιμητήρια της τέχνης.

Στο μεταξύ, η προαγωγή του «ελεύθερου χρόνου», που όλο και περισσότερο καλλιεργείται στη σύγχρονη κοινωνία, ευνοεί καινούργιες (αλλά στην πραγματικότητα προαιώνιες) διεργασίες που ανταποκρίνονται στην πρωτογενή λειτουργική και απτική εμπειρία της αρχιτεκτονικής. Εάν η αναστάτωση που προκαλούν τα κύματα μαζικού τουρισμού μπορούσε να μετριασθεί με την οργάνωση ποικίλων και ευρηματικών κυκλωμάτων επίσκεψης των μνημείων, τότε ο σήμερα αναφαινόμενος Homo ludens (παίζων άνθρωπος) θα ήταν σε θέση να βιώσει το μνημειακό χώρο όχι μόνο παθητικά, αλλά μέσω και μιας πιο υπαρξιακής προσέγγισης, ενεργά. Αυτό θα σήμαινε την εξοικείωση των επισκεπτών με το χώρο με επανειλημμένες επισκέψεις που θα του προσέδιδαν νέο νόημα μέσα από την αλληλεπίδραση προσωπικών βιωμάτων και ιστορικών αναμνήσεων. Το εάν αυτή η νέα προσέγγιση των μνημείων είναι συμβατή προς τους σκοπούς της συντήρησης και προστασίας τους, είναι βέβαια πολύ αμφίβολο, εφ' όσον τα μέτρα για την επαρκή φύλαξή τους δεν έχουν ακόμα εξασφαλισθεί.

Μια επιτυχής βίωση του ιστορικού τοπίου των Αθηνών σε όλη τη σημαντική του πολυμορφία, από πλευράς των κατοίκων αλλά και των ξένων επισκεπτών, εξαρτάται κυρίως από την επινόηση μιας ποικιλίας διερευνητικών προσεγγίσεων προς την ιστορική περιοχή. Η εξοικείωση με το ιστορικό τοπίο των Αθηνών επιτυγχάνεται όταν οι επισκέπτες παρακινούνται στο να δεχθούν οπτικά, διανοητικά και συγκινησιακά ερεθίσματα μέσα από τους αγωγούς της προσωπικής εμπειρίας και της

203. Το κοίλον του Θεάτρου του Διονύσου. Λεπτομέρεια (2003).

εγκυκλοπαιδικής γνώσης των ιστορικών συνθηκών. Ιδιαίτερη σημασία σε μία τέτοια διαδικασία παίζουν η δυνατότητα εύκολου προσανατολισμού, καθώς και οι προσφερόμενες πληροφορίες που διευκολύνουν τη διερεύνηση και κατανόηση του ιστορικού χώρου.

Έως σήμερα, οι τουριστικοί οδηγοί των Αθηνών ακολουθούν τα πλέον παραδοσιακά πρότυπα. Οι καλύτερες διεθνείς εκδόσεις, π.χ. οι *Guides Bleus*, μιμούνται ακόμα το πρότυπο των διάσημων προκατόχων τους, των οδηγών των Murray, Joanne και Baedeker. Τα αρχαία μνημεία περιγράφονται με μεγάλη λεπτομέρεια και πλήθος πληροφοριών που αναφέρονται στο ιστορικό παρελθόν τους προσφέρονται στον επισκέπτη. Η σύγχρονη πόλη, τα δημόσια κτήρια, οι αστικοί χώροι και το τοπίο περιγράφονται γενικά και με πολύ επιφανειακό τρόπο. Προτείνονται κάποιες διαδρομές που

204 

204. Το κοίλον του Ωδείου Ηρώδου του Αττικού κατά βραδινή παράσταση.

205. Τα Προπύλαια και το λεγόμενο βάθρον του Αγρίππα.

205

206

συνδυάζουν την επίσκεψη σε ένα τμήμα του κέντρου της πόλης και στις εκεί αρχαιότητες και τα πάρκα. Η περιγραφή είναι κυρίως λεκτική, ενώ η καθοδήγηση, με τη βοήθεια οπτικών μέσων (π.χ. χάρτες-διαγράμματα οδών), συνήθως απουσιάζει. Σχετικά λίγοι ταξιδιώτες (κυρίως εκείνοι με επιστημονικό ενδιαφέρον για την αρχαιολογία) επισκέπτονται την Αθήνα με τη βοήθεια αυτών των οδηγών. Οι περισσότεροι συνωστίζονται μέσα σε ομάδες που παίρνουν σύντομες προφορικές εξηγήσεις από τους ξεναγούς. Αυτός ο τρόπος εξοικείωσης με το χώρο δεν είναι μόνο ο πλέον απρόσωπος, αλλά επιπλέον και ο πιο παθητικός: οι επισκέπτες εντείνουν πολύ λίγο την προσοχή τους και δεν παίρνουν εναύσματα για να διερευνήσουν το χώρο.

Εν τούτοις, ένας άλλος τρόπος ξενάγησης των επισκεπτών διαμέσου του ιστορικού χρόνου και χώ-

207

206. Λιθόστρωτο τμήμα της αρχαίας Οδού των Παναθηναίων, νότια της Στοάς του Αττάλου.

207. Πανοραμική άποψη από δυτικά του Αρείου Πάγου, της Ακροπόλεως και της συνοικίας Πλάκα.
Στο βάθος το Παναθηναϊκό Στάδιο και ο Αρδηττός.

ρου είναι δυνατός, ένας τρόπος που θα μπορούσε να κεντρίσει την εγγενή κλίση τους για εξερεύνηση: εφευρετικές διαδρομές του τύπου «ακολουθώντας την κόκκινη γραμμή» έχουν εφαρμοσθεί επιτυχώς σε πολλές ιστορικές πόλεις της Ευρώπης· διάφορες διαδρομές σημαδεύονται με τη βοήθεια μιας κόκκινης γραμμής στο έδαφος που πρέπει να ακολουθηθεί επί τη βάσει ενός απλουστευτικού χάρτη του χώρου. Μια αλληλουχία σημαντικών σημείων αριθμούνται κατά μήκος της γραμμής αυτής και σχηματίζουν μια ακολουθία τόπων στάσης κατά τη διαδρομή. Στα σημεία αυτά δίνονται χαρακτηριστικά ονόματα, σε συσχετισμό με το χωρικό πλαίσιο ή την ιστορική σημασία του τόπου και πρέπει να αναγνωρισθούν από τους ίδιους τους επισκέπτες κατά την πορεία τους. Εναλλακτικές δραστηριότητες προσφέρονται στον επισκέπτη από τα σημεία αυτά, όπως το να ανακαλύπτει ενδιαφέρουσες θέες, να ταυτίζει μνημεία, να εξοικειώνεται με το χαρακτήρα του τοπογραφικού σχηματισμού, της βλάστησης κ.λπ.

Στην Αθήνα, τέτοιες προδιαγεγραμμένες διαδρομές, προορισμένες για μικρές ομάδες, θα μπορούσαν να είναι μια πολύτιμη συνεισφορά για μια επιτυχή οικειοποίηση του ιστορικού χώρου από τους επισκέπτες. Με τον τρόπο αυτόν, η παθητική αποδοχή που κυριαρχεί σήμερα θα μπορούσε τελικά να αντικατασταθεί από ένα δυναμικό τρόπο προσέγγισης. Οι διαδρομές αυτές θα πρέπει να αποτελούν μικρούς περιπάτους, διαρκείας 20-40 λεπτών της ώρας, οι οποίοι θα διακλαδώνονται από τον κεντρικό άξονα του Αθηναϊκού Περιπάτου και θα προσεγγίζουν διερευνητικά τα μνημεία, τους χώρους ανασκαφών και τις ιστορικές τοποθεσίες. Η κίνηση αποπροσανατολισμένων μαζών που εκχέονται από τα τουριστικά λεωφορεία και κατακλύζουν μόνο την Ακρόπολη μπορεί να αντικατασταθεί έτσι στο μέλλον από μικρές ομάδες επισκεπτών με πνευματικό κίνητρο που θα κατανέμονται σε όλους τους μνημειακούς χώρους.

208. Η βορειοανατολική γωνία του θριγκού του Παρθενώνος και τμήμα του ανατολικού αετώματος.

209. Οι ιωνικοί κίονες της ανατολικής και της βόρειας προστάσεως του Ερεχθείου. Λεπτομέρεια.

210. Μια από τις κόρες του Ερεχθείου (αντίγραφο από λευκό σιμέντο επί του μνημείου, το αυθεντικό γλυπτό φυλάσσεται στο Μουσείο).

211. Σωρός κορινθιακών κιονοκράνων.

208

209

210

211

ΤΡΟΠΟΙ ΣΥΜΠΕΡΙΦΟΡΑΣ ΣΤΟΝ ΙΣΤΟΡΙΚΟ ΧΩΡΟ

Αν και οι δραστηριότητες της αστικής ζωής στην Ελλάδα ανέκαθεν αναπτύχθηκαν κυρίως στο ύπαιθρο, η συγκινησιακή σχέση των ανθρώπων με τη φύση δεν άγγιξε ποτέ την υπαρξιακή διάσταση μιας μεταφυσικής ανάτασης ή και λατρείας, όπως συμβαίνει στις χώρες του βορρά. Οι Έλληνες απολαμβάνουν τη φύση με έναν απλό, ανεπιτήδευτο και ανέμελο τρόπο. Η ύπαιθρος είναι ένας χώρος που προσφέρει τις χαρές της κολύμβησης και της ιστιοπλοΐας, την ευκαιρία της επαφής με τον ιδιαίτερο τόπο καταγωγής ή τη δυνατότητα για κυνήγι και ψάρεμα με ένα μάλλον απλοϊκό τρόπο. Η φύση αντιμετωπίζεται ως ένα πρόσφορο πεδίο για κοινωνικές συναντήσεις και αθλητικές δραστηριότητες. Η στοχαστικότητα, ο ρεμβασμός και η θρησκευτική σχεδόν ενατένιση της ομορφιάς, καθώς και του μυστηρίου της φύσης, είναι φαινόμενα ξένα προς την πραγματιστική νοοτροπία της πλειονότητας των Ελλήνων.

Οι περιηγήσεις πεζή στο φυσικό περιβάλλον, ή ακόμα και αυτή η περιδιάβαση μέσα στην πόλη, είναι δραστηριότητες άγνωστες στο νότο, αν δεν συνδυάζονται με το συγκεκριμένο σκοπό της κοινωνικής συναναστροφής σε κεντρικές πλατείες, δρόμους και άλλους ελεύθερους χώρους. Ως συνέπεια ενός τέτοιου προτύπου συμπεριφοράς, τα αστικά πάρκα χρησιμοποιούνται σχεδόν αποκλειστικά από τους ηλικιωμένους και τα μικρά παιδιά, των οποίων οι επιτηρητές αναζητούν εκεί ανακούφιση την εποχή της μεγάλης ζέστης. Ο πολύ γνωστός τύπος του «πάρκου του λαού» (*Volkspark*) της κεντρικής Ευρώπης με τους ευρύχωρους χώρους αναψυχής και τους άνετους περιπάτους του δεν έχει αναπτυχθεί στις πόλεις του νότου. Αυτό ισχύει και για την Αθήνα.

Ορισμένες περιοχές ωστόσο στην Αθήνα, εκτός από τα πάρκα, έχουν διαμορφωθεί σε χώρους πρασίνου, έχουν μείνει έτσι ελεύθερες από δόμηση και αποτελούν συστατικά στοιχεία της πολιτιστικής-αρχαιολογικής ζώνης: αναδασωμένοι λόφοι αλλά και χώροι αρχαιολογικών ανασκαφών. Πώς προσεγγίζουν οι κάτοικοι αυτές τις περιοχές; Επί μακρόν, οι σημαντικές φυτευμένες εκτάσεις των λόφων του Μουσείου και του Λυκαβηττού ήταν μισοεγκαταλελειμμένοι χώροι που παρείχαν πολύ λίγη ασφάλεια στους περιπατητές. Και όμως, οι λόφοι στο κέντρο του λεκανοπεδίου προσφέρουν χώρους για μια πραγματική διερευνητική περιήγηση, αλλά και ανεμπόδιστες γενικές θέες του αστικού τοπίου από κατάλληλα σημεία όρασης. Εν τούτοις, οι περίπατοι στους λόφους δεν γοητεύουν τους κατοίκους, οι οποίοι θεωρούν τέτοια εγχειρήματα ως κουραστικά και μάλλον ανιαρά.

Στο παρελθόν, και ειδικότερα κατά το 19ο αιώνα, ορισμένες αρχαίες θέσεις είχαν συνδεθεί με παραδοσιακούς λαϊκούς εορτασμούς. Έτσι, το ευρύχωρο πλάτωμα του Ολυμπιείου ήταν τόπος συνάντησης για υπαίθρια γεύματα την Καθαρή Δευτέρα. Το μέρος ήταν γνωστό ως «στους Στύλους», μια ονομασία που εμφανώς παρέπεμπε στους επιβλητικούς κορινθιακούς κίονες του ναού του Ολυμπίου Διός με πλήρη άγνοια για την ιστορική σημασία του μνημείου. Εορτασμοί και λαϊκές συγκε-

212

213

ντρώσεις γίνονταν και στο μεγάλο πλάτωμα στα νότια του Θησείου (ναού του Ηφαίστου), με παραστάσεις σχοινοβατών και παραδοσιακούς χορούς. Αργότερα, εγκαταστάθηκε εκεί ένα ανοιχτό θέατρο. Ο παρακείμενος ναός του Ηφαίστου δεν προκαλούσε καμία αίσθηση δέους ή θαυμασμού. Ακόμα και σήμερα, σημαντικά αρχαία μνημεία, όπως το χορηγικό μνημείο του Λυσικράτους ή το υδραυλικό Ωρολόγιο του Ανδρονίκου του Κυρρήστου είναι αμυδρά γνωστά με τα λαϊκά τους παρώνυμα «Φανάρι του Διογένους» και «Πύργος των Ανέμων»· το πρώτο αναφέρεται στο κυλινδρικό σχήμα του κτίσματος, ενώ το δεύτερο παραπέμπει στην ανάγλυφη ζωφόρο του, όπου απεικονίζονται οι κύριοι Άνεμοι.

Ο ανέμελος και μάλλον τυχαίος τρόπος χρήσης των αρχαίων μνημείων ως σκηνικών για εορταστικές εκδηλώσεις, καθώς και τα γραφικά και ευφάνταστα ονόματα που τους αποδίδουν οι κάτοικοι, είναι ασφαλείς ενδείξεις περί του τι κυρίως σημαίνουν για τους περισσότερους τα αρχαία κατάλοιπα: τοπόσημα, σημεία προσανατολισμού και αναφοράς μέσα στον αστικό ιστό της σύγ-

212, 213. Πρόταση των ελβετών αρχιτεκτόνων «Groupement d' architectes» για την κάλυψη της Ακροπόλεως με γεωδαιτικό θόλο (1975).

χρονης πόλης. Τα μνημεία διαθέτουν μια ισχυρή ταυτότητα και είναι γνωστά στον πιο πολύ κόσμο ως οικεία εικαστικά στοιχεία του αστικού τοπίου. Η επακριβής γνώση περί της αρχικής λειτουργίας τους, της ιστορίας τους και της καλλιτεχνικής τους σημασίας αποτελεί προνόμιο μόνο μιας πολύ μικρής μειονότητας. Έτσι λοιπόν, οι οργανωμένες επισκέψεις και οι επί τόπου μελέτη των αρχαίων καταλοίπων σίγουρα δεν ανήκουν στις ενασχολήσεις του ελεύθερου χρόνου της συντριπτικής πλειοψηφίας των Αθηναίων. Η συναισθηματική ταύτιση με την αρχαία κληρονομιά βιώνεται μάλλον μέσα από στερεότυπες αναφορές στους ηρωικούς προγόνους και στο «αρχαίον κλέος» της εποχής του Περικλέους. Πραγματικό ενδιαφέρον για τα επιτεύγματά τους σπανίζει.

Θα ήταν όμως άδικο να μην αναφερθεί κανείς εδώ και σε κάποιες αξιόλογες προόδους που έχουν σημειωθεί πρόσφατα στη μεθοδολογία της εκπαιδευτικής εξοικείωσης της ελληνικής νεολαίας με τα μνημεία, κυρίως με την πρωτοβουλία μερικών αφοσιωμένων διανοουμένων και ειδικών. Οι συμβατικές και κενές περιεχομένου σχολικές εκδρομές-προσκυνήματα, όπως οργανώνονταν κατά το παρελθόν (όλοι μας έχουμε την ανάμνησή τους με ένα αίσθημα μελαγχολίας, ίσως και ευθυμίας) αντικαταστάθηκαν από εφευρετικά εκπαιδευτικά προγράμματα που συνδυάζουν τη διδασκαλία μέσω εικόνων και κειμένου με μια διαδικασία έμπρακτης εξοικείωσης με την αρχαία τέχνη και αρχιτεκτονική.

Η διαμόρφωση του Αθηναϊκού Περιπάτου αποτελεί ένα πρώτο αποφασιστικό βήμα στο άνοιγμα του ιστορικού χώρου και στη ζωντανή ένταξή του στην καθημερινή ζωή της μεγαλούπολης. Δημιουργείται ο πρώτος ευρύς δημόσιος χώρος σε μη δομημένο περιβάλλον στο πυκνοκτισμένο κέντρο της πόλης που σφύζει από ζωή. Σε μεγάλα τμήματα της διαδρομής ο πεζός επισκέπτης βλέπει στον οπτικό του ορίζοντα μόνο τα μνημεία και τις φυτευμένες πλαγιές των λόφων: βρίσκεται σε μία μεγάλη νησίδα γαλήνης και αισθητικής χαράς. Το πρώτο βήμα εξοικείωσης με το ιστορικό τοπίο είναι ο Περίπατος. Επιτέλους, βιώνεται και πάλι η ανεμπόδιστη κίνηση του πεζού στην καρδιά της πόλης. Το δεύτερο βήμα όμως που έπεται είναι η διακριτική πρόσκληση για τη διερεύνηση από κοντά των μνημειακών χώρων δεξιά και αριστερά της διαδρομής: του Θησείου, της αρχαίας Αγοράς, του Αρείου Πάγου, της Ακροπόλεως, του Διονυσιακού Θεάτρου, του Λόφου του Μουσείου (Φιλοπάππου), της Πνύκας. Χώρος αναψυχής με την αληθινή σημασία της λέξης (της ψυχικής δηλαδή ανάτασης και ανύψωσης) λοιπόν ο Αθηναϊκός Περίπατος, αλλά και λειτουργικός δίαυλος για την προσέγγιση των αρχαίων μνημείων και των ιστορικών τοποθεσιών, που μπορεί να παίξει καταλυτικό ρόλο στην εξοικείωση του σύγχρονου ανθρώπου με την ιστορία και τις αρχετυπικές μορφές αυτής της πόλης. Νέοι τρόποι συμπεριφοράς και βίωσης του αστικού χώρου διαγράφονται στον ορίζοντα που γεννούν ελπίδες για έναν εξανθρωπισμό των ηθών στην πόλη.

Η ΕΜΠΕΙΡΙΑ ΤΗΣ ΕΠΙΣΚΕΨΗΣ ΤΗΣ ΑΚΡΟΠΟΛΕΩΣ. ΝΟΗΜΑ ΚΑΙ ΔΙΑΔΙΚΑΣΙΑ

Η πόλη μας η Αθήνα, μας αναδέχεται, γηγενείς Αθηναίους και ξένους, εμάς τους ίδιους, τις ελπίδες, τις εξάρσεις αλλά και τις αμαρτίες μας στη στοργική αλλά και παμφάγο μητρική της αγκάλη. Μες στην αγκάλη αυτήν, η τύρβη της καθημερινότητας ωθεί τους κατοίκους αλλά και τους εξουθενώνει. Δέσμιοι του αέναου κυνηγητού της σκοπιμότητας, αναβλέπουμε σπάνια. Ποιος είναι ωστόσο ο πόλος έλξης εκείνος που με την ύπαρξή του και μόνο δίνει στην εφήμερή μας πολυπραγμοσύνη ένα σταθερό σημείο αναφοράς και στον κατακερματισμένο μας βίο μια αίσθηση ενότητας; Δεν εννοούμε βεβαίως τοπογραφικά σημεία αναφοράς ή σημεία φυσικού προσανατολισμού στο χώρο. Ο λόγος εδώ είναι για το τοπόσημο εκείνο της πόλης – δημιούργημα της φύσης αλλά συνάμα και τέχνημα ανθρωπογενές – που μας στηρίζει υπαρξιακά και που επανθεί στην ψυχή μας γεραρό, εράσμιο και πάντα νέο. Με τα μάτια της αίσθησης αλλά και με τα μάτια της ψυχής ατενίζουμε σταθερά προς την Ακρόπολη της Αθήνας, τόπο σπερματικό, χώρο ταύτισης και αυτογνωσίας.

Πολλές οι αναφορές, οι δεσμοί και τα βιώματα που μας συνδέουν με το μνημειακό αυτό χώρο. Οι δεσμοί αυτοί – που μας στηρίζουν – δεν είναι πάντοτε συνειδητοί και εξίσου ισχυροί όλοι. Τονίζονται και βιώνονται με διάφορη ένταση στις διάφορες ιστορικές περιόδους και ανάλογα με την ψυχική δεκτικότητα του κάθε ανθρώπου. Οι βιωματικές αξίες του μνημειακού συνόλου είναι ωστόσο πολλές, συνυπάρχουν, διαπλέκονται στενά και του προσδίδουν την ανεπανάληπτη αίγλη του.

Χώρος χρηστικός ήταν πάντα η Ακρόπολη, με ποικίλες λειτουργίες στο πέρασμα των καιρών: οχυρό καταφύγιο και φορέας του μυκηναϊκού μεγάρου στα πανάρχαια χρόνια· χώρος λατρείας των χθόνιων θεοτήτων και των μυθικών ηρώων αυτής της γης, του Κέκροπος, του Ερεχθέως· ιερός περίβολος, κατοικία των θεών αλλά και θησαυρός της Αττικής Συμμαχίας στους κλασικούς χρόνους· ιερός τόπος, άξιος επίσκεψης και αντικείμενο θαυμασμού –εδώ διαγράφεται μια πρώτη εμφάνιση του περιηγητισμού, μια τουριστική χρήση θα λέγαμε σήμερα – κατά τους ελληνιστικούς και ρωμαϊκούς χρόνους· έδρα επισκόπου κατά τη βυζαντινή εποχή και οχυρό ανάκτορο των φράγκων, καταλανών και φλωρεντίνων δεσποτών στον όψιμο Μεσαίωνα· οχυρή άνω πόλη με την κατοικία του Δισδάρη κατά τους χρόνους της Τουρκοκρατίας... Η ιστορία δεν επέδειξε καμία καθαρεύουσα διάθεση, σεβόμενη αφηρημένα ένα χώρο-σύμβολο, αλλά αντίθετα εμπλούτισε το χώρο αυτόν ανά τους αιώνες με όλες σχεδόν τις ανθρώπινες δραστηριότητες πλην μιας, και αυτό είναι ενδεικτικό: της εμπορικής συναλλαγής.

Πρώτιστα, λοιπόν, χώρος ζωής η Ακρόπολη των Αθηνών για διάστημα χιλιετιών· δεν πρέπει να το παραβλέπουμε αυτό εμείς οι επίγονοι, για τους οποίους εδώ και 170 χρόνια άλλες αξίες του μνημειακού συνόλου έχουν λάβει βαρύνουσα σημασία στη θεώρησή μας.

Τελευταία και μάταιη προσπάθεια αναβίωσης μιας «εν ενεργεία» – ας επιτραπεί ο αδόκιμος όρος – μιας «χρηστικής» Ακροπόλεως: η πρόταση του μεγάλου κλασικιστή αρχιτέκτονα Karl Friedrich Schinkel, το 1834, για την ίδρυση των ανακτόρων του Όθωνος σε μορφή κατοικίας κατά τα πομπηιανά πρότυπα στα ανατολικά του Παρθενώνος. *Η Ακρόπολη της Αθήνας αποτελεί φωτεινό ορόσημο της παγκόσμιας ιστορίας, με το οποίο συνδέονται άπειροι συνειρμοί που θα συνεχίσουν να είναι σημαντικοί και πολύτιμοι για ολόκληρο το γένος των ανθρώπων. Και μόνο γι' αυτό αξίζει να αναβιώσει αυτός ο χώρος για την ιστορία του μέλλοντος...*, γράφει ο Schinkel. Ένα από τα πιο μεγαλόπνοα και αρμονικά αρχιτεκτονικά οράματα του 19ου αιώνα έμελλε ωστόσο να μείνει όνειρο θερινής νυκτός ενός μεγάλου αρχιτέκτονα, όπως με κακεντρέχεια σχολίασε την ίδια εποχή ο αντίμαχός του, Leo von Klenze, εμποδίζοντας αποφασιστικά την πραγματοποίησή του.

Από το 1833 η Ακρόπολη γίνεται χώρος δεδηλωμένου διεθνούς καλλιτεχνικού ενδιαφέροντος. Η αισθητική αξία του αρχιτεκτονικού έργου προβάλλεται με έμφαση στη συνείδηση των δυτικοευρωπαίων φιλοτέχνων. Ο Leo von Klenze διακηρύσσει προγραμματικά κατά την τελετή των εγκαινίων των αναστυλωτικών έργων του Παρθενώνος στις 10 Σεπτεμβρίου του 1834 απευθυνόμενος προς τον Όθωνα: *Τα ίχνη μιας εποχής βαρβαρότητος, συντρίμματα και άμορφα ερείπια θα εξαφανισθούν και εδώ, όπως και παντού στην Ελλάδα, και τα κατάλοιπα του ενδόξου παρελθόντος θα αναστηθούν με νέαν αίγλη, βέβαιοι φορείς ενός ενδόξου παρελθόντος αλλά και μέλλοντος.* Από τη «βαρβαρότητα» λοιπόν στον πολιτισμό και τη νέα δόξα μέσω των αναστημένων μνημείων! Μια προτροπή, ένα «πιστεύω», που θα ξανακουσθεί σύντομα και από επίσημα ελληνικά χείλη: *Και ημείς μεν ως επισημοτάτην διαμαρτύρησιν κατά της ιεροσύλου καταστροφής του Παρθενώνος, ανεγείρομεν αυτόν σήμερον εκ των ενόντων ερειπίων αυτού, ως ανηγείραμεν την αρχαίαν ελευθέραν Ελλάδα εκ των ενόντων λειψάνων της*, διακηρύσσει ο Αλέξανδρος Ρίζος-Ραγκαβής κατά τον ετήσιο απολογισμό της Αρχαιολογικής Εταιρείας, το έτος 1842. Έτσι, η ύψιστη αξία του «πολιτισμού» ταυτίζεται με την εξέχουσα καλλιτεχνική αξία, πνευματική, μορφολογική και αισθητική των μνημείων της Ακροπόλεως.

Η υψηλή Περίκλειος τέχνη, μετά από πολλούς αιώνες, κατά τους οποίους αδιαφόρησαν γι' αυτήν ή την είδαν ως περιηγητικό αξιοθέατο, βρίσκει την «αναγέννησή» της στη συνείδηση του δυτικού κόσμου ήδη από τα μέσα του 18ου αιώνα με τις αποτυπωτικές εργασίες των Stuart και Revett και του Le Roy. Αλλά κυρίως η υφαρπαγή των γλυπτών της Ακροπόλεως, καθώς και εκείνων από τους ναούς της Αφαίας στην Αίγινα και του Επικούρειου Απόλλωνα στη Φιγάλεια, και η έκθεσή τους στο Μόναχο και στο Λονδίνο κατά τις πρώτες δεκαετίες του 19ου αιώνα, σηματοδοτούν την αρχή της συστηματικής καλλιτεχνικής αρχαιογνωσίας που αναφέρεται στην Ελλάδα και ιδιαίτερα στην αθηναϊκή Ακρόπολη.

Η συνειδητή αισθητική αποτίμηση και δομική διερεύνηση του μνημειακού συνόλου της Ακροπόλεως πηγάζουν από μια στροφή της δυτικής τέχνης και διανόησης προς την αρχαιολατρία κατά το 18ο και 19ο αιώνα. Δίπλα στα κλασικά γραπτά μνημεία, έρχονται τώρα τα ερείπια της Ελλάδος να γητεύσουν τον ευρωπαϊκό χώρο. Η λάμψη τους έγινε το κίνητρο για την ανάπτυξη της κλασικιστικής θεώρησης του κόσμου, δηλαδή της απόπειρας αναβίωσης του αρχαιοελληνικού πνεύματος, η οποία, σε αντίθεση με την Αναγέννηση που πρότυπό της υπήρξε η ρωμαϊκή αρχαιότητα, είχε ως περιεχόμενο μια πιστή, εν τούτοις όμως συχνά στείρα απομίμηση των επιτευγμάτων της κλασικής Ελλάδος. Η λατρεία της αρχαιότητος, η οποία ως βασική αισθητική και ανθρωπιστική στάση της Δύσης αποσκοπεί στον εξευγενισμό της ζωής, επανεισάγεται τώρα – ως αντίδωρο – στην Ελλάδα, στην αναστημένη χώρα, η οποία αποτελεί και το αντικείμενο της ενατένισης της Δύσης. Αλλά, ενώ στη Δύση η αρχαιολατρία σημαίνει στροφή προς την αρχαιοελληνική αντίληψη της ζωής, δηλαδή τη φιλελεύθερη στάση του πολίτη, την ανθρωποκεντρική αντίληψη του κόσμου και την αισθητική θεώρησή του, στην ελευθερωμένη Ελλάδα μεταβάλλεται κυρίως σε φορέα μιας ιστορικά όψιμης αυτογνωσίας και μιας ακραίας πατριωτικής προγονολατρίας.

Έτσι, διαφαίνεται μια άλλη βιωματική αξία, με την οποία φορτίζεται κατά τη σχετικά πρόσφατη περίοδο του ελεύθερου εθνικού βίου το μνημειακό σύνολο της Ακροπόλεως: ο βράχος γίνεται τώρα «ιερός», όχι με τη θρησκευτική έννοια του όρου, αλλά με την εθνοκεντρική. Η Ακρόπολη των Αθηνών ελευθερώνεται από κάθε χρήση και μετατρέπεται σε τόπο-σύμβολο, σε χώρο εθνικής ταύτισης και σε πηγή εθνικής υπερηφάνειας. Με ένα λόγο, σε «εθνική κιβωτό», σε ένα είδος ασάλευτης πέτρινης ναυαρχίδας του έθνους, πάνω στην οποία κυματίζει η ελληνική σημαία. Αρχιτεκτονικά ερείπια παγκόσμιας αισθητικής ακτινοβολίας, πάνω στα οποία επαίρεται η ελληνική σημαία! Χειρονομία λογικά άτοπη, ενδεικτική όμως του χαρακτήρα του νέου συμβόλου πατριδολατρίας.

Αποτέλεσμα αυτού του νέου περιεχομένου του πατριωτικού συμβόλου είναι και η φιλοσοφία συντήρησης των μνημείων της Ακροπόλεως από το 1833 και μετά: εδώ διαμορφώνεται μια ακραία περίπτωση αναστυλωτικού οραματισμού, τον οποίο εισήγαγαν δυτικοευρωπαίοι, και κυρίως γερμανοί μελετητές, στις αρχές του 19ου αιώνα, και τον οποίο ασπάσθηκε στη συνέχεια η ελληνική κοινωνία καθ' όλη τη διάρκεια του ελεύθερου εθνικού βίου. Έτσι, κατά τον τελευταίο ενάμισην αιώνα καλλιεργείται το όραμα μιας Ακροπόλεως «καθαρμένης» και απηλλαγμένης απ' όλα τα ίχνη των υστερότερων αρχιτεκτονικών τεκμηρίων που συσσωρεύθηκαν επάνω της: όραμα που αντανακλά όχι μόνο την ελληνική βούληση, αλλά και τη συναίνεση της διεθνούς επιστημονικής κοινότητας. Απόρροια της ακραίας αυτής στάσης μονομερούς προβολής μιας φάσης της ιστορίας και της επιθυμίας να αποκατασταθεί όσο το δυνατό το «αρχαίον κάλλος», ο κλασικός δηλαδή χαρακτήρας του αρχαίου μνημειακού συνόλου, είναι η μακρά αναστυλωτική δραστηριότητα που συνεχίζεται μέχρι και τις ημέρες μας.

Αποξενωμένη από κάθε λειτουργική χρήση, αντικείμενο καλλιτεχνικού και επιστημονικού θαυμασμού, «ιερός» τόπος του έθνους και κληρονομημένος θησαυρός-καύχημα των νεοελλήνων, η Ακρόπολη των Αθηνών, ως διαχρονικό σύμβολο δεν ξεπροβάλλει εν τούτοις, όπως θα ήταν ίσως αναμενόμενο, αγέρωχη και απόκοσμη πάνω από την πόλη, αλλά αποτελεί αντιθέτως αντικείμενο περιεργείας και επίσκεψης για τις γενεές που διαδέχονται η μία την άλλη.

Για τους σχετικά ολιγάριθμους ξένους επισκέπτες στην τουρκοκρατούμενη Ελλάδα, η επίσκεψη της Ακροπόλεως είχε το χαρακτήρα της ανακάλυψης ενός φημισμένου και δυσπρόσιτου καλλιτεχνήματος του αρχαίου κόσμου. Για τους περιηγητές του 19ου αιώνα – αρχαιοδίφες αλλά και ένα επίλεκτο καλλιεργημένο αστικό κοινό – η προσέγγιση του μνημειακού συνόλου έπαιρνε τη διάσταση ενός προσκυνήματος – όχι θρησκευτικού αλλά πολιτιστικού – στις ρίζες του ευρωπαϊκού πολιτισμού.

Στην εποχή μας, με την προοδευτική εξέλιξη του περιηγητισμού – «τουρισμό» τον ονομάζουμε σήμερα – σε ένα φαινόμενο μαζικών εποχιακών μετακινήσεων με στόχο την αναψυχή, η «επίσκεψη-προσκύνημα» περιορίσθηκε αισθητά και αφορά μόνο τους λίγους αληθινούς θιασώτες και εραστές της αρχαιοελληνικής τέχνης. Για την πλειονότητα των ξένων επισκεπτών η σύντομη παρουσία τους στον ιερό βράχο, συχνά κάτω από ασφυκτικές συνθήκες πολυκοσμίας και χρονικής πίεσης που καθιστούν ανέφικτη τη στοχαστική περιήγηση και τη συνειδητή βίωση του χώρου, μπορεί να χαρακτηρισθεί μια άβουλη συναίνεση στη συμβατική πολιτιστική επιταγή που απαιτεί να έχει ιδεί κανείς – έστω και μόνο με τα μάτια της φωτογραφικής του μηχανής – όλα τα αρχαία και νέα «θαύματα» του κόσμου. Επισημαίνουμε ήδη εδώ την ίσως πιο προφανή αξία που έχει στο σύγ-

214

χρονο κόσμο το μνημειακό σύνολο, τουλάχιστον για τις μεγάλες μάζες των εν δυνάμει επισκεπτών του, την αρκετά αμφίβολη δηλαδή αξία του «τουριστικού αξιοθέατου». Το αξιοθέατο αυτό δεν πηγάζει ούτε από τη χρηστική ανάγκη, ούτε από τη θρησκευτική πίστη, ούτε από την καλλιτεχνική αποτίμηση, αλλά από μια επιπόλαιη περιέργεια που ικανοποιείται με το συμβατικότερο τρόπο. Και όμως, οικονομικές σκοπιμότητες και οι τρόποι διαβίωσης της λεγόμενης «ανοικτής κοινωνίας», στηρίζουν και διατηρούν σήμερα, αλλά πιθανόν και στο μέλλον, αυτή την αμφίβολη «αξία».

Με τις συνθήκες του μαζικού τουρισμού (15.000 επισκέπτες την ημέρα, 3.000 την ώρα αιχμής του Αυγούστου) η δυνατότητα της φυσικής διακίνησης των επισκεπτών στο πλάτωμα της Ακροπόλεως, η ανενόχλητη θέαση των μνημείων και η διερευνητική βίωση του ιστορικού χώρου έχουν γίνει προβληματικές. Και δυστυχώς τα περιθώρια διορθωτικών οργανωτικών μέτρων είναι άκρως περιορισμένα σε έναν κλειστό περίβολο τριών εκταρίων με μια μόνη πρόσβαση και περιορισμένο αριθμό διαύλων κίνησης επάνω στο πλάτωμα!

Εν τω μεταξύ η ανέγερση και λειτουργία του Νέου Μουσείου Ακροπόλεως (2009) διαφοροποιεί σημαντικά τον καταμερισμό των κέντρων βάρους πολιτιστικού ενδιαφέροντος στην ευρύτερη περιοχή της Ακροπόλεως, εμπλουτίζοντας αλλά και μέχρι ενός σημείου μεταλλάζοντας την εμπειρία βιώσεως του ιστορικού χώρου.

214. Το Νέο Μουσείο Ακροπόλεως, η νότια κλιτύς της Ακροπόλεως με το Θέατρο του Διονύσου και στο βάθος ο ιερός Βράχος.

215. Γενική άποψη του Νέου Μουσείου από τα ανατολικά.

215

Από την ίδρυση του Ελληνικού Κράτους, και επί 175 έτη, τα έργα της αρχαίας γλυπτικής και κεραμοπλαστικής, που ανακαλύφθηκαν από τις ανασκαφές επί του πλατώματος της Ακροπόλεως ή ήταν εντεταγμένα στα αρχαία μνημεία, δεν απομακρύνθηκαν από τον ιερό περίβολό της. Η εν χώρω συνύπαρξη του γλυπτού διακόσμου και των αρχιτεκτονημάτων διατηρήθηκε αναλλοίωτη. Η αρχή αυτή οδήγησε και στην ίδρυση του διακριτικά χωροθετημένου παλαιού Μουσείου Ακροπόλεως (Αρχιτέκτων Παναγιώτης Κάλκος, 1865-1874) επί του πλατώματος.

Η επιδείνωση των περιβαλλοντικών συνθηκών στο Λεκανοπέδιο της Αθήνας μετά το 1970, οδήγησε στην ανάγκη καθαίρεσης από τα μνημεία του γλυπτού διακόσμου τους και στην αντικατάστασή τους από αντίγραφα. Ένας σπάνιος, σε καλλιτεχνική αξία αλλά και πλήθος, αριθμός εκθεμάτων έπρεπε να αναδειχθεί σύμφωνα με τις απαιτήσεις της μουσειολογίας. Η ανάγκη ενός νέου Μουσεί-

216

ου της Ακροπόλεως έγινε επιτακτική και αυτή τη φορά εκτός του ιερού περιβόλου της. Μετά από μία περιπέτεια αλλεπάλληλων σχεδιασμών, που κράτησε τριάντα χρόνια, το νέο κτήριο, υπερδεκαπλάσιας επιφάνειας (15.000 τετραγωνικά μέτρα ωφέλιμης επιφάνειας) από το παλαιό μουσείο, έργο των αρχιτεκτόνων Μιχάλη Φωτιάδη και Bernard Tsumi, είναι σήμερα πραγματικότητα.

Η μορφολόγηση του αρχιτεκτονήματος, παρά το σημαντικό οικοδομημένο του όγκο που με δυσκολία εντάσσεται στον περιβάλλοντα αστικό ιστό αλλά και στο ιστορικό τοπίο, είναι εν τούτοις λιτή, χωρίς εκζητήσεις, και εξασφαλίζει με μια συνέχεια φωτόλουστων και εξωστρεφών εκθεσιακών χώρων, την επιθυμητή ανάδειξη των κορυφαίων έργων της αρχαίας γλυπτικής.

216. Οι φωτόλουστες αίθουσες των γλυπτών του Παρθενώνα.

Οι μελετητές του έργου επεδίωξαν με διάφορους τρόπους την αντιληπτική διασύνδεση αλλά και αντιπαράθεση του Μουσείου με το πλάτωμα και τα μνημεία της Ακροπόλεως, τονίζοντας τη σημασία ενός εμφανούς «διαλόγου» μεταξύ των καλλιτεχνικών εκθεμάτων (στο Μουσείο) και των μνημείων στα οποία ανήκουν (στην Ακρόπολη). Έτσι από το μεγάλο εξώστη Θέας του Μουσείου, αλλά και από το χώρο έκθεσης των γλυπτών του Παρθενώνος, προσφέρεται το μεγαλοπρεπές πανόραμα του ιερού Βράχου και της νότιας κλιτύος του, από τη σχετικά μικρή απόσταση των 300-500 μέτρων. Η στέψη του Μουσείου, εξ' άλλου, ο ανώτατος όροφος με τα εκθέματα του Παρθενώνος, διαμορφώθηκε ως αυτόνομος κτηριακός όγκος, που, ως αυστηρό παραλληλεπίπεδο και με τις ακριβείς διαστάσεις της κάτοψης του Παρθενώνος, επιτρέπει την κατά μίμηση της αρχικής διάταξης ανάπτυξη των μελών της ζωφόρου και των μετοπών του μεγάλου ναού.

Αλλά και η παράλληλη διάταξη της στέψης αυτής του Μουσείου (με απόκλιση από τον προσανατολισμό του υπολοίπου σώματος του κτηρίου) προς τον Παρθενώνα, εκφράζει την επιθυμία δημιουργίας ενός ιονεί συμβολικού «εκτοπλάσματος» ή «ολογράμματος» του Παρθενώνος για τη

217. Η «υπόστυλη» αίθουσα των αρχαϊκών γλυπτών.

218. Η αίθουσα των γλυπτών του Παρθενώνος και στο βάθος ο ιερός Βράχος με τον Παρθενώνα.

217

στέγαση των γλυπτών του. Αυτό το οποίο επιχειρείται εδώ είναι η ανέγερση μιας μιμητικής «κιβωτού», μιας πτέρυγας του Νέου Μουσείου που υποβάλλει την αίσθηση μιας αφαιρετικής προσπάθειας δημιουργίας ενός νέου, «παραλλήλου Παρθενώνος».

Η ίδρυση και λειτουργία του Νέου Μουσείου, στη νοτιοανατολική αρχή της διαδρομής του Αθηναϊκού Περιπάτου, θα έχει και αναπόφευκτες επιπτώσεις στον τρόπο επίσκεψης και αντιληπτικής πρόσληψης του μνημειακού χώρου. Το Μουσείο, ως πρώτη σημαντική στάση του ιστορικού Περιπάτου, προσφέρει την άμεση δυνατότητα διδακτικής εξοικείωσης με τον κόσμο της αρχαίας Τέχνης στην αρχή της πορείας-προσκυνήματος και αποτελεί έτσι την επιθυμητη εισαγωγή-μύηση στην επίσκεψη του ιστορικού τοπίου και των μνημείων του.

Με τη δημιουργία, τέλος, αυτού του «παραπλεύρου»σημαντικού πολιτιστικού πόλου, ελπίζεται ότι θα εκτονωθεί μέχρις ενός βαθμού, με τον ετεροχρονισμό των επισκέψεων (στο Μουσείο αφ'ενός, στο πλάτωμα της Ακροπόλεως αφ'ετέρου) και η αφόρητη πυκνότητα των επισκεπτών κατά τις ώρες αιχμής στην Ακρόπολη.

Στον ιερό περίβολο της Ακροπόλεως εξ'άλλου η επίσκεψη των εσωτερικών χώρων των μνημείων έχει απαγορευθεί για λόγους ασφαλείας και συντήρησης ήδη εδώ και είκοσι χρόνια. Στο μεταξύ, γίνονται σκέψεις για μια ορθολογική χρονική κατανομή των ομάδων των επισκεπτών. Η «επίσκεψις επί συνεντεύξει» — «l' Acropole sur rendez-vous», όπως θα τη διαφημίζουν στο μέλλον οι

218

ταξιδιωτικοί πράκτορες — διαφαίνεται ως το απαραίτητο μέτρο που θα εξασφαλίσει την αλληλουχία στο χρόνο των επισκέψεων, ώστε να μειωθούν οι πλημμυρίδες των αιχμών. Και τι έπεται; Μέλλοντα βήματα που προσιδιάζουν στην πλεκτάνη μιας αρνητικής ουτοπίας διαφαίνονται ως πολύ πιθανά. Ας απαριθμήσουμε μια δυνατή αλληλουχία:

- Κλείσιμο της Ακροπόλεως για το ευρύ κοινό και δυνατότητα επίσκεψης μόνο για επιστήμονες και μελετητές κατόπιν αδείας.
- Θέαση της Ακροπόλεως και σύντομη διδακτική ενημέρωση των μεγάλων μαζών των επισκεπτών από ταρατσώματα θέασης στους γύρω λόφους του Αρδηττού, του Λυκαβηττού και του Μουσείου.
- Θέαση της Ακροπόλεως από αέρος από βραδέως κινούμενα αερόστατα και με τη βοήθεια τηλεσκοπίων.
- Κατασκευή διδακτικών ολογραμμάτων με ακτίνες lazer που θα προβάλλουν σε κατάλληλους χώρους μπρος στα έκπληκτα μάτια των τουριστών τρισδιάστατα άυλα ομοιώματα της Ακροπόλεως υπό κλίμακα, σε μορφή αρχιτεκτονικών εκτοπλασμάτων.
- Το ύστατο: δημιουργία σε μια ελληνική εξοχή ενός αρχαιολογικού πάρκου εν είδει Disneyland με την Ακρόπολη σε κλίμακα 1:1 ή 1:2, από γυψοσανίδες ή και πεντελίσιο μάρμαρο, με σκοπό την τέρψη και διδαχή του πλήθους.

Οι υπερβολικές αυτές υποθέσεις δεν είναι καθόλου αδιανόητες. Πριν από δύο γενεές κανείς δεν θα πίστευε ότι δεν θα μπορούσε να επισκεφθεί το εσωτερικό του σηκού του Παρθενώνος με πανσέληνο, μία μοναδική εμπειρία που τόσο ωραία περιέγραψε ο Γιώργος Σεφέρης στο μυθιστόρημά του *Έξι νύκτες στην Ακρόπολη*! Οι συνθήκες άλλαξαν δραματικά από τότε. Σ' έναν κόσμο, στον οποίο τα θεμελιώδη αγαθά για την επιβίωση του ανθρώπου, όπως το νερό, ο αέρας που αναπνέουμε και ο ζωτικός χώρος στον οποίο κινούμεθα και υπάρχουμε, τείνουν να γίνουν αγαθά «απαραίτητα μεν, αλλά εν ανεπαρκεία», αναπόφευκτο είναι και τα υψηλά πολιτιστικά αγαθά, όπως η Ακρόπολη των Αθηνών, που προσφέρονται σήμερα ακόμη σε όλους, να γίνονται ολοένα και πιο δυσπρόσιτα. Κινδυνεύει έτσι να μειωθεί η λιγότερο θεαματική και προβαλλόμενη αξία του μνημείου, η οποία όμως έχει και τη βαθύτερη και σημαντικότερη διάσταση: ο υπαρξιακός και συναισθηματικός δεσμός των κατοίκων αυτής της πόλης με το κατ' εξοχήν τοπόσημό της.

Έστω και αν ο κάτοικος της Αθήνας έχει επισκεφθεί την Ακρόπολη σπανίως μέσα στο διάστημα της πολυπράγμονης ζωής του και ούτε γνωρίζει τα στοιχειώδη της ιστορίας της, η ύπαρξή της του είναι προϋπόθεση ζωής, όπως η ύπαρξη της θάλασσας και των βουνών που τον περιβάλλουν. Υπάρχει ένας δεσμός με τη φύση του τόπου σου, όπως υπάρχει και ένας πόθος επιστροφής στις ρίζες της καταγωγής σου· και αυτός ο νόστος δεν πραγματώνεται μόνο με την απλή γνώση και θέαση του στόχου του, αλλά κυρίως με τη χωρική βίωσή του. Και όπως δεν βιώνω τη θάλασσα, εάν δεν αφεθώ στα νερά της, έτσι δεν μπορεί να βιωθεί και το λίκνο της προέλευσής μου, εάν καταστεί αδύνατη η φυσική μου παρουσία στο χώρο του που μόνη αυτή ολοκληρώνει τη μέθεξη.

Είναι βέβαιο ότι οι περιβαλλοντικές συνθήκες πρέπει να βελτιωθούν στην Αθήνα και ότι τα αθηναϊκά μνημεία πρέπει να συντηρηθούν και να αναστυλωθούν με περίσκεψη και ευθυκρισία. Αυτό όμως που κυρίως πρέπει να διατηρηθεί και να διασφαλισθεί είναι η προσβασιμότητα του χώρου της Ακροπόλεως. Διότι τα μνημεία δεν επιζούν μόνο με τη δομική τους συντήρηση και την προστασία του περιβάλλοντός τους· επιζούν κυρίως όσο καιρό οι άνθρωποι είναι εξοικειωμένοι με αυτά και τα φέρουν στη σκέψη τους και στην καρδιά τους. Ο πρόσφατα ολοκληρωμένος Αθηναϊκός Περίπατος είναι καλοδεχούμενος, διότι ανοίγει μια νέα προσέγγιση προς την Ακρόπολη της Αθήνας και προσφέρει μια μνημειακή σύνδεση ανάμεσα στην πόλη και στο πλέον διακεκριμένο τοπόσημό της.

ΕΠΙΛΟΓΗ ΒΙΒΛΙΟΓΡΑΦΙΑΣ

Αγγελόπουλος, Μ., 1958, *Λεύκωμα εγχρώμων λιθογραφιών της πόλεως των Αθηνών*. Αθήνα

Amelunxen, H. von, 1989, *Die aufgehobene Zeit*, Exhibition Catalogue. Berlin

Arbasino, A. – Palazzoli D., 1985, *I Viaggi Perduti*, Exhibition Catalogue. Milano

Αργυρός, Α., 1896, *Ιστορία των Αθηνών*. Αθήνα

Baelen, J., 1956, *La chronique du Parthénon*. Paris

Balanos, N., 1938, *Les monuments de l' Acropole, relèvement et conservation*. Paris

Βασιλειάδης Δ., 1962, Μία δημιουργία υψηλού αισθητικού ήθους. Η διαμόρφωσις των λόφων γύρω από την Ακρόπολη. Στο: *Αρχιτεκτονική* 6

Bechtle, R., 1959, *Wege nach Hellas. Studien zum Griechenlandbild deutscher Reisender*. Esslingen

Beck, H., 1868, *Vues d' Athènes et des ses monuments*. Berlin

Belle, H., 1881, *Trois années en Grèce*. Paris

Βέλμος, Ν., 1931, *Παλιά Αθήνα*. Αθήνα

Benaki Museum, 1985, *Athens 1839-1900, a Photographic Record*. Athens

Benjamin, W., 1936, Das Kunstwerk im Zeitalter seiner technischen Reproduzierbarkeit. In: *Zeitschrift für Sozialforschung* 5

Beulé, E., 1853-1854, *L' Acropole d' Athènes*. Paris

Beulé, E., 1855, *Athènes et les Grecs Modernes*. Paris

Bieber, M., 1912, *Verzeichnis der kaüflichen Photographien des Kaiserlich deutschen Archäologischen Institus in Athen. Heft 1: Athen und Attika*. Athen

Boetticher, A., 1888, *Die Akropolis von Athen*. Berlin

Boetticher, C., 1863, *Bericht über die Untersuchungen auf der Akropolis von Athen im Frühjar 1862*. Berlin

Βοσυνιώτης, Ν., 1949, *Το άλσος των Αθηνών*. Αθήνα

Breton, E., 1862, *Athènes décrite et dessinée*. Paris

Βρεττός, Μ., 1861, *Αι νέαι Αθήναι. Συλλογή εικονογραφιών των νεωτέρων μνημείων της πρωτευούσης της Ελλάδος μετά της περιγραφής αυτών*. Παρίσι

Britsch, A., 1919, *La jeune Athènes*. Paris

Burnouf, E., 1877, *La ville et l' Acropole d' Athènes aux diverses époques*. Paris

Carter, R., 1980, Karl Friedrich Schinkel's Project for a Royal Palace on the Acropolis. In: *Journal of the Society of Architectural Historians* (1980)

Γέροντας, Δ., 1972, *Ιστορία του Δήμου Αθηναίων 1834-1971*. Αθήνα

Γκρίτση-Μιλλιέξ, Τ., 1947, *Πλατεία Θησείου*. Αθήνα

Cockerell, C.R. – Kinnard, W. – Donaldson, T.L., 1830, *Antiquities of Athens and other Places in Greece*. London

Collignon, M., 1912, *Le Parthénon*. Paris

Curtius, E. – Kaupert, J.A., 1878, *Atlas von Athen*. Berlin

Curtius, E. – Kaupert, J.A., 1881-1903, *Karten von Attika*. Berlin

Daux, G., 1956, L' Athènes antique en 1851, Photographies d' Alfred Normand. In: *BCH* 80. Paris

Demosthenopoulou, E., 1970, *Öffentliche Bauten unter König Otto in Athen. Begegnung mit Griechenland. Auffassungen – Auseinandersetzungen*. München

Déschamps, G., 1892, *La Grèce d' aujourd' hui*. Paris

Déschamps, G., 1892, Un séjour à Athènes. In: *Revue des Deux Mondes* (March 1892). Paris

Dodwell, E., 1821, *Views in Greece*. London

Doxiadis, K., 1942, Der Städtebau von Athen. In: *Monatshefte für Baukunst und Städtebau* (vol. 25, fasc. 12, 1941 and vol. 26, fasc. 1, 1942)

Doxiadis, K., 1960, *Our Capital and its Future*. Athens

Du Moncel, T., 1843, *De Venise à Constantinople à travers la Grèce*. Paris

Eleutheroudakis, K., ed., 1908, *Athens and the Environs*. Athens

Etlin, R.A., 1987, Le Corbusier, Choisy and French Hellenism: The Search for a New Architecture. In: *Art Bulletin* 69

Ευστρατιάδης, Π., 1852, *Περί των εν τη Ακροπόλει νεωτέρων ανακαλύψεων*. Αθήνα

Fiandra, E., 1964, Atene: nascita di una capitale. In: *Urbanistica* 41 (Aug. 1964)

Forchhammer, P.W., 1841, *Topographie von Athen*. Kiel

Forchhammer, P.W. – Müller, K.O., 1833, *Zur Topographie Athens. Ein Brief aus Athen und ein Brief nach Athen*. Göttingen

Fougères, G., 1914, *Athènes*. Paris

Fougères, G. – Boissonas, F., 1913, *Le Parthénon*. Paris

Frazer, G.J., 1898, *Pausanias description of Greece* (vols.I-IV). London

Ζερλέντης Κ., 1959, *Η χλωρίς του Λυκαβηττού*. Αθήνα

Goecke, Th., 1911, Ludwig Hoffmans Bebauungsplan für Athen. In: *Der Städtebau* 8 (1911)

Hamdorf, H.W., 1985, Klenzes archäologische Studien und Reisen; seine Mission in Griechenland. In: *Ein griechischer Traum. L. v. Klenze, der Archäologe*. München

Hege, W. – Rodenwaldt, G., 1930, *Akropolis*. Berlin

Hertzberg, G.F., 1888, *Αι Αθήναι, ιστορικώς και τοπογραφικώς*. Athens

Hoffman, L., 1911, *Bebauungspläne für die Stadt Athen*. Berlin

Hoffman, L., 1983, *Lebenserinnerungen eines Architekten* (σελ. 192-196 αναφορά στο ταξίδι του στην Αθήνα το 1910 και σελ. 204-206 περιγραφή της προτάσεώς του για την Αθήνα). Berlin

Hofmannsthal, H. von – Holdt, 1923, *Griechenland*. Berlin

Homolle, Th. – Diehl, Ch. – Fougères, G., 1908, *La Grèce*. Paris

Jessen, H.B., 1957, Deutsche Betrachter griechischer Landschaft. Ross – Pückler – Stackelberg. In: *Antike und Abendland* 6, 119

Johannes, H. – Μπίρης, Κ., 1939, *Αι Αθήναι του κλασσικισμού*. Αθήνα

Judeich, W., 1905, *Topographie von Athen*. 2nd ed. 1931. München

Καζάζης, Ν., 1926, *Η ψυχολογία του αθηναϊκού λαού*. Αθήνα

Καιροφύλλας, Γ., 1978, 1982, *Η Αθήνα και οι Αθηναίοι, 1834-1934* (τόμ. 1, Αθήνα 1978· τόμ. 2, Αθήνα 1982)

Καλογεροπούλου, Α. και Philip, M., 1973, *ΑΕ, Ευρετήριο, τόμ. 1, 1837-1874*. Αθήνα

Καμπούρογλου, Δ., 1929, *Αι παλαιαί απαλλοτριώσεις χάριν ανασκαφής των αρχαίων Αθηνών*. Αθήνα

Καμπούρογλου, Δ., 1933, *Αι Αθήναι που φεύγουν*. Αθήνα

Καμπούρογλου, Δ., 1934, *Υπεραπολογία των Παλαιών Αθηνών*. Αθήνα

Καστριώτης, Π., 1902, *Μνημεία Αθηνών*. Αθήνα

Καστρωμένος, Π., 1883, *Τα Μνημεία των Αθηνών*. Αθήνα

Kavvadias, P. and Kawerau, G., 1906, *Die Ausgrabung der Akropolis vom Jahre 1885 bis zum Jahre 1890*. Athen

Καυταντζόγλου, Λ., 1858, *Περί μεταρρυθμίσεως της πόλεως Αθηνών, γνώμαι*. Αθήνα

Κεραμόπουλλος, Α., 1916, *Νεώτεραι τύχαι του Κεραμεικού*. Αθήνα

Κεραμόπουλλος, Α., 1929, *Υπό τα Προπύλαια της Ακροπόλεως*. Αθήνα

Κεραμόπουλλος, Α., 1936, *Το Πελαργικόν, το Ασκληπιείον, αι Οδοί, αι άγουσαι εις τα Προπύλαια*. Αθήνα

Kimber, E., ed., 1965, *Edward Lear in Greece: Journals of a Landscape Painter in Greece and Albania*. London (reprint of the first edition of 1851)

Klenze, L. von, 1838, *Aphoristische Bemerkungen, gesammelt auf seiner Reise nach Griechenland*. Berlin

Klenze, L. von, 1838, *Sechs Lithographien zu Leo von Klenzes Griechischer Reise*. Berlin

Koepp, F., 1890, Eduard Schauberts handschriftlicher Nachlass. In: *AA*, 129ff.

Κόκκου, Α., 1977, *Η μέριμνα για τις αρχαιότητες στην Ελλάδα και τα πρώτα μουσεία*. Αθήνα

Κοντολέων, Ν., 1949, *Το Ερεχθείον ως οικοδόμημα χθόνιας λατρείας*. Αθήνα

Κουγέας, Σ., 1932, *Έγγραφα της Εθνικής Βιβλιοθήκης αφορώντα εις την απαλλοτρίωσιν των εν Αθήναις ανασκαπτέων αρχαιολογικών χώρων*. Αθήνα

Κουρουνιώτης, Κ., 1926, *Η Ανασκαφή των Αρχαίων Αθηνών*. Αθήνα

Κριεζής, Α., 1916, *Ο εξωραϊσμός της πόλεως Αθηνών*. Αθήνα

Κριμπάς, Ε. – Wagner, M. – Μπίρης, Κ., 1935, *Το Σχέδιον της πόλεως των Αθηνών:*
I. Η εξέλιξις του σχεδίου πόλεως Αθηνών και η σημερινή προσπάθεια του Δήμου, υπό Ηλ. Κριμπά.
II. Η πολεοδομική αναδιοργάνωσις της πόλεως Αθηνών, υπό Martin Wagner.
III. Περί το πολεοδομικόν πρόβλημα των Αθηνών, υπό Κ. Μπίρη. Αθήνα.

Kron, U., 1979, Demos, Pnyx und Nymphenhügel. In: *AM* 94

Kühn, M., 1979, Schinkel und der Entwurf seiner Schüler Schaubert und Kleanthes für die Neustadt Athen. In: *Berlin und die Antike*. Berlin

Kühn, M., 1980, Als die Akropolis Aufhörte, Festung zu sein. Stimmen der Zeit zur Frage der Errichtung neuer Bauten auf der Akropolis und zur Erhaltung ihrer Nachantiken Monumente. In: *Schlösser und Gärten Berlin. Festschrift für Martin Sperlich zum 60 Geburtstag 1979*. Tübingen.

Κωνσταντινίδης, Α., 1950, *Τα παλιά αθηναϊκά σπίτια*. Αθήνα

Laborde, L.,1848, *Le Parthénon; documents pour servir pour une restauration*. Paris

Λαμπίκης, Δ., 1938, *Τα εκατό χρόνια του Δήμου Αθηναίων*. Αθήνα

Λάμπρος, Σ., 1904, *Ιστορία της πόλεως των Αθηνών*. Αθήνα

Leake, W.M., 1821, *Topography of Athens with some Remarks on its Antiquities*. London

Λελούδας, Σ., 1918, *Αθήναι-Πειραιεύς. Μελέτη νέου σχεδίου δια την πόλιν των Αθηνών, το επίνειον και τα άλλα εξαρτήματα αυτής*. Αθήνα

Λελούδας, Σ., 1921, *Ζητήματα επί των σχεδίων Αθηνών-επινείου*. Αθήνα

Λελούδας, Σ., 1930, *Αθήναι αι ευρύτεραι*. Αθήνα

Λελούδας, Σ., (χ.χ.), *Η αστυδομική διαμόρφωσις των Αθηνών*. Αθήνα

Lheritier, M., 1921, La nouvelle Athènes. Étude d' Urbanisme. In: *La vie urbaine* 10. Paris

Machatschek, A., 1967, Der Parthenon von Athen. Schicksal und Denkmalpflege. In: *Österreichische Zeitung* 23

Mahaffy, J.P., 1876, *Rambles and Studies in Greece*. London

Μαλλούχου-Tufano, Φ., 1998, *Η αναστήλωση των αρχαίων μνημείων στη νεώτερη Ελλάδα (1834-1939)*. Αθήνα

Μαλλούχου-Tufano, Φ., 2000, *Αθήνα*, Από τον 19ο στον 21ο αιώνα: μεταμορφώσεις του αρχαιολογικού τοπίου στην Αθήνα. Στο: *Αθήναι. Από την Κλασική Εποχή έως Σήμερα*. Αθήνα

Matton, R.-L., 1963, *Athènes et ses monuments du XVII siècle à nos jours*. Athènes

Mawson, Th., 1919, The replanning of Athens. In: *Architectural Review* (March 1919)

Melas, E., 1975, *Athen*. Köln (2nd ed. 1977)

Μελετόπουλος, Ι., 1979, *Αθήναι 1650-1870. Λεύκωμα χαρακτικών έργων με απόψεις των Αθηνών*. Αθήνα

Meritt, L.S., 1984, *History of the American School of Classical Studies at Athens 1939-1980*. Princeton

Merlier, O., 1930, *Athènes moderne*. Paris

Michael, J.,1969, *Entwicklungsüberlegungen und – initiativen zur Stadtplanung von Athen nach dessen Erhebung zur Hauptstadt Griechenlands*. Aachen

Μπαλάνος, Ν., 1935, *Η νέα αναστήλωσις του ναού της Αθηνάς Νίκης*. Αθήνα

Μπίρης, Κ., 1933, *Τα πρώτα σχέδια των Αθηνών. Ιστορία και ανάλυσίς των*. Αθήνα

Μπίρης, Κ., 1938-1940, *Αθηναϊκαί μελέται: Α, Β και Γ*. Αθήνα

Μπίρης, Κ., 1945, *Τοπωνυμικά των Αθηνών*. Αθήνα

Μπίρης, Κ., 1946, *The Rehabilitation of Athens and its Suburbs* (δίγλωσση έκδοση στα ελληνικά και τα αγγλικά). Αθήνα

Μπίρης, Κ., 1958, *Για την σύγχρονη Αθήνα. Μελέτες και αγώνες* (2 τόμοι) Αθήνα

Μπίρης, Κ., 1966, *Αι Αθήναι από του 19ου εις τον 20όν αιώνα* (2 τόμοι) Αθήνα

Μπίρης, Κ., 1971, *Αι Τοπωνυμίαι της πόλεως και των περιχώρων Αθηνών*. Αθήνα

Μυλωνάς, Κ., 1900, *Ανασκαφαί της εν Αθήναις στοάς του Αττάλου*. Αθήνα

Οικονόμος, Γ., 1937, *Τα εκατόν έτη της Αρχαιολογικής Εταιρείας*. Αθήνα

Οικονόμου, Π., 1889, *Αθήναι και η πέριξ χώρα*. Αθήνα

Pane, R., 1953, Le pendici dell'Acropoli di Atene. In: *Urbanistica* 13

Πανταζής, Δ., 1859, *Περιγραφή της Αθήνησιν Ακροπόλεως κατά W. Smith και άλλους ατθιδογράφους*. Αθήνα

Πανταζής, Δ., 1868, *Περιηγητής Αθηνών, ήτοι περιγραφή των Αθηνών, του Πειραιώς και των εν αυτοίς αρχαιοτήτων*. Αθήνα

Papageorgiou-Venetas, A., 1994, *Haupstadt Athen; ein Stadtgedanke des Klassizismus*. München

Παπαγεωργίου-Βενετάς, Α., 1996, *Αθήνα. Δοκιμές και Θεωρήσεις*. Αθήνα

Παπαγεωργίου-Βενετάς, Α., 1999, *Αθηνών Αγλάϊσμα*. Αθήνα

Παπαγεωργίου-Βενετάς, Α., 2001, *Δημήτρης Πικιώνης*. Αθήνα

Παπαγιαννόπουλος-Παλαιός, Α., 1953, *Ακαδειμικά*. Αθήνα

Παπαγιαννόπουλος-Παλαιός, Α., 1959, *Αρχαιολογία και πολεοδομία των Αθηνών*. Αθήνα

Πεντέας, Ε., 1953, *Η Ακρόπολις των Αθηνών και τα πέριξ*. Αθήνα

Πετράκος, Β., 1987, *Η εν Αθήναις Αρχαιολογική Εταιρεία. Η ιστορία των 150 χρόνων της, 1837-1987*. Αθήνα

Philadelpheus, A., 1973, *Monuments of Athens* (9th edition) Athens

Πικιώνη, Α., 2001, *Δημήτρη Πικιώνη. Έργα Ακροπόλεως*. Αθήνα

Πικιώνης, Δ., 1985, *Κείμενα*. Αθήνα

Pückler-Muskau, H., 1840, Griechische Leiden, *Südostlicher Bildersaal* (vols. 2 and 3). Stuttgart

Πύρρος, Δ., 1848, *Περιγραφή της πόλεως των Αθηνών*. Αθήνα

Ρίζος-Ραγκαβής, Α., 1888, *Τοπογραφικά των αρχαίων Αθηνών*. Αθήνα

Ρίζος-Ραγκαβής, Α., 1888, Αρχαιολογία. Στο: *Άπαντα τα Φιλολογικά* (τόμ. 18). Αθήνα

Robertson, J.D., 1854, *Photographic Views of the Antiquities of Athens, Corinth, Aegina etc*. London

Roque, N., 1876, *Athènes d' après le Colonel Leake*. Paris

Ross, L., 1863, *Erinnerungen und Mittheilungen aus Griechenland*. Berlin

Russack, H.H., 1942, *Deutsche bauen in Athen*. Berlin

Σισιλιάνος, Δ., 1953, *Παλαιαί και νέαι Αθήναι*. 2 τόμοι. Αθήνα

Σκιάς, Α., 1954, *Συμβολαί εις την αθηναϊκήν τοπογραφίαν*. Αθήνα

Stademann, F., 1841, *Panorama von Athen*. München

Στασινόπουλος, Ε., 1973, *Ιστορία των Αθηνών, από την αρχαιότητα ως την εποχή μας*. Αθήνα

Stillman, W.J., 1870, *The Acropolis of Athens Illustrated Picturesquely and Architecturally in Photography*. London

Stuart, J. – Revett, N., 1762-1830, *The Antiquities of Athens*. London

Τραυλός, Ι., 1960, *Πολεοδομική εξέλιξις των Αθηνών. Από των προϊστορικών χρόνων μέχρι των αρχών του 19ου αιώνος*. Αθήνα

Τραυλός, Ι., 1963, Ο ανασκαπτέος χώρος των Αθηνών. Στο: *Αρχιτεκτονική* 38

Travlos, J., 1971, *Pictorial Dictionary of Ancient Athens*. London

Travlos, J., 1972, *Athènes au fil du temps. Atlas historique d' urbanisme et l' architecture*. Boulogne

Travlos, J., 1981, Athens after the liberation, planning the new city and exploring the old. In: *Hesperia* 50

Τσαρούχης Γ., 1975, Η υστερία του πρασίνου (άρθρο στην εφ. *Η Καθημερινή*, 7 Σεπτ. 1975)

Tuckermann, W.P., 1868, *Das Odeum des Herodes Atticus und der Regilla in Athen, restauriert*

Φαλτάιτς, Κ., 1929, *Οι εχθροί του αθηναϊκού δένδρου και της αθηναϊκής εξοχής*. Αθήνα

Φιλαδελφεύς, Α., 1902, *Ιστορία των Αθηνών*. Αθήνα

Φιλαδελφεύς, Α., (χ.χ.), *Η ανασκαφή της αρχαίας αγοράς των Αθηνών*. Αθήνα

Φιλαδελφεύς, Α., 1928, *Οδηγός των αρχαίων, μεσαιωνικών και νεωτέρων μνημείων των Αθηνών*. Αθήνα

Wordsworth, C., 1837, *Athens and Attica*. London

Zivas, D., 1977, *Plaka, the old town of Athens. A study of its present state and its future survival*. Athens

Zweig, S., 1926, Reisen oder gereist werden. In: *Die Monotonisierung der Welt*. Frankfurt am Main (Neuauflage 1976)

ΠΡΟΕΛΕΥΣΗ ΑΠΕΙΚΟΝΙΣΕΩΝ

ΦΩΤΟΓΡΑΦΟΙ - ΑΡΧΕΙΑ - ΣΥΛΛΟΓΕΣ

ΦΩΤ. ΑΡΧΕΙΟ ΣΥΓΓΡΑΦΕΩΣ: εικ. 2-5, 7, 8, 10, 11, 13, 14, 21-25, 30, 32-35, 43-45, 49, 56, 57, 59, 60, 67-69, 72, 73, 75-83, 85-89, 91-94, 99, 100, 122, 128, 137, 144, 145, 166, 189, 190, 193-199, 212, 213 ■ **ΦΩΤ. ΑΡΧΕΙΟ ΚΑΠΟΝ:** εικ. 1, 27, 29, 31, 36-40, 42, 46-48, 50-53, 95-98, 101-103, 114-116, 118-121, 123-127, 130-133, 135, 136, 138-143, 146-149, 151, 155-163, 167, 169-171, 175, 176, 180-188, 200-205, 208-211 ■ **ΜΟΥΣΕΙΟ ΜΠΕΝΑΚΗ:** εικ. 9, 16, 64-66 ■ **ΦΩΤ. ΑΡΧΕΙΟ ΓΕΝΝΑΔΕΙΟΥ ΒΙΒΛΙΟΘΗΚΗΣ:** εικ. 17, 58, 71 ■ **ΣΥΛΛΟΓΗ ΜΑΪΛΗ:** εικ. 6, 70 ■ **ΣΥΛΛΟΓΗ ΤΣΑΓΚΑΡΗ:** εικ. 15 ■ **Α. ΠΙΚΙΩΝΗ:** εικ. 84, 90 (Γ. Φαφαλής) ■ **ΟΜΑΣ ΑΡΧΙΤΕΚΤΟΝΩΝ - ΜΕΛΕΤΗΤΩΝ ΤΟΥ ΕΡΓΟΥ ΤΟΥ ΑΘΗΝΑΪΚΟΥ ΠΕΡΙΠΑΤΟΥ (Ο. Βιγγόπουλος, Κ. Γκιουλέκα, Δ. Διαμαντόπουλος, Α. Ζέρβας, Μ. Καλτσά και Κ. Παλυβού):** εικ. 104-113, 150, 152, 153, 206 ■ **Ε. ATTALI:** εικ. 215-218 ■ **Ν. ΔΑΝΙΗΛΙΔΗΣ:** εικ. 214 ■ **Κ. ΘΩΜΟΠΟΥΛΟΣ:** εικ. 117, 129, 168, 172-174, 177-179 ■ **Γ. ΚΟΥΡΟΥΠΗΣ:** εικ. 18, 26, 207 ■ **Δ. ΜΠΕΝΕΤΟΣ:** εικ. 55 ■ **ΕΤΑΙΡΕΙΑ ΕΝΟΠΟΙΗΣΗΣ ΑΡΧΑΙΟΛΟΓΙΚΩΝ ΧΩΡΩΝ ΑΘΗΝΑΣ:** εικ. 154, 164, 165.

ΒΙΒΛΙΑ - ΚΑΤΑΛΟΓΟΙ ΕΚΘΕΣΕΩΝ

Αττικό Τοπίο και Περιβάλλον, Υπουργείο Πολιτισμού, Αθήνα 1989: εικ. 19, 20, 41, 54

Πολεδομική Εξέλιξις των Αθηνών, Εκδόσεις Καπόν – Ι. Τραυλός, Αθήνα 1993: εικ. 134

Αι Αθήναι από του 19ου εις τον 20όν αιώνα, Εκδοτικός οίκος «Μέλισσα» – Κωνσταντίνος Η. Μπίρης, Αθήνα 1995: εικ. 62

Η αναστήλωση των αρχαίων μνημείων στην Νεώτερη Ελλάδα, Βιβλιοθήκη της εν Αθήναις Αρχαιολογικής Εταιρείας, αρ. 176 – Φανή Μαλλούχου-Tufano, Αθήνα 1998: εικ. 63

Η πόλη κάτω από την πόλη, Υπουργείο Πολιτισμού – Μουσείο Κυκλαδικής Τέχνης, Αθήνα 2000: εικ. 12

Ο Χαρίλαος Τρικούπης και τα δημόσια έργα, Εκδόσεις Καπόν – Λύντια Τρίχα, Αθήνα 2001: εικ. 192

Αθήνα. Ένα όραμα του κλασσικισμού, Εκδόσεις Καπόν – Αλέξανδρος Παπαγεωργίου-Βενετάς, Αθήνα 2001: εικ. 61, 191

Ιερά και Αγώνες στην Αρχαία Ελλάδα, Εκδόσεις Καπόν – Πάνος Βαλαβάνης, Αθήνα 2004: εικ. 28

Αθήνα Ευρωπαϊκή Υπόθεση, Υπουργείο Πολιτισμού – Γιάννης Τσιώμης: εικ. 74

ΚΑΛΛΙΤΕΧΝΙΚΗ ΕΠΙΜΕΛΕΙΑ: Ραχήλ Μισδραχή-Καπόν

ΚΑΛΛΙΤΕΧΝΙΚΟΣ ΣΥΜΒΟΥΛΟΣ: Μωυσής Καπόν

ΗΛΕΚΤΡΟΝΙΚΗ ΣΕΛΙΔΟΠΟΙΗΣΗ: Ελένη Βαλμά, Βάσω Βύρρα, Γιάννης Αλέκου

ΗΛΕΚΤΡΟΝΙΚΗ ΕΠΕΞΕΡΓΑΣΙΑ ΕΙΚΟΝΩΝ: Γωγώ Τρικεριώτη-Παραδείση

ΔΙΑΧΩΡΙΣΜΟΙ: Αφοί Μιχαηλίδη

ΕΚΤΥΠΩΣΗ: Α. Πετρουλάκης ΑΒΕΕ

ΒΙΒΛΙΟΔΕΣΙΑ: Γ. Μούτσης